Écrire au président

Julien Fretel
Michel Offerlé

Écrire au président

Enquête sur le guichet de l'Élysée

La Découverte

Composé par Facompo à Lisieux
Création graphique de la couverture : Valérie Gautier
Dépôt légal : novembre 2021

Si vous désirez être tenu régulièrement informé de nos parutions, il vous suffit de vous abonner gratuitement à notre lettre d'information par courriel, à partir de notre site

www.editionsladecouverte.fr

où vous retrouverez l'ensemble de notre catalogue.

ISBN 978-2-348-05996-4

Introduction

Le 31 décembre 2020 au soir, les traditionnels vœux adressés par le président de la République aux Français ont pris une tonalité inhabituellement personnalisée. En pleine crise pandémique, Emmanuel Macron a en effet mis à l'honneur neuf citoyens « exemplaires », dont il a cité les prénoms, parmi lesquels celui de « Mauricette », proclamée première vaccinée de France le 27 décembre 2020 à Sevran :

> Marie-Corentine a 24 ans. Au printemps dernier, cette infirmière fraîchement diplômée originaire de Limoges n'a pas hésité à tout quitter pour prêter main forte aux équipes de l'hôpital de Créteil débordées par l'afflux des malades du virus.
>
> Jean-Luc est chauffeur-éboueur en Guyane. Avec ses collègues Anthony et Maxime, ils n'ont jamais cessé de travailler depuis le début de la pandémie. Au plus fort du confinement, ils constituaient cette « deuxième ligne » qui a permis au pays de continuer à vivre, et à la vie de continuer.
>
> Gérald est entrepreneur près d'Angers. Pour faire face à la demande de masques, il a, avec ses salariés, réussi la prouesse d'ouvrir ses usines 7 jours sur 7, 24 heures sur 24 et, plus récemment, d'en installer une autre en un temps record.
>
> Lucas a 11 ans et habite Béthune. Lorsqu'il a découvert la situation d'isolement des personnes âgées atteintes de la COVID-19 dans l'hôpital de sa ville, il n'a pas hésité une seconde et a fait don de sa tablette pour leur permettre de communiquer avec leurs proches et de retrouver le sourire. Il a été suivi par de nombreux autres.

Rosalie est libraire à Bagnolet en Seine-Saint-Denis. Comme tous ses confrères, elle a beaucoup souffert de la fermeture des commerces, malgré les aides, elle a su innover. Mettre en place un site internet pour permettre la vente à emporter lors des semaines les plus dures. Et les clients, à Noël, ont répondu présents.
Romain est gendarme à Tende, dans les Alpes-Maritimes. La nuit du 2 au 3 octobre, des inondations menacent d'emporter une maison de retraite. Au péril de sa vie, il parvient à évacuer plus de 70 résidents, leur sauvant la vie. Avec les policiers de Nice, qui ont mis fin à l'attentat de la Basilique Notre-Dame-de-l'Assomption, avec Arno, Cyrille et Rémi, gendarmes tués alors qu'ils portaient secours à une femme battue dans le Puy-de-Dôme, avec Tanerii, Dorian et Quentin, militaires morts lundi dernier en opération au Mali, ils sont des héros de la Nation.
Medhi est professeur de sciences économiques et sociales dans les quartiers Nord de Marseille. Comme des milliers d'enseignants, il a eu, quelques jours après l'assassinat de Samuel PATY, à organiser un cours sur la laïcité. Pour cela, il a pris le temps de se former auprès d'autres professeurs et d'inspecteurs d'académie. Avec courage, il est alors revenu auprès de ses élèves sur nos valeurs, leur histoire. Assumant cette haute mission de notre école, de nos enseignants : faire des républicains.
Wendie est footballeuse. Comme tous les sportifs amateurs et professionnels, elle a vécu une saison difficile avec des entraînements impossibles, des compétitions décalées, des matchs sans public. Pourtant, elle a puisé en elle la force d'âme d'aller remporter avec son club de toujours une 7e Ligue des champions, un record, et de nous faire rêver dans cette période grise.
Mauricette a 78 ans. Elle réside dans une maison de retraite de Sevran et il y a quelques jours, vous l'avez tous vu, comme moi, elle a été la première française à se vacciner contre la COVID-19, envoyant, contre l'obscurantisme et le complotisme, un magnifique message d'espoir pour l'année qui s'ouvre.
Tous ces prénoms, ces visages sont ceux de votre sœur, de votre voisin, de vos amis, de ces milliers d'anonymes qui, engagés et solidaires, ont tenu notre pays dans l'épreuve.

> Tous ces prénoms, ces visages sont ceux de l'espérance. Ceux de France[1].

Sans doute avez-vous été étonné par l'allocution présidentielle si vous avez regardé cet exercice rituel, quelque peu transformé ce soir-là par l'intrusion de ces différents visages.

Le chef de l'État se doit de dire et de montrer qu'il sait écouter et entendre les Français. À cet effet, il a à sa disposition des agents et des instruments pour savoir ce que nous pensons de sa politique. Les prénoms et les histoires énumérés au réveillon de la Saint-Sylvestre viennent en l'espèce de la base de données de l'Élysée et, en partie, de courriers qui lui ont été envoyés par ses « chers compatriotes ». Ces correspondances adressées aux présidents de la République, principalement durant le quinquennat de François Hollande, mais aussi sous François Mitterrand, Nicolas Sarkozy et Emmanuel Macron, sont l'objet de ce livre.

Sortir de l'Élysée

C'est un truisme, voire un marronnier journalistique, que de parler de la « bulle » présidentielle, de l'enfermement dans l'Élysée :

> Tous les présidents ont craint ou éprouvé ce sentiment d'enfermement. Nicolas Sarkozy a constaté que son prédécesseur, Jacques Chirac, s'était « progressivement laissé isoler de tous et de toutes ». Il reconnaît, dans *Le Temps des tempêtes* [2020] qu'il fut lui-même « hanté par l'idée d'être enfermé à l'Élysée. Camille Pascal [son conseiller] s'en souvient : « J'ai toujours entendu le président dire : "Ne m'enfermez pas !" C'était son obsession. » Quant à Valéry Giscard d'Estaing, il prévient son successeur, François Mitterrand, le jour de l'investiture : « Ne vous laissez pas enfermer ici. On y est un peu prisonnier, vous verrez[2]. »

1. <https://www.vie-publique.fr/discours/277927-emmanuel-macron-31122020-covid-19>.

2. Benoît FLOC'H, « L'Élysée, palais maudit », *Le Monde 2*, 12 décembre 2020 ; voir aussi Guyonne DE MONTJOU, « La vie quotidienne d'Emmanuel Macron à l'Élysée », *Le Figaro Magazine*, 2 janvier 2020.

L'enfermement peut être d'abord corporel, d'où des stratégies d'échappées belles, à pied pour aller flâner dans les librairies, en voiture ou en scooter, selon les différents styles présidentiels. Mais il est avant tout politique, d'où la recherche, au travers de « capteurs », de la respiration de ceux qui sont potentiellement les maîtres des courbes de popularité qui importent tant, et surtout les horlogers aveugles de la réélection ou de l'entrée dans l'Histoire.

Vu d'en haut on ne voit pas grand-chose du bas... en tous les cas dans les mémoires des présidents. Certes, il s'agit d'un genre littéraire spécifique dans lequel le mémorialiste se met en scène avec les grands de ce monde et envoie des piques à ses rivaux et adversaires. Le peuple, du courrier, ou autre, en est absent. Il n'est fait aucune allusion à ces lettres pour la plupart non reçues par leur destinataire. Parfois, il y a des évocations, comme dans *Le Temps des tempêtes* de Nicolas Sarkozy. C'est à l'occasion de l'épisode « Casse-toi, pauv'con ! » qu'il mentionne le courrier présidentiel :

> Comme pour les pêcheurs du Guilvinec, je reçus par la suite un très abondant courrier de soutien de Français qui avaient tenu à me faire savoir : « À votre place j'aurais fait la même chose. Il ne faut pas se laisser insulter sans rien dire ! » C'était gentil mais ils n'étaient pas à ma place. J'étais président de la République et je n'aurais pas dû me mettre à la portée de mon insulteur du jour[1]. (Sarkozy, 2020 : 391.)

Dans son bureau, situé au premier étage de l'hôtel Caillebotte, où il nous a reçus[2], Nicolas Sarkozy accepte bien volontiers de parler des courriers qu'il dit avoir reçus durant toute sa carrière politique. Il peut citer des exemples généraux et dramatiques, essentiellement des requêtes,

1. Pourtant, dans l'entretien qu'il nous a accordé le 3 juin 2021, il dira qu'il avait eu raison de prononcer cette phrase, selon lui bien plus honnête et respectueuse que les formules d'évitement d'un Jacques Chirac.

2. Entretien du 3 juin 2021. La compréhension de la place du courrier a été aussi éclairée par un entretien téléphonique avec Cédric Goubet, son chef de cabinet de 2007 à 2010, le 27 mai 2021.

beaucoup plus que des courriers d'opinion (« un gosse qui a perdu ses parents », « une famille prise en otage », « une pauvre femme dont le fils a une maladie incurable », « une jeune fille violée et tuée dans un wagon », « des lettres de femmes de policiers ou de soldats morts en service », « l'avalanche de courriers sur les parts des veuves »). « J'aime les victimes », « dans la souffrance, il y a une vérité », confie-t-il pour souligner l'écoute qu'il entend leur accorder. Il parle, il regarde, il écoute, il comprend, dit-il, dans les yeux de l'autre. Il mêle les exemples de situations de détresse issues de plusieurs sources, certes des courriers, mais aussi des interpellations entendues ou provoquées lors de ses déplacements ou des petits mots qui lui sont remis. Dès que l'on entre dans les détails, les exemples tirés de déplacements (quatre par semaine, dit-il) lui reviennent plus facilement à l'esprit : « J'aime le corps à corps, Carla me dit toujours : “Arrête de te jeter dans la foule !” »

Les voyages officiels du « PR » ou les visites rituelles (comme le Salon de l'agriculture où le président est en concurrence avec d'autres hommes politiques) sont, comme l'a montré Nicolas Mariot (2002, 2007), un moyen d'instaurer par le « bain de foule » des formes d'adhésion « spontanées », quoique bien encadrées par des dispositifs festifs, un « comme si » de proximité entre un dirigeant politique, pas n'importe lequel, et une foule, à condition qu'elle soit en liesse. C'est une manière de réactualiser, mais sous contrainte et non sans précautions drastiques, le temps des émotions électorales. En 2012, pour faire pièce à Nicolas Sarkozy, François Hollande avait inauguré lors de la campagne présidentielle des « déambulations » qui ont été peu fréquentes après son élection. Emmanuel Macron a réinvesti ce répertoire présidentiel, parfois en « allant au contact » : « C'est là qu'il est le meilleur », dit un membre du service du courrier.

Bien sûr, ce sont les sondages qui sont devenus les éléments centraux, avec la lecture de la presse (et le contact avec les journalistes, particulièrement cultivé sous François

Hollande[1]), du pilotage politique de l'opinion. On se souvient que Nicolas Sarkozy en a abusé, puisque 7,5 millions d'euros ont été dépensés pour en commander sur des sujets les plus variés auprès de Patrick Buisson (Publifact et Publi-Opinion) et Pierre Giacometti (Giacometti-Péron). Plusieurs personnes sont à présent poursuivies dans ce dossier. Pourtant, dans notre entretien avec lui, l'ancien président s'est montré très critique à l'égard de ces instruments de mesure de l'opinion : « Les sondages vous polluent la vie, ils ne disent que des c… Et les sondeurs ne se trompent jamais, ils disent que ce sont les gens qui ont changé d'avis au dernier moment. »

Sous les quinquennats suivants, la Présidence n'en a plus commandé. Elle s'est contentée de ceux publiés par la presse ou des études réalisées par le Service d'information du gouvernement (SIG).

Les développements des techniques de traitement des données et des représentations infographiques ont transformé l'industrie de la construction et de l'extraction de l'opinion sous sa forme sondagière. Il est possible désormais, quelle que soit d'ailleurs la rigueur scientifique très variable de ces opérations[2], en utilisant aussi des méthodes d'accompagnement des questionnements (sondages assistés par ordinateur[3]), de disposer très rapidement de pourcentages précis sur « ce que pensent les Français » de n'importe quelle question (le *rolling*), de découper des tranches de population modulées en fonction de leur degré d'adhésion à telle ou telle opinion. Si l'on rencontre tant d'acteurs ayant une croyance suffisamment forte dans cette production pour ne plus jamais interroger ni mettre en cause ses fondements, c'est que, plus encore que de connaître l'opinion, il importe de la construire et de la faire parler (Champagne, 1990). Pourtant, comme le montre le développement des enquêtes dites qualitatives,

1. Sylvain Courage, « François Hollande : premier journaliste de France », *L'Obs*, 9 juillet 2015.

2. Voir Blondiaux (1996), Lehingue (2007) et Bourdieu (1984 [1973]).

3. Voir Grunberg, Mayer et Sniderman ([dir.], 2002).

la chair que représente la captation des paroles des citoyens est aussi recherchée. Et les bons vieux rapports des préfets peuvent encore servir à jauger les mouvements d'opinion[1].

Enfin, la catégorie journalistique du « visiteur[2] » du matin ou du soir est utilisée pour désigner tous ceux qui ont leur droit d'entrée, parfois par une porte dérobée, pour avoir accès au président et lui suggérer, outre des idées, des revendications, des nominations et des analyses, leur propre compréhension des attentes des Français.

François Hollande a utilisé ces diverses sources, il a eu recours aussi à la camaraderie partisane d'un Bernard Poignant[3], qui recevait des élus locaux et des membres de la « société civile » à déjeuner. Le professeur d'histoire, député du Finistère, député européen, puis maire de Quimper en tirait des analyses et faisait part de son décryptage au président. Selon François Hollande, Bernard Poignant aurait inclus dans ses comptes rendus des éléments tirés de visites au palais de l'Alma, siège du service de la correspondance présidentielle (SCP). Parallèlement, et de manière plus régulière et professionnelle, des notes d'opinion nourries de ces mêmes courriers ont été rédigées par celui qui fut durant tout le quinquennat son conseiller études, Adrien Abécassis[4]. On peut enfin se demander ce qui remontait d'un Parti socialiste

---

1. « Je lis attentivement vos rapports, les synthèses qui sont faites par le ministère de l'Intérieur et vous y exposez avec précision l'état d'esprit et les attentes de nos concitoyens », déclarait Emmanuel Macron le 5 septembre 2017 dans son discours aux préfets. Il faudrait faire pour le contemporain l'enquête décisive qu'a menée Pierre Karila-Cohen (2008, 2010) sur la manière dont, au cours du premier XIXe siècle, l'appareil d'État mobilisait l'ensemble de ses ramifications pour scruter l'« état des esprits ».

2. Selon Marc ENDEWELD, « Macron, Mercier et les "apprentis sorciers" de la présidentielle », *La Tribune*, 5 décembre 2020, Emmanuel Macron aurait reçu pendant une heure le scénariste du *Baron Noir*.

3. Vanessa SCHNEIDER, « Bernard Poignant, l'oreille du président », *Le Monde*, 12 avril 2013. Voir aussi Solenn DE ROYER, « L'Élysée, citadelle assiégée », *Le Figaro*, 23 juin 2014. Les déjeuners organisés sous François Mitterrand par Michel Charasse étaient d'une autre nature : Solenn DE ROYER, « Le "déjeuner des marquis", un rituel des années Mitterrand », *Le Monde*, 5 mai 2021.

4. Entretien en visioconférence avec Adrien Abécassis le 2 avril 2021.

très divisé, de Solférino ou du terrain des fédérations. Lors de l'entretien que nous avons eu avec François Hollande[1], ce dernier nous a dit que les courriers adressés à l'Élysée faisaient partie des instruments à travers lesquels il s'efforçait de prendre le « pouls » du pays, et qu'il cherchait à y retrouver ce qu'il avait connu quand il était élu local en Corrèze, où les permanences et les correspondances lui permettaient d'avoir un contact suivi. « Le président de la République n'a pas de circonscription », contrairement à la chancelière allemande qui, elle, disait-il avec regret, retourne chaque mois auprès de ses électeurs. Dans *Les Leçons du pouvoir* (2019), il souligne également l'importance de l'échange direct, sans intermédiaire ni écran, avec les Français :

> Je ne suis pas allé autant que je l'aurais voulu dans ma ville de Tulle dont j'avais été le maire, ni en Corrèze dont j'avais été le président du conseil général. Jusqu'à mon élection, j'avais l'habitude chaque samedi d'y faire le marché. J'en ramenais surtout les réflexions, les humeurs, les doléances des familiers que je croisais [...]. Je n'ai jamais eu besoin d'enquête savante pour sentir l'opinion, ni de sondages pour jauger les humeurs. Devenu président, j'ai regretté que les journalistes même si c'était leur métier, ne me lâchent pas quand j'entreprenais cette balade pour ressentir les émotions d'hier et les mettre en regard des sentiments d'aujourd'hui. Ils faisaient obstacle à cette quête du regard, à cette plongée dans les cœurs. (Hollande, 2019 : 151.)

Quant à La République en marche, ses dirigeants et référents ont cherché à identifier des angles et à inventer des moyens innovants d'observation de la société française. Bien que nombre de ses permanents aient été recrutés sur la base de compétences professionnelles associées à l'expertise en *big data*, cette formation reste à ce stade inapte à prendre place dans les territoires (Dolez, Fretel et Lefebvre [dir.], 2019).

1. Entretien avec François Hollande, 3 mars 2021.

Écritures ordinaires et écritures politiques

Parmi les multiples capteurs, plus ou moins sophistiqués, de l'opinion, les courriers adressés au(x) président(s) n'ont jusqu'à présent guère retenu l'attention.

Si l'institution présidentielle a fait l'objet d'interrogations et de controverses savantes[1], quoique dans des proportions particulièrement faibles au regard du caractère écrasant de la présidentialisation du régime de la Ve République, la question du courrier présidentiel est absente de cette littérature. Rares sont les travaux universitaires[2] ou les enquêtes journalistiques[3] à s'y être intéressés. Les articles de presse ou les reportages couvrent occasionnellement le sujet[4], mais sous un angle souvent anecdotique. Enfin, les deux volumes de *La Vie quotidienne à l'Élysée* (Dulong, 1974 ; Pellissier, 1978) décrivent brièvement le service chargé de traiter la correspondance adressée à l'Élysée.

Pour interroger ces productions épistolaires, on peut s'arrimer à la littérature états-unienne, certes controversée, du *contacting*[5] qui étudie les formes d'intérêt pour la politique et de politisation à travers les pratiques d'écriture aux élus. Dans le premier volume de ses mémoires présidentiels, Barack Obama (2020) souligne l'importance que le courrier a revêtu pour lui durant ses deux mandats. Cet attrait est confirmé et détaillé par le livre d'une journaliste dédié à la façon dont il lisait et traitait sa correspondance (Laskas, 2020 [2018]).

Une autre manière, que nous avons privilégiée, d'appréhender cette masse documentaire consiste à s'inscrire dans le

1. Voir notamment Lacroix et Lagroye (1992).

2. Voir néanmoins, pour la France, Fraenkel (1997), pour l'Italie, Bertilotti (2016) et, pour l'Argentine, Schijman (2019).

3. Mentionnons cependant Campese (2014).

4. Voir, par exemple, Europe 1, 15 octobre 2013 ; *Aujourd'hui en France*, 2 mai 2014 ; *Marie-France*, 27 octobre 2016 ; *Le Parisien*, 20 juin 2020 ; RTL, 2 août 2018. *Le Monde* lui a consacré un article à sa une le 28 janvier 1987 et *Libération* une double page le 12 mars 1991.

5. Voir Verba et Nye (1972). De nombreuses études ultérieures ont interrogé cette pratique en en donnant des définitions contrastées. Voir Braconnier (2008) et Rozier (2016).

sillage théorique des recherches historiennes et sociologiques portant sur les écritures ordinaires ou quotidiennes, et plus spécifiquement sur les placets, suppliques, réclamations ou interpellations des sujets et des citoyens[1]. Car cette forme épistolaire de prise de parole a des airs de famille avec la tradition du placet à laquelle, sous réserve d'inventaire généalogique plus poussé, on peut la rattacher.

Dans une étude consacrée à la perception du roi par ses sujets à travers la littérature clandestine, les chansons et les placets, ces écrits adressés au souverain pour demander justice ou obtenir une grâce ou une faveur, Jens Ivo Engels montre que ces derniers n'impliquaient pas une forme particulière, contrairement à la requête qui devait, quant à elle, être introduite selon des formes juridiques. Après examen de ceux destinés à Louis XIV, il ressort que le roi est vu comme celui qui allège des « situations pénibles provoquées par des catastrophes naturelles ou dues à la pauvreté » (Engels, 2003 : 118).

Bien qu'étant le produit de ce que l'auteur désigne comme des représentations non officielles du roi, ces placets suivaient une grammaire implicite guidée par la recherche du succès d'une telle démarche, dont il était su au sein de la population qu'elle pouvait avoir une issue favorable. Chaque écrivant paraissait s'astreindre à suivre trois principes de présentation de soi et d'argumentation. Il était d'abord obligatoire de se prévaloir d'une image irréprochable de « sujet fidèle méritant les bienfaits du monarque ». Ensuite, il importait de respecter certains critères attestant de sa connaissance des rouages de la monarchie. Enfin, faire les louanges du roi, souligner toutes les qualités et vertus qui le caractérisaient constituaient la mécanique grâce à laquelle il devenait possible d'attendre en retour que la grandeur morale du roi se concrétise par

1. Voir Artières et Laé (2011), Barrault-Stella (2008 ; 2009), Blum et Cerruti (2018), Bock et Bozon (2008), Boltanski (1984), Braconnier (2008), Chartier (1991), Fassin (2000), Hubé (2008), Le Lidec (2008), Monier (2007), Offerlé (2007), Ribard et Schapira (2006), Rozier (2016), Weber (1993 ; 1995), et, sur des terrains étrangers, Armengol et Niqueux (2008), Nérard (2002), Rowell (2006), Thireau et Hua (2010).

grâce. Il est intéressant de noter que le roi représentait un « dernier ressort ». Exprimer « un problème, une relation politico-sociale ou une revendication sous la forme d'un langage convenu » était non seulement « une façon de renégocier la réalité » mais tout autant une manière de manifester sa volonté d'entrer en communication avec le monarque.

La représentation du roi, qui retient surtout notre intérêt à des fins de comparaison, est assez uniforme. On fait allusion à sa « bonté royale », à sa « bonté ordinaire » et à la « justice ordinaire ». Tout convergeait en suppliques se référant à la maxime royale du « soulagement » du peuple : « Sire [...] Vostre Majesté n'a rien en plus grande recommendation que le repos et soulagement de ses peuples [...] [accorder la demande] est le plus grand bien et repos qu'on puisse faire dans vostre Royaume pour vos sujets. » On le voit, en la personne du roi, un univers symbolique s'est constitué. Comme le conclut Jens Ivo Engels, « la logique de la représentation du roi [...] est loin de se résumer dans une seule dimension "politique", et le roi doit être perçu comme un champ mental, symbolique, discursif ouvert à toute une pléthore de "négociations du réel" » (Engels, 2003 : 126)[1].

Notre hypothèse est que le courrier adressé par les Français à l'Élysée permet de la même manière d'interroger l'institution présidentielle, donc la représentation du pouvoir et les formes de son incarnation (auxquelles renvoie la notion de « présidentialisation » dont l'usage désigne le plus souvent une boîte noire) à partir d'un autre point de vue que celui développé par les juristes, mais aussi différemment de la manière dont les politistes ont jusqu'alors procédé. L'opportunité d'y accéder s'est présentée, grâce à une de nos connaissances[2].

1. On se reportera aussi au débat initié par *Tracés* entre Alain Blum et Simona Cerutti (2018).

2. Nous remercions Anaëlle Chatelain d'avoir aidé à faciliter notre entrée au Service de la correspondance présidentielle.

Ouvrir le courrier du président

Les portes du Service de la correspondance présidentielle (SCP) ont été longues à franchir. Pour la présidence Hollande, nous avons multiplié les relances, mobilisé de nouveaux appuis. Cela a pris plus d'un an. Après un entretien préalable, l'autorisation d'effectuer notre recherche nous a été donnée, en toute fin de quinquennat.

Nous avons toutefois dû encore patienter avant d'avoir la possibilité de pénétrer au sein du SCP, quai Branly. Il nous a fallu en effet faire avaliser par nos institutions respectives un protocole spécifiant notamment les conditions de confidentialité de certains renseignements contenus dans les courriers. Nous le verrons, des informations et des témoignages particulièrement sensibles (récits de maladie, dénonciations de sévices et de viols, condamnations judiciaires, tentatives de suicide, naufrages économiques, prises de position racistes, opinions politiques et religieuses très tranchées, documents fiscaux, voire recherches d'avantages personnels) sont présents de manière non anonyme dans un nombre important d'entre eux.

Nous avons pu commencer à travailler (à jours prévus à l'avance, car on n'entre pas n'importe quand et n'importe comment dans cette annexe de l'Élysée, qui est sous commandement militaire) et nous avons fréquenté le SCP de manière assidue pendant plusieurs semaines. L'accueil qui nous été réservé par le chef du service, Maxence Den Heijer, et son équipe a été particulièrement chaleureux et coopératif[1]. La conjoncture a permis aux rédacteurs de nous faciliter le travail : François Hollande ne se représentant pas, le nombre de courriers qui lui étaient adressés n'a cessé de diminuer durant notre présence sur le site, ce qui accroissait la disponibilité de membres du service qui, pour certains d'entre eux, avaient par ailleurs connu notre nom lors de leurs études de sciences politiques.

---

1. Qu'ils en soient ici remerciés, ainsi bien sûr que les services de la Présidence qui ont donné leur accord à cette recherche.

Nous avons ainsi accédé à de très nombreux courriers et courriels. Dans un premier temps, nous avons travaillé par imprégnation en lisant compulsivement des centaines puis des milliers de lettres, d'abord données par les agents du SCP. Ensuite, nous les avons demandées selon leur date (en procédant par coupes dans une période, au hasard, ou bien en fonction d'événements particuliers), selon leur thématique (les surendettés, les courriers de chefs d'entreprise, etc.) ou certains temps politiques forts (pour voir si cela avait eu un effet sur les scripteurs).

Progressivement, avec et contre le terrain et avec l'appui des littératures que nous avons convoquées, nous avons affiné les pistes que nous avions esquissées pour saisir l'institution présidentielle au prisme de ses interpellateurs épistolaires et de la manière dont les services de l'Élysée et le président les « traitaient ».

Bien que cette enquête ait eu ses limites, liées notamment à la temporalité chaotique qui a scandé une recherche ayant connu des coups d'arrêt multiples (risques d'attentat, alternance présidentielle, grèves des transports, fermeture des archives et du SCP en raison de la covid), elle est basée sur un matériau épistolaire considérable, ainsi que sur de nombreux témoignages et entretiens avec ceux qui reçoivent, classent, orientent les courriers et y répondent[1]. Cette source a été saisie sur le vif car, à la fin du quinquennat, les lettres sont envoyées aux Archives nationales après un tri aléatoire qui n'en sélectionne qu'un dixième, le reste étant, pour l'essentiel, passé au pilon.

Le président Hollande a reçu quelque 800 000 lettres en cinq ans. Nous avons dû en lire plus de 10 000, avec un sentiment progressif de répétition. Car si chaque scripteur a une histoire, il partage avec ses semblables des savoir-faire et des modalités d'écriture qui se retrouvent en des formes

1. Qu'il nous soit permis de remercier spécialement Arthur Baubeau-Luban qui nous a accueillis dans son bureau et qui nous a montré son métier avec patience, générosité et intérêt pour la science politique.

routinisées, évidemment différentes et contrastées selon les propriétés de leurs auteurs. Il y a bien des manières communes et singulières d'écrire propres aux différentes catégories que nous tenterons d'objectiver.

Nous aurions pu nous arrêter là. Nous avons voulu aller plus loin. Et nous avons souhaité comparer les correspondances reçues en amont et en aval de la présidence Hollande. L'identité politique, le style et la manière de présider durant un mandat ont-ils un effet sur le profil des scripteurs, le style et la manière de s'adresser au président de la République ?

Fin 2020, nous avons noué un contact avec Michel Hénocq, l'un des plus durables titulaires du poste de chef du service du courrier (1981-1991), sous François Mitterrand. Il s'est ensuivi une relation aussi animée que fructueuse, puisqu'il avait conservé une documentation importante de son passage à l'Alma. Les chefs de service partent avec des lettres, des « belles lettres » comme l'on dit. Michel Hénocq avait une mémoire archivistique plus vaste. Nous avons alors intégré son expérience et ses archives, à titre de contrepoint, dans nos raisonnements.

Après un long délai silencieux, nous avons appris que la correspondance adressée à Jacques Chirac était en cours de déménagement de Fontainebleau à Pierrefitte, le nouveau site des Archives nationales, puis en cours de classement, puisqu'elle s'étalait sur un kilomètre linéaire. Il nous était donc impossible de la consulter.

Celle de Nicolas Sarkozy pouvait être accessible par dérogation sur autorisation de l'intéressé : « Les demandes de consultation des archives du service de la correspondance présidentielle sont fort rares à ce jour, à telle enseigne qu'il m'a fallu pour vous répondre rechercher des informations dont je ne disposais pas *a priori*, et tenter de mon mieux d'aplanir un certain nombre de difficultés », nous a répondu un conservateur du patrimoine.

Là encore, il a fallu patienter avant d'obtenir une autorisation pour consulter des cartons tirés au sort, afin d'amorcer cette partie de la recherche. L'autorisation a enfin été donnée avec des clauses très restrictives (les chercheurs étaient placés d'office au vu et au su d'agents des Archives, avec interdiction de photocopier ou même de photographier les courriers). La difficulté à travailler aux Archives nationales ne s'est pas arrêtée là : nous avons eu droit lors de notre première visite à une erreur de communication (tous nos cartons concernaient les aérodromes de France), puis à une suspension de la communication (les cartons que nous avions demandés étaient dans une chambre forte que l'on n'arrivait plus à ouvrir). Nous étions à cent lieues des conditions de travail dont nous avions bénéficié au palais de l'Alma. Et puis, après quelques semaines de travail, rendues difficiles par l'utilisation, aux heures de pointe, de la ligne de métro Châtillon-Saint-Denis (la 13), une grève des transports d'abord et la covid ensuite sont venues interrompre ce nouveau chantier. Compte tenu de ce que nous avions pu glaner, nous avons décidé d'arrêter cette nouvelle plongée.

De plus, si les scripteurs ne disent pas la même chose à Nicolas Sarkozy et à François Hollande, nous avons retrouvé plus que des traits communs entre les deux fonds que nous avons très inégalement consultés. Les « cartons Sarkozy » serviront moins à une comparaison systématique qu'à un contrepoint qui permettra de passer de la lettre aux présidents singuliers à la lettre à la Présidence de la République.

Reste le troisième volet de l'enquête que nous avions projeté en parallèle avec le travail sur les archives Sarkozy. Nous avons mobilisé les relations que nous pouvions avoir à l'intérieur de l'équipe constituée autour d'Emmanuel Macron pour solliciter l'accès à sa correspondance.

Certes, il existe bien une basse continue du courrier aux présidents. Un genre scripturaire commun se retrouve malgré l'absence apparente de contraintes d'écriture. Mais la nouveauté de la configuration macronienne en ses débuts (jeunesse du président, revendication de dépassement des manières habituelles de pratiquer la politique, affirmation d'une politique de réformes active, revendication d'une présidence « jupitérienne » et « sans filtre ») était susceptible d'introduire des contrastes dans la correspondance. Celle-ci nous intéressait aussi du fait de la multiplication dans les premières années du quinquennat de phrases considérées par l'intéressé comme du « parler vrai » et ressenties par nombre de citoyens comme l'expression d'un profond mépris à l'égard du peuple. En écho au « Casse-toi, pauv'con ! » sarkozien et aux « sans-dents » prêté à François Hollande, nous subodorions que le florilège des petites phrases macroniennes avait été source de protestations épistolaires, et plus encore sur les réseaux sociaux. De plus, la conjoncture « Gilets jaunes » et celle de la covid pouvaient créer des postes d'observation privilégiés pour saisir en action (et dans ses réactions épistolaires) l'institution présidentielle et son nouveau chef.

Le mouvement de la fin 2018 a produit un effet de loupe sur ces questions et nous a permis de mieux comprendre une partie de nos correspondants présidentiels qui, avec des nuances très diverses, parlaient ce langage si particulier qui a été exprimé par des Gilets jaunes. Nous avons d'ailleurs tenté à chaud de faire un pont entre « nos » courriers et le mouvement (Fretel et Offerlé, 2019). Le directeur de la publication, *AOC*, avait rédigé un chapeau qui pouvait être interprété par certains lecteurs comme une dénonciation du travail du SCP qui n'aurait pas vu venir le mouvement, en raison de ses principes de classement du courrier. Nous le verrons, cette classification pose problème, mais la prétendue « cécité » du service doit être très fortement relativisée et comprise sociologiquement.

Finalement, les portes du palais de l'Alma nous ont été rouvertes fin 2020 et nous avons eu la possibilité de rencontrer le tout nouveau chef de service, Cédric Bonamigo, ainsi que la responsable des archives de l'Élysée, Évelyne Van den Neste. Tous deux ont accepté avec beaucoup d'entrain de nous expliquer le nouveau fonctionnement de cette institution dans l'institution présidentielle : les modes d'utilisation du courrier qui avaient commencé à se faire jour à la fin du quinquennat Hollande ont été amplifiés et ont considérablement transformé les méthodes de traitement et d'exploitation de ce matériau. Une documentation intéressante concernant le nouveau quinquennat a été mise à notre disposition. La covid a, à nouveau, perturbé nos plans et nous avons été contraints d'attendre, en vain, une nouvelle possibilité de travailler sur site. L'approche de la précampagne présidentielle a encore amoindri nos chances. Nous avons pu cependant consulter certains courriers significatifs de cette période. Nous consacrons le dernier chapitre à la situation actuelle.

Ce qu'un courrier veut dire

C'est donc à partir du courrier adressé à François Hollande que notre étude est principalement construite. Pour orienter et désorienter le lecteur, peut-être est-il nécessaire de donner un premier aperçu de ce que l'on trouve dans ces centaines de milliers de lettres. Le service les classe en trois catégories. La première se réfère au courrier réservé qui émane d'institutions, de scripteurs connus (grands patrons, hommes politiques, journalistes, écrivains, dirigeants d'association, intellectuels, chefs d'État étrangers, éventuels amis) : quand on est président de la République il n'y a plus de courrier personnel (sauf bien sûr à inventer d'autres canaux d'acheminement) ; le chef de l'État est dépossédé de son intimité scripturaire. Les deux autres catégories de classement sont plus complexes et ont orienté nos recherches puisqu'elles renvoient au mode d'objectivation des paroles citoyennes par le service du courrier.

D'un côté, les « opinions », minoritaires en volume, sont les lettres de ceux qui commentent, critiquent, proposent, relèvent, opinent : ceux à qui l'on prête en somme une opinion « politique » que la conjoncture ou les événements peuvent affecter et qui en retour sont susceptibles de refléter les sondages ou la popularité présidentielle. Seule l'insulte, appelée « courrier véhément » par les agents, est exclue de la nomenclature et traitée comme hors champ, même si la multiplication des insultes peut aussi être un sismographe de l'état de l'« opinion » mesuré par ce flot épistolaire.

De l'autre côté des opinions, les « requêtes » ne sont pas en elles-mêmes considérées comme suffisamment articulées pour être véritablement significatives politiquement, mais sont reçues comme des attestations d'une situation sociale particulière, demandant un traitement par les services sociaux habituels. Leurs auteurs formulent des plaintes, veulent attirer l'attention sur leur « cas personnel », passant de la sollicitation parfois révérencieuse au coup de gueule contre les malheurs de la vie et les vicissitudes des labyrinthes administratifs. Il arrive d'ailleurs que ces envois soient doublés auprès des administrations territoriales ou nationales supposées compétentes. Cette ligne de démarcation n'est pas sans rappeler celle qu'évoque Jean-Michel Eymeri-Douzans (2003) quant à la définition plastique de ce qui est labellisé politique ou administratif dans le travail des entourages politiques.

Tout en gardant à l'esprit ce mode de classement qui constitue l'armature du décryptage du service, nous chercherons à le dépasser, à le contourner, à chercher ces bas bruits de la vie, ce qui n'est pas directement politique mais qui manifeste des stratégies d'adaptation des acteurs à ce qui leur arrive. Il y a bien un continuum entre la lettre personnelle qui ne parle strictement que de soi et de sa détresse, la correspondance qui tente d'agréger ce cas personnel à un collectif plus large et les prises de position sur des questions mobilisées par les médias ou des problèmes qui concernent tout particulièrement certains segments des scripteurs. La construction des problèmes publics (Neveu, 2015) peut se lire *in vivo* dans ce corpus du côté des scripteurs comme du côté de ceux qui attachent de l'importance à certains aspects de leur parole.

Il y a là un paradoxe dans cette « déclassification », puisque ces demandes ne sont pas adressées à n'importe qui, mais au personnage situé au sommet de la hiérarchie politique, le président de la République. Comment s'en sortir ? (Tilly, 1984 ; Offerlé, 2007, 2021). Les courriers au chef de l'État attestent parfaitement des compétences et des capacités différentielles (Gaxie, 1978 ; Blondiaux, 2007) dont disposent leurs auteurs pour le faire. La lettre au président est dès lors la seule arme, ou une parmi beaucoup d'autres, dans la panoplie des savoir-agir. Il faudra donc traiter les deux blocs « requêtes » et « opinions », non uniquement comme différents de nature l'un de l'autre, mais aussi comme dessinant un spectre plus ou moins politisé de rapports exprimés à une institution présidentielle qui se situe objectivement au sommet de l'ordre politique français.

On peut tout demander dans le secret de la correspondance présidentielle, et nous verrons que le spectre des « requêtes » est infini. Ce peuvent être des hapax (demander à voler à bord d'un Rafale ou que soit rendu hommage au coureur cycliste Raphaël Géminiani…) ou des demandes très fréquentes, émises et répétées par des agents singuliers (présentations de problèmes financiers, médicaux, conjugaux, appels à l'aide, menaces de suicide, demandes de papiers pour les étrangers, plaintes de voisinage, etc.).

L'on peut « opiner » sur de multiples sujets de la conjoncture politique et sur le politique lui-même, prendre position de manière réactive ou formuler des propositions :

> Nous vous couvrons de nos prières quotidiennes pour vous soutenir dans votre service politique. Que Marie Mère et Reine de la France et du monde vous garde et vous protège. (Lettre à N. Sarkozy, 31 mai 2007.)

> Comme vous ne comprenez rien à rien, je vous signale que désormais ce sont les patrons qui descendent dans la rue, grâce à vos idioties, 6 000 pharmacies vont mettre la clef sous la porte, visiblement agriculteurs, et transporteurs vont sombrer etc… sans parler des clubs hippiques. (Courriel à F. Hollande, 28 octobre 2013.)

> Je suis indigné par les différentes dispositions que vous prenez concernant l'emploi et son corolaire le chomâge. À quand le rétablissement de l'esclavage et le replacement de Victor Schoelcher au Panthéon par un ancien président du Medef ? (Courriel à F. Hollande, 4 mars 2016.)

> Je me décide à écrire aujourd'hui, car ça fait un moment que j'ai l'impression que malgré vos visites chez les gens

> du « peuple », vous ne saisissez pas bien à quel point on est étouffé par toutes les nouvelles lois que vous et vos prédécesseurs nous imposent [...] Quel homme politique aura le cran de s'immerger dans la vie d'un « pauvre » pendant un mois avec 500 euros, afin de comprendre ce que l'on vit ? (Courriel à Emmanuel Macron, 7 août 2017.)

On peut tout dire, y compris, de manière minoritaire, exprimer ses craintes, ses angoisses, ses phobies et ses délires (Boltanski, 1984), comme cet homme qui se dit victime des lamas tibétains : « Ces hommes m'èmpêchent d'avoir des relations sexuelles. Celà fait des années que celà dure. Pouvez-vous intervenir auprès du dalaï lama. J'en ai plus que marre[1]. »

Par ailleurs, des cadeaux plus ou moins volumineux, des poèmes, de la nourriture, des produits de promotion régionale, des sculptures et des peintures du chef de l'État, des produits en voie de commercialisation, des ouvrages en attente de dédicace arrivent au Palais... On pourrait ainsi égrener de multiples thèmes et reculer les limites du possible.

On pénètre dans ces courriers avec des sentiments mêlés de curiosité, d'intérêt, de surprise et de gêne. Une gêne, assurément, qu'évoquent également Philippe Artières et Jean-François Laé (2011) à propos des archives personnelles en citant Lydia Flem, *Comment j'ai vidé la maison de mes parents* (2004) : « D'abord, l'impudeur. L'obligation de bafouer toutes les règles de la discrétion : fouiller dans les papiers personnels, ouvrir le sac à main, décacheter et lire du courrier qui ne m'était pas adressé. »

Au fur et à mesure de nos dépouillements, à l'écoute de nos sources, nous avons progressivement compris ce que nous étions venus chercher, et ce que nous avions trouvé sans le vouloir vraiment, par « sérendipité ».

1. L'orthographe, la ponctuation, la syntaxe et, dans la mesure graphique du possible, la mise en forme des scripteurs ont été « respectées » dans les citations.

Questions de méthode

Nous avons abandonné l'idée de réaliser une quantification rigoureuse, et ce, qu'elle soit thématique (compter les requêtes afférentes aux problèmes de loyer ou de retraite) ou lexicographique (compter les mots utilisés). Dans la mesure où nous avons travaillé sur un corpus très large mais sans pouvoir définir de principes de sélection systématiques, eu égard aux conditions dans lesquelles nous avons pu y accéder au palais de l'Alma ou aux Archives nationales, toute tentative d'objectivation statistique était vouée à produire des artefacts.

Notre restitution se fera donc de manière qualitative et nous citerons largement nos sources. Nous utiliserons les comptabilités établies par les services successifs en réfléchissant sur leurs principes de construction et sur leurs usages. Elles concernent principalement, jusqu'à récemment, les flux d'entrées et de sorties des courriers et principalement les correspondances dites d'« opinion ». Nous verrons que, depuis 2020, des changements importants sont advenus dans la manière de saisir et analyser les opinions à partir de l'ensemble de ce courrier.

Plusieurs chercheurs ont travaillé sur des requêtes épistolaires. Certains ont cherché à les coder et à établir des typologies.

Ainsi Luc Boltanski (1984) a-t-il travaillé sur un corpus de 275 lettres adressées au service des informations générales du journal *Le Monde* de 1979 à 1981. Il en a extrait 76 % dans lesquelles une injustice était dénoncée. Le codage de ces lettres a été fait à partir de cinq items (contenu des affaires, contenu des lettres, propriétés graphiques et stylistiques, réponses de la rédaction du journal), auxquels ont été ajoutées les propriétés sociales du scripteur et un « jugement de normalité ». Il avait demandé à six personnes de son entourage (deux hommes et quatre femmes bénévoles, âgés de vingt-cinq à soixante-dix ans et appartenant toutes aux professions intellectuelles) de « lire rapidement les lettres et de noter de 1 (tout à fait normal) à 10 (complètement fou) le degré de normalité de l'auteur de la lettre. Un ensemble d'analyses factorielles et de tableaux a été construit pour objectiver les résultats.

Didier Fassin (2000) a sélectionné 300 lettres adressées au fonds d'urgence de la Seine-Saint-Denis, respectivement par des demandeurs d'emploi, par des Rmistes et par des salariés, qu'il a analysées sous trois axes : le style (factuel, vindicatif, implorant, digne), le registre (comptabilité, sympathie, protestation et vertu), l'argumentaire (insuffisance de revenus, accumulation de malheurs, dénonciation d'injustice, manifestation d'un projet de réinsertion). En croisant ces axes avec les topiques énoncées par Luc Boltanski dans *La Souffrance à distance* (1993) – la nécessité, la compassion, la justice et le mérite –, il en a tiré la conclusion que la nécessité et la compassion étaient « les deux composantes essentielles de la politique moderne de la pitié, et par conséquent des logiques d'assistance ».

Parmi 82 courriers sélectionnés au hasard sur environ 800 reçus au Conseil constitutionnel entre 1992 et 1999 et classés « sans réponse », et à partir de neuf items (dont le code langagier, le récit individuel, la montée en généralité, etc.), Céline Braconnier (2008) a distingué trois catégories d'énonciation : « expertise », « recours », « délibération ».

Sur un corpus de 115 courriers tirés aléatoirement à partir d'environ 2 500 lettres envoyées au député communiste de la Somme Maxime Gremetz, Sabine Rozier (2016) a dégagé « trois figures idéales typiques de scripteurs et de formes d'intervention » : le « citoyen impuissant », la « victime combative » et le « témoin indigné ».

Par ailleurs, Isabelle Thireau et Hua Lishan (2010) ont travaillé sur 600 lettres envoyées au Bureau des lettres et des visites en République populaire de Chine.

Notre corpus de lettres était beaucoup plus important et nous aurions pu choisir de faire des traitements de type typologique, ou quantitatif, sur un échantillon raisonné. N'ayant pas eu accès aux ordinateurs qui engrangeaient, sous François Hollande, la totalité des correspondances, nous ne pouvions toutefois pas déterminer la qualité de notre échantillon. Nous l'avons fait ponctuellement (sur le sexe du scripteur ou sur les courriers sélectionnés par le service et remontant au Palais sous l'étiquette « exemples de courriers représentatifs »), mais nous avons préféré, en travaillant à partir des catégories préconstruites qui ont cours dans le service du courrier depuis de nombreuses décennies (« inexploitables », « requêtes », « opinions », « courrier réservé »), examiner qualitativement, dans la finesse du grain, le continuum discursif qui existe entre les différents modes d'interpellation des services de la Présidence, de la plainte individuelle à la revendication d'une opinion générale experte.

Les chiffres (nombre de courriers, thématiques, datations, etc.) que nous donnons sont issus de compilations faites par le service du courrier. Leur calcul ne répond pas à une curiosité sociologique mais a pour but tout à la fois de fournir au président et à ses collaborateurs de grands indicateurs volumétriques et de rendre compte de l'efficacité du SCP.

Un triple objectif

Savoir ce que pensent les Français relève, durant les différents quinquennats, de bricolages contraints. Et c'est ce qui nous intéressera tout au long de ce livre. Il s'agira simultanément de comprendre pourquoi les Français écrivent (encore) à leurs présidents, ce que le service de la correspondance en fait selon les conjonctures et, selon les quinquennats, ce que les présidents, à leur tour, en font. Ces courriers, nous ne pouvons pas dire s'ils sont représentatifs. Les présidents le pensent, ils prendraient ainsi le « pouls du pays ». Pour les chefs de service, on y trouve « ce que le peuple pense à un temps *t*, comment évolue sa pensée, sa façon de s'adresser à un chef de l'État ».

Nous étions partis à la recherche des correspondants, de leurs textes et de leurs raisons d'agir. Nous avons compris que nous ne pouvions pas nous contenter de comprendre et de documenter les « émetteurs » des courriers. Il fallait, de surcroît, comprendre comment les courriers *au* président devenaient les courriers *du* président : c'est-à-dire comment celui-ci se les approprie ou non, comment il active ou non le service d'environ quatre-vingts personnes qui établit le lien entre ses correspondants et lui pour, à partir de lettres, fabriquer des chiffres graduant le baromètre des opinions.

Ce service administratif peu étudié est en effet un objet singulier. Ce n'est ni une administration, ni un cabinet, ni un « lieu d'écoute », ni un bureau des réclamations à « portée d'engueulade ». En dépit du titre de notre ouvrage, ce n'est pas exactement un « guichet » non plus. François Hollande avait « préparé » l'entame de notre entretien par une présentation de ce service, comme lieu de trois souffrances :

> La première souffrance tient au fait que ces agents reçoivent des demandes souvent lourdes et difficiles. Les gens s'adressent souvent à eux comme dernier recours. La deuxième, c'est que ce sont des fonctionnaires qui se trouvent détachés à l'Élysée, ce qui est prestigieux, mais ils ne sont pas au cœur du système élyséen, puisqu'ils sont à l'Alma, mais ils le vivent sûrement, même si on a amélioré leur condition, comme étant une forme de relégation, c'est-à-dire qu'ils sont coupés du reste du personnel de l'Élysée et ils n'ont aucune communication, relation avec des conseillers, par exemple, qui sur certains points pourraient régler les problèmes. Ils peuvent donc avoir le sentiment que leur travail n'est pas aussi efficace qu'ils l'espéreraient. Et, troisième souffrance, il y a à peu près mille personnes qui travaillent à l'Élysée et, quand il y a des départs, des changements, on leur dit : « Bah, tu vas aller au SCP. » C'est un peu l'endroit d'attente, donc. Et c'est vrai que, quand un agent a fait vingt-trois ans au SCP, on peut se demander pourquoi on ne l'a pas sorti de là. Alors, ce qu'on a amélioré avec moi, j'espère, c'est qu'on a amélioré le niveau technique des agents[1].

C'est une sorte de « non-lieu » ou d'« entre-deux » entre le règne des entourages (Eymeri-Douzans, Bioy et Mouton [dir.], 2015) et les administrations centrales, certes encadré

1. Entretien avec François Hollande, 3 mars 2021.

par un dispositif d'écriture, mais sans véritables contraintes. Il est ouvert à tous les usages, importés d'autres lieux routinisés (« tous les guichets où l'on peut faire valoir ses droits ») ou produits par l'inventivité de ceux qui peuvent s'en servir. Un non-lieu aussi pour ses desservants qui, selon l'intérêt que lui porte le destinataire final (le président) des lettres (qu'il ne lira pour la plupart jamais), peuvent instaurer un service strictement minimum d'attention, de réponse et de transmission, ou transformer ces centaines de milliers de lettres en instrument de pilotage de l'opinion publique.

Notre première entrée concernera la politique du courrier au sein de l'institution présidentielle. En présentant le SCP, nous chercherons à comprendre la structuration, l'organisation et le fonctionnement de ce service qui trie, qui filtre, qui protège le « PR » et essaye d'« intéresser » le « Palais » (l'Élysée) au travail qui se fait de l'autre côté de la Seine, à l'Alma. Il s'agira aussi de comprendre l'institution présidentielle en réfléchissant à la place que tient le « sismographe », le « thermomètre », du courrier (flux et thématiques) dans l'ensemble des « capteurs » d'opinion élyséens, notamment par rapport au pilotage par sondages. Dans la lignée des travaux de sociologie de l'institution (Lacroix et Lagroye, 1992 ; Lagroye et Offerlé [dir.], 2010), il s'agira de saisir, sous un autre angle, une partie de l'institution présidentielle au travail (chapitre 1).

Nous en viendrons ensuite aux scripteurs eux-mêmes. Et d'abord à la manière dont ils écrivent. Au travers de leurs témoignages, interpellations, suppliques, appels au secours, mais aussi lorsqu'ils motivent leurs propos, ils laissent transparaître certains éléments de leur situation sociale, économique, culturelle et psychologique. Sans être exhaustif, il est ainsi possible d'apporter des éclairages sur l'identité des expéditeurs, et donc d'essayer de comprendre la spécificité de ces correspondants (chapitre 2).

Interroger le rapport à l'institution présidentielle dans ses diverses facettes – sociologie des répertoires d'action individuelle et collective, formes et degrés de la politisation que révèlent ces écrits – sera l'objet des développements consacrés aux deux catégories par lesquelles le service perçoit, enregistre et donne suite aux courriers : les « requérants » et les « opinants ». Nous l'avons dit, ces catégories forment pour nous un continuum plus que des cases étanches.

Les « courriers de la misère » ont pour objet des problèmes qu'on peut qualifier de « socio-administratifs ». Ils permettent d'accéder à une sorte de « misère du monde » qui s'exprime de manière plus ou moins articulée et « compétente » (dans tous les sens du terme), faisant voir au moins partiellement l'état dans lequel sont plongées des populations dans le besoin. Là encore, il est intéressant de comprendre que la figure du chef de l'État est mobilisée quand « on a tout essayé ». Cette centralité du rôle présidentiel se retrouve également lorsque des courriers émanent de personnes internées en hôpital psychiatrique, ou encore quand des familles vivent un deuil et éprouvent le besoin d'en informer le plus haut personnage de l'État. Si ces courriers soulèvent fréquemment des points de droit social, ils donnent également à lire quantité de plaintes, colères et témoignages que les mobilisations des Gilets jaunes ont mis en mots sinon en revendications. En ce sens, ces requêtes révèlent des opinions indiquant ce que des personnes issues des milieux populaires, entre autres, disent des élites. Mais le plus saillant qui émane de cette matière poignante est qu'apparaissent des compétences jusque-là peu abordées par la science politique et qui témoignent d'aptitudes dont disposent nombre de citoyens « ordinaires » placés en bas de l'échelle sociale à porter eux-mêmes leur cause et à produire, avec les moyens du bord, une sorte de plaidoyer pour soi-même (chapitre 3).

Les courriers dits d'opinion résultent de la dichotomie produite dans le service et engagent une définition ordinaire de ce qui est politique et de ce qui ne l'est pas. Ils témoignent aussi des routines de l'institution présidentielle jugeant plus impérieux de porter à la connaissance du chef de l'État des « opinions ». L'un des mots d'ordre internes au service qui avait pour but de rationaliser ce travail de tri entre « requêtes » et

« opinions » était de dire que lorsqu'un courrier commençait par « je pense », c'est qu'on avait affaire à de l'opinion. Sans avoir été appliqué à la lettre, ce leitmotiv rappelle qu'opiner politiquement, c'est s'exprimer en son nom, en conscience en quelque sorte, au sujet de la politique, arguments à l'appui (chapitre 4).

Quand ils sont jugés à la fois pertinents et « représentatifs » – ils parlent pour les autres autant qu'ils parlent aux agents qui les lisent –, ils peuvent être communiqués au président. Nous interrogerons la forme requise et les expressions de ces opinions politiques. La plupart du temps, elles s'adossent à une actualité et se fondent dans un calendrier politique. D'une part, on montrera quel traitement est réservé à ces courriers au sein du SCP. D'autre part, on identifiera ceux qui remontent jusqu'au bureau du chef de l'État et servent éventuellement à constituer une base de données des « courriers représentatifs » dont le président aura lui-même connaissance. En ce sens, on a affaire à un travail de saisie et de gestion de l'opinion analogue, dans une certaine mesure, à la fabrique des sondages, le SCP et les demandes présidentielles aboutissant à construire une opinion publique épistolaire. Cependant, de la même manière que les outils de sondage présentent des défauts de fabrication, l'Élysée, pour des raisons différentes, réserve à cette opinion un traitement inévitablement partial. Quoi qu'il en soit, les courriers dits représentatifs tels qu'ils ont été préparés par les services du SCP sont l'une des fenêtres par lesquelles un président de la République jauge l'opinion, évalue sa popularité et le consentement de ses concitoyens aux politiques publiques qu'il conduit. Ils donnent lieu à des indicateurs chiffrés, les lettres d'opinion devenant les chiffres de l'opinion épistolaire (chapitre 5).

Le circuit des courriers se prolonge dans la gamme des réponses qui peuvent leur être réservées. Ils sont soupesés et parfois évincés, lorsqu'ils sont vus comme grossiers et irrespectueux de la fonction présidentielle ou qu'ils contiennent des menaces. La plupart des requêtes ont droit à une lettre type avant aiguillage vers les services préfectoraux et sociaux, quand d'autres sont traitées par des courriers plus sophistiqués. Les lettres adressées par des personnalités ou par des groupes d'intérêt significatifs (le « courrier réservé »), les courriers d'opinion jugés représentatifs et quelques « belles lettres » ont droit à un traitement plus serré et à des réponses plus détaillées et argumentées. La question de savoir qui signe est bien entendu un enjeu pour le service du courrier et pour les correspondants. Si certains de ces courriers parviennent bien sur le bureau du président de la République, ils ont été préalablement sélectionnés et triés (« Ça, c'est une lettre pour le PR »). Leur traitement différencié nous permettra de mettre au jour ce que l'Élysée entend dire et écrire de ses intentions et de son action quand on l'interpelle par courrier (chapitre 6).

Le dernier chapitre abordera le devenir contemporain du service sous Emmanuel Macron, en prolongeant deux interrogations dont nous aurons suivi le fil tout au long de l'ouvrage. Écrit-on de la même manière à tous les présidents ? Est-il possible de cerner, à partir de cette correspondance, les évolutions du rapport à l'autorité présidentielle ? Mais nous nous attacherons également à appréhender la nouveauté et la différence instaurées par le traitement actuel de cette correspondance et la manière dont l'Élysée dirigé par Emmanuel Macron s'en « nourrit » (chapitre 7).

Au terme de ce parcours dans cette source magnifique, sorte d'album de famille des Français, ou plutôt de Français, dans leur diversité, comme le disent les collaborateurs du service attentifs à ces « gens à histoires qui écrivent », ceux de la « vraie vie », du « concret », de l'« aspérité », nous espérons que la richesse sociologique de ce matériau aura été perçue. Nous citerons de larges extraits de ces lettres tout en les anonymisant, sans pouvoir malheureusement reproduire dans leur intégralité les formes manuscrites qui en donnent le grain. Sans pouvoir non plus, à la manière d'une Arlette Farge ou d'un Pierre Michon, suivre certaines de ces vies « oubliées » ou « minuscules », au-delà de leurs interventions ponctuelles dans le flot et le flux de la correspondance traitée au palais de l'Alma[1]. Ce livre fera donc appel à des entretiens et à des documents originaux, cités non seulement de manière illustrative, mais également mis en série afin de comprendre collectivement ces actes d'écriture individuels. Nous souhaitons ainsi contribuer à la sociologie des écritures ordinaires, à la sociologie de la politisation (comme comportement et comme labellisation d'un comportement), ou plutôt aux formes différentielles de politisation. Et enfin, bien évidemment, à une autre sociologie de l'institution présidentielle, sensible aux représentations spontanées que s'en font les citoyens ordinaires.

Au fil d'un continuum allant de lettres très argumentées politiquement à des courriers très « moraux » qui parlent de la tenue du chef de l'État ou de ses relations amoureuses, cette correspondance nous renseigne sur les définitions possibles d'une institution située au cœur d'un édifice d'abord et avant tout politique, et sur les jugements différenciés que peuvent porter des catégories de citoyens sur la manière de l'habiter. Notre démarche se veut une contribution à la sociologie de la présidentialisation du régime politique de la France contemporaine. Loin d'une lecture strictement juridique ou constitutionnaliste, ces matériaux nous montrent comment des citoyens se représentent ou entendent se représenter l'institution présidentielle en fonction de leur situation, de leurs besoins, de leur milieu social et de leur compétence scolaire, la place qu'ils lui donnent, ainsi que la fonction qu'ils lui attribuent. Qu'y a-t-il dans la tête des scripteurs quand ils appellent l'institution présidentielle et donc le président à agir pour eux ?

1. À la fin de l'enquête, François Hollande nous a autorisés à contacter certains de ses correspondants. Ce que nous avons pu faire pour trois d'entre eux. Qu'il en soit remercié.

1

L'autre Palais de l'Élysée

Au 55, rue du Faubourg-Saint-Honoré se trouve le « Palais », comme l'on dit. Le « vrai », là où travaillent le président, ses conseillers et la majorité du personnel de l'Élysée. Rive gauche, à deux kilomètres deux cents, au 11, quai Branly, c'est l'autre site : l'Alma, siège du service du courrier.

De l'autre côté de la Seine

À deux pas du musée du Quai Branly, l'immeuble est anonyme. Nulle trace d'une quelconque destination. Aucune plaque. Juste une épaisse porte en fer à double battant peinte en noir, fermée presque en permanence, sous la surveillance de la commanderie militaire. Et un drapeau tricolore arrimé tout en haut de l'édifice. Pour les amateurs et curieux du Vieux Paris, le 11, quai Branly est l'emplacement des anciennes écuries de Napoléon III, édifiées à partir de 1861 presque en face du pont inauguré en 1856 qui célèbre la victoire de l'Alma durant la guerre de Crimée, le 20 septembre 1854.

Après une fouille relativement sommaire, qui sera par la suite irrégulière selon le profil des gendarmes postés, on pénètre dans une grande cour d'entrée, désormais transformée en parking. D'autres cours plus petites et des jardins bordant un ensemble immobilier qui abriterait 5 000 mètres carrés d'appartements composent le site. D'un côté, les bulbes dorés de la cathédrale orthodoxe de la Sainte-Trinité. De l'autre, la flèche aiguë de la tour Eiffel qui surplombe le toboggan et les balançoires dédiés aux enfants des locataires. Le 11, pour les amateurs et curieux des à-côtés de la République, c'est un lieu qui a fait jaser, fantasmer et s'indigner. « L'Alma, le temple du silence, le lieu de papa et maman où le dehors n'entre pas », une « prison », écrit Mazarine Pingeot (2005) qui y a vécu avec sa mère et qui y a côtoyé son père clandestin, François Mitterrand. Une « cité-dortoir[1] » de la République qui a hébergé pendant longtemps un ensemble de bénéficiaires des largesses du politique qui trouvaient là, à quelques minutes en voiture du palais présidentiel, des appartements de fonction gratuits, ou à loyer modéré, sans que tous puissent justifier de la « nécessité absolue du service » (NAS).

La mobilisation engagée par René Dosière, député socialiste de l'Aisne, entrepreneur de cause à la fin de sa carrière politique (objectiver les dépenses de la démocratie et d'abord de la République), et le début de surveillance de la Cour des comptes[2] ont commencé de régulariser ces pratiques. Mais l'« affaire Benalla », qui a fait l'objet de quantités de courriers indignés adressés à Emmanuel Macron[3], a relancé la curiosité des journalistes sur ce palais ignoré de la République, puisque le « garde du corps » du président de la République y a bénéficié de manière éphémère de l'affectation d'un appartement de fonction. Au détour de ces articles, ironiques et/ou dénonciateurs sur la vie quotidienne dans les allées et jardins des anciennes écuries, la présence du Service de la correspondance présidentielle a été évoquée.

1. Vincent Monnier, « Le palais de l'Alma, mystérieuse cité-dortoir de l'Élysée », *L'Obs*, 2 août 2018.

2. « Les comptes et la gestion des services de la présidence de la République (exercice 2012) », Rapport de la Cour des comptes, 2013 (en ligne).

3. Cette « affaire » a connu beaucoup de retentissements, à tel point que les agents du SCP ont été amenés à l'indiquer au président de la République dans une note de juillet 2018. Dans cette note, il est souligné que « près de 160 messages au vitriol ont été enregistrés dans la seule journée suivant la médiatisation des violences commises par M. Alexandre Benalla le 1er mai 2018 ». Selon la recension des services, c'est l'événement le plus commenté après la victoire de l'équipe de France à la Coupe du monde la même année.

Les services du courrier

Créé en 1959 comme émanation du secrétariat particulier du président, le service du courrier était au départ faiblement doté, composé d'une vingtaine d'agents, principalement des secrétaires[1]. Fin 1960, le secrétariat particulier de la Présidence doit émigrer au 14, rue de l'Élysée et une partie des subordonnés sont « exilés quai Branly » (Dulong, 1974). Puis Valéry Giscard d'Estaing décide d'étoffer ce service et de le détacher du secrétariat particulier qui répondait précédemment, sous Charles de Gaulle et sous Georges Pompidou, à un courrier qui n'avait pas encore l'ampleur qu'il commença à prendre dans les années 1970. C'est donc à cette période que l'ensemble des collaborateurs s'installe quai Branly. Soixante-cinq personnes y travaillent en 1978 (Pélissier, 1978), mais elles n'apparaissent pas à l'entrée « Présidence de la République » du *Bottin administratif*. Le service du courrier devient en 1996 le Service de la correspondance présidentielle (SCP), avant un nouveau changement de nom en 2020 : Service de la communication directe (SCD).

Le profil et la trajectoire de ses directeurs et directrices illustrent le statut ambivalent de la fonction, à la fois très honorifique, puisqu'elle bénéficie du label de l'institution présidentielle (« Servir le président »), et peu reconnue, bien qu'elle soit considérée comme un tremplin dans la hiérarchie administrative. La plupart des chefs du SCP appartiennent au corps préfectoral à un échelon intermédiaire et sont, ou deviendront, administrateurs civils, sans être passés par l'École nationale d'administration (ENA). Cette particularité est liée à une voie de recrutement de « bouche à oreille », au sein du corps dont les membres estiment être les mieux placés pour occuper la fonction : « C'est un plus d'avoir une culture et

1. Ces renseignements sont tirés d'une note « Service de Correspondance Présidentielle. *Notice historique* » ainsi que de certaines biographies des chefs de service, qui nous ont été remises par Évelyne Van den Neste responsable du service des archives et de l'information documentaire de la Présidence de la République. Qu'elle en soit ici remerciée.

une vision interministérielles dans ce type de poste », indique l'un d'eux. Sans qu'il y ait de texte écrit, le poste est réservé à un sous-préfet ou à son équivalent hiérarchique.

Licencié en droit, fils d'un propriétaire terrien, Xavier de Beaulaincourt (comte de Beaulaincourt-Marles, 1920-2003) a servi et servira le général de Gaulle de 1945 (il a alors vingt-cinq ans) au décès de celui-ci en 1970. À la tête de son secrétariat particulier et du service de la correspondance, il produit des statistiques sur les principaux sujets traités dans ces courriers. Il terminera sa carrière comme administrateur civil. Gérard Chasseguet (né en 1930) présente un profil plus politique. Membre de la préfectorale, il dirige durant quatre ans le service du courrier du président Pompidou, après avoir été conseiller technique à Matignon puis à l'Élysée. Il est député de la Sarthe de 1973 à 1993. Son successeur éphémère, de 1973 à 1974, Jean-Pierre Richer est né en 1938. Énarque, il a servi et servira dans la préfectorale avant et après 1973. Il terminera sa carrière comme préfet de région. Il a été président du Secours catholique. René Prenleloup assurera la direction du service durant tout le septennat de Valéry Giscard d'Estaing.

Michel Hénocq (né en 1938), avec lequel nous nous sommes longuement entretenus, occupera cette fonction sous François Mitterrand pendant dix ans. Diplômé de l'IEP de Paris, responsable du service de presse à la préfecture de Paris, puis administrateur civil au ministère de la Santé, et par ailleurs artiste peintre, il doit sa nomination à la tête du service de la correspondance présidentielle en septembre 1981 à Gilles Ménage, « homme de droite modérée » (conseiller au cabinet de François Mitterrand, puis directeur adjoint et directeur de son cabinet). Très pointilleux quant à la trace qu'il souhaitait laisser dans la mémoire de la République, pourchassant ceux qui minimisaient, occultaient ou s'appropriaient son rôle dans la construction d'un service crédible et réactif, il est le seul à avoir véritablement gardé de l'intérêt pour sa mission au point d'écrire et de déposer sur Internet un long et intéressant témoignage de 185 pages, rédigé entre 2008 et

2017, sur lequel nous reviendrons : *Comment devient-on chef du service courrier de la Présidence de la République.*

Michel Hénocq est remplacé par François Bronner[1] qui a cette particularité de servir sous deux septennats de coloration politique différente (1991-1999). Ce sont ensuite trois femmes, Marthe Steffann[2] (1999-2002), sans doute la plus politique des chefs du SCP, Nicole Isnard[3] (2002-2007) et Éliane Kozar[4] (2007-2012) qui dirigent le service, sous Jacques Chirac et Nicolas Sarkozy. Patricia Jannin[5] (2012-2015) et Maxence Den Heijer[6] (2015-2018) assureront cette fonction sous François Hollande et, pour le second, durant la fin du quinquennat Hollande et le début de celui d'Emmanuel Macron.

Un tournant mitterrandien

La nomination, sous François Mitterrand, de Michel Hénocq à la tête du service du courrier accompagne un tournant dans son organisation, dans la manière d'appréhender son rôle et,

1. Né en 1934, diplômé de l'IEP de Toulouse, il fait sa carrière dans la préfectorale. Il devient administrateur civil en 1982. Il part en retraite en 1999 à la fin de son mandat à la direction du SCP.

2. Née en 1951, après un DES de droit public à Nancy, elle travaille dans la préfectorale dans les Vosges. Elle intègre le cabinet du maire de Paris, Jacques Chirac, en 1978, devient administratrice de la Ville de Paris, avant d'être chef du SCP puis chef du secrétariat particulier de Jacques Chirac président de la République. Elle a travaillé à la Caisse des dépôts et consignations (CDC) de 2006 à sa retraite.

3. Née en 1956, diplômée de Sciences Po Paris, elle fait toute sa carrière dans la préfectorale, administratrice civile en 1999, elle termine sa carrière en 2020 comme « préfète chargée d'une mission de service public ».

4. Elle prend sa retraite en 2015 comme administratrice civile.

5. Née en 1965, elle a travaillé au ministère de l'Éducation nationale puis au ministère de l'Intérieur, puis à la préfecture de Police de paris dans des fonctions RH. Après 2015, elle devient DRH de l'Élysée. Elle est nommée en 2019 inspectrice générale de l'administration.

6. Né en 1976, Après un DEA de droit public à Bordeaux, il fait sa carrière au ministère de l'Intérieur. Il réussit le concours de l'Institut régional d'administration (IRA) à Bastia. Il devient administrateur civil en 2013. Il nommé sous-préfet d'Aubusson à sa sortie de charge au SCP.

surtout, dans le volume de la correspondance traitée. De fait, après le 10 mai 1981, le courrier afflue à l'Élysée : « Mille lettres par jour en moyenne – la cadence s'est ralentie en août – c'est nettement plus que les 578 missives quotidiennes qu'a reçues l'Élysée pendant le précédent septennat. Si le rythme des trois premiers mois se maintenait, ce serait deux fois plus qu'en 1980 (200 000 lettres dans l'année)[1]. »

Chargé d'informatiser le service, celui qu'Erik Orsenna (qui est la « plume du président ») dénommera, dans son roman *Grand Amour* (1983), la « boîte aux lettres du président » dit se donner pour mission de « rendre plus personnelles, plus humaines nos réponses [et de] suivre les affaires de nos correspondants lorsque nous intervenions en leur faveur ». Michel Hénocq se présente tout au long de son témoignage comme un desservant de gauche du service public, ayant accepté sa fonction par « conviction ». Le travail, qu'il qualifie d'« ingrat et répétitif », doit d'abord être valorisé pour son côté « social et humain ». À ses yeux, le service du courrier doit répondre, et vite, aux espérances que l'élection d'un président de gauche a suscitées. La question de la signature (qui signe et comment ?) est à cet égard un problème primordial afin de donner une coloration personnelle à cet échange entre le citoyen concerné et le représentant du président.

Son ton est très acerbe[2] à l'égard de son prédécesseur, de son équipe (quatre-vingt-dix personnes en fin de mandat venant d'administrations civiles et militaires) et de Valéry Giscard d'Estaing. Il décrit un service fossilisé, routinisé et peu mobilisé, accomplissant mécaniquement une tâche fastidieuse soumise à des procédures lourdes. Il s'inquiète de l'indifférence de ses collaborateurs à l'égard de ces Français qui entendent par le courrier nouer un « lien direct, avec l'homme-président ». Selon lui, le personnel qu'il « récupère » est plus intéressé par les 35 heures instaurées dans le service dès les années 1970, les primes spécifiques et le label Élysée, que par un quelconque esprit de service

1. Yves Agnès, « S.O.S. Élysée-Matignon », *Le Monde*, 14 septembre 1981.
2. D'autres recherches seraient nécessaires pour nuancer ce plaidoyer.

public, au service de ce type particulier de public que sont les correspondants du président. Son témoignage dépeint un personnel « réactionnaire » qui considère les requérants comme des quémandeurs décrits sous des étiquettes dévalorisantes : « filles-mères », « repris de justice », voire « racistes »... (« La rédaction même de la transmission des "requêtes" dénotait une vision éminemment méprisante des correspondants du chef de l'État qui me révolta », « Jamais l'intérêt du rédacteur n'était éveillé par un cas tragique », « De même, plus tard, on discuta et ricana sur les menaces de suicide ! »).

Selon lui, sous Valéry Giscard d'Estaing, on s'intéressait principalement au courrier personnel, félicitations, vœux, lettres d'enfants et invitations à dîner, quand, pour le gros du courrier, les « requêtes », « il existait une quarantaine de lettres types imprimées en noir pour le texte avec la signature en bleu, ce qui ne trompait personne ». Chaque modèle disposait de trois variantes, Monsieur, Madame, Mademoiselle. Quelle en était la nature ? Il y avait d'abord les lettres informant l'intéressé de la transmission de sa demande aux services » : « J'ai transmis au préfet de votre département... », et, pour les principaux ministères : « J'ai transmis au ministère de... » Le courrier « Critiques et suggestions » était peu considéré, écrit-il : « On se contentait de faire parvenir en retour un simple accusé de réception plutôt hypocrite ainsi formulé : "Vos réflexions ont été transmises au Chef de l'État." »

Le service sous Mitterrand devait gérer plus de 1 000 lettres par jour, contre 700 sous VGE, « 1 679 118 lettres » durant le premier septennat : « En dix ans ce sont plus de 2 400 000 lettres qui me sont passées entre les mains. On atteindra même des records en 1988 avec 1 200 lettres reçues et 2 000 expédiées [par jour]. » « 37 292 lettres ont été reçues en mai, le triple de l'année précédente, soit une moyenne de 1 867 par jour ouvré. » Les lettres sont lues trois fois : par l'agent qui les ouvre, par le rédacteur qui répond et par le chef de service qui endosse la lettre et la signe ou la fait signer.

Le fond du courrier ressemble aux correspondances que nous avons pu directement dépouiller : d'abord, des courriers anonymes et incohérents, des cartes postales de vacances, des lettres de soutien lors d'un décès, des annonces de naissance, des photographies, des vœux, des poèmes[1], des chansons, des lettres musicales. Elles émanent surtout d'anonymes, mais aussi de personnalités politiques ou artistiques ou de personnes s'inventant des titres. Les cadeaux sont peut-être plus « mitterrandiens », des centaines de roses, des ouvrages chaleureusement dédicacés par des écrivains connus ou en quête de reconnaissance, des peintures, des dessins, des gravures, des portraits réalisés à partir de photographies. Les requêtes sont également, dans leurs tonalités, semblables à celles que nous avons pu consulter : emploi, logement, secours (endettement, précarité et faiblesse des revenus), problèmes de voisinage, recours en grâce, tels en sont les thèmes les plus récurrents.

Selon Michel Hénocq, les 15 % du courrier constitués par les « commentaires de l'actualité à chaud, malgré parfois leur côté Café du Commerce », constituaient « une mine d'informations et un reflet, sans doute incomplet, de l'opinion des Français ». Il extrait aussi certains courriers « requêtes » qui lui apparaissent comme révélateurs des difficultés d'une région ou de problèmes récurrents (endettement, difficultés avec tel type d'administration).

Une fois le service « relancé », il sélectionne chaque semaine des lettres qu'il prépare pour la signature de François Mitterrand qui, selon lui, les signait toutes. Il fait aussi une sélection mensuelle des lettres les plus significatives à ses yeux. Le président lui aurait demandé de lui faire particulièrement remonter le courrier concernant les entreprises[2].

D'après l'enquête menée en 1995 par Béatrice Fraenkel (1997), une interview de François Mitterrand du 2 janvier

1. Le chef du service colligera de nombreux poèmes dans des recueils qui seront adressés à François Mitterrand. Il établira, pour le bicentenaire de la Révolution, un volume relié bleu, blanc, rouge intitulé « Cahier de doléances » et faisant état des critiques contenues dans le courrier présidentiel qu'il lui destinera également.

2. Une présentation, informée, du service est faite dans Schifres et Sarazin (1985).

1983 pourrait être, dans la mémoire du service, à la source du « récit d'origine » d'un « contrat de communication » direct – sans intermédiaire – mais vertical passé entre le chef de l'État et les citoyens français : « Ce que j'aimerais, c'est que les téléspectateurs, les Français réagissent eux-mêmes. Au fond, j'aimerais qu'ils me posent des questions. »

Si l'on peut douter que cette intervention ait été le déclencheur d'un afflux de courrier qui ne s'est pas tari depuis lors, le désir des citoyens d'écrire au président est resté une énigme. En septembre 1981, un journaliste du *Monde* avait déjà formulé des hypothèses :

> Première explication : l'information passe de plus en plus mal entre les pouvoirs publics et l'usager, et celui-ci ne sait plus à quel saint se vouer (la multiplication des « médiateurs » et « conciliateurs » le montre).
> Deuxième explication : l'élection présidentielle au suffrage universel devient une réalité de plus en plus « vécue » par le citoyen : celui-ci considère qu'il y a un contrat moral entre lui et son élu et se sent en droit de réclamer en retour que le président soit attentif à ses suggestions ou à ses difficultés.
> Troisième explication : les présidents sont de plus en plus « proches » du public et on n'hésite pas à leur écrire.

Dès avant cette période, un découpage s'est imposé dans le tri et l'orientation des courriers. La grosse masse d'entre eux (les deux tiers) sont des requêtes, les autres lettres sont du « courrier réservé » (lettres d'élus, de chefs d'État étrangers, d'associations), d'autres encore sont des soutiens adressés au président, des critiques ou suggestions.

Cette classification ternaire s'est maintenue jusqu'à aujourd'hui, comme nous le verrons en détaillant le circuit du courrier. Si le décompte des lettres reçues (et auxquelles il a été répondu) est un enjeu pour le service, ainsi, parfois, que pour les présidents successifs (« Combien mon prédécesseur en a-t-il reçu ? »), son flux n'a pas non plus changé depuis l'élan épistolaire mitterrandien. Bien qu'il soit difficile de donner des chiffres précis – qu'est-ce qu'une lettre en effet ? faut-il compter les cartes préimprimées comme des courriers ? –, on peut toutefois appréhender à partir des données fournies par la presse et le SCP le volume et les moments de la correspondance, comme nous le verrons au chapitre 5.

L'apparition puis la montée en puissance des courriels par rapport aux courriers constituent en revanche une inflexion notable. Désormais, dans une démarche « éco-responsable » et afin de « réduire les délais de traitement », mais également eu égard aux précautions prises pour sécuriser le processus de réception, la correspondance électronique est encouragée sur le site officiel de l'Élysée :

> **Une cause vous tient à cœur ? Un fait d'actualité vous interpelle ? Vous souhaitez faire part de vos préoccupations ou de vos réflexions ?** En quelques clics, envoyez votre message au président de la République ou à Madame Brigitte Macron[1].

Ce procédé est inopérant toutefois pour celles et ceux qui souhaitent joindre à leur envoi des cadeaux, des dossiers-argumentaires, voire des dessins (notamment les enfants) ou des signes personnalisés de proximité à l'ancienne (des cartes postales, des cartes de vœux, des poèmes, etc.). Depuis 2020, on le verra, les modalités de traitement des courriers ont toutefois connu des évolutions plus significatives encore (chapitre 7).

Des stocks et des flux

Le matin, les camionnettes de la poste centrale du VIIIe arrondissement de Paris franchissent le portail du 11, quai Branly, situé dans le VIIe. C'est en effet au domicile officiel du président de la République, Palais de l'Élysée, 55, rue du Faubourg-Saint-Honoré 75008 Paris, que peut

1. Site du SCP, « Écrire au Président de la République », en ligne, janvier 2021. La formulation antérieure du message, que nous n'avions pas saisi auparavant, se révèle irrécupérable. Il ne se trouve dans aucune archive.

lui être adressée une correspondance de tous ordres (lettres, paquets, etc.). Jusqu'à 20 grammes par pli, l'acheminement postal est gratuit. Le courrier est relevé deux fois par jour dans une grande halle où travaillent les collaborateurs techniques du service tri-orientation. L'ensemble est passé au balayage à rayons X d'un scanner, comme dans les aéroports, certaines administrations ou entreprises, afin de détecter tout objet suspect, explosifs, balles, produits toxiques (en particulier l'anthrax). Des casiers, de grandes bannettes rectangulaires blanches ou orange, des tampons dateurs pour enregistrer la date et l'heure de réception, des blouses et des gants bleus pour trier. Et désormais des masques[1].

En 2012, l'attention des superviseurs a été attirée par une substance inconnue mais bruyante qui s'est révélée être des miettes de pain. Le président d'une association d'agriculteurs retraités avait organisé avec ses adhérents un envoi de courriers : « Afin d'en incarner le message ("Ne laissez pas que des miettes aux anciens exploitants"), les expéditeurs joignent alors à leur courrier quelques miettes de pain sec[2]. » Ils ont été interrogés par la police et finalement disculpés pour être reçus un mois plus tard à l'Élysée. La carte postale musicale est par ailleurs redoutée, car son mécanisme, pour rudimentaire qu'il soit, fait réagir le radar et conduit à l'évacuation de l'ensemble du personnel.

Rares sont les envois d'excréments, plus difficilement décelables, mais moins insolites les envois de balles. Ainsi, en 2009, des balles de calibre 9 mm, puis .375 H&H et enfin .22 Long Rifle, avaient été adressées, avec des lettres de menaces : « La peur, vous allez l'avoir jusque dans les chiottes, comme dit l'ami Poutine », affirme l'un de ces textes dactylographiés, tandis qu'un autre promet une « roquette

1. Un bref reportage diffusé par l'Élysée sur YouTube le 23 février 2011, « 24 heures avec le service de la correspondance présidentielle », recoupe ces observations.

2. « Des agriculteurs retraités accusés d'offense au Chef de l'État pour… des miettes de pain », *Midi libre*, 10 décembre 2012.

anticharogne »[1] à plusieurs reprises à Nicolas Sarkozy (et à de nombreuses autres personnalités[2]). L'auteur des envois, le « corbeau de l'Hérault » qui signait « Cellule 34 », fut interpellé en septembre. Quant à Emmanuel Macron, il serait le « président le plus menacé sans doute depuis le général de Gaulle – les lettres de menaces affluent à l'Élysée[3] ». « Depuis ma prise de poste, le 23 mars [2020], nous avons déjà reçu une balle. On m'a dit que cela arrivait[4] », confie Cédric Bonamigo, actuel chef du SCP. L'épouse du président est également visée : « Depuis que son mari a été élu président de la République, Brigitte Macron reçoit régulièrement des lettres de menaces[5]. »

Une fois sécurisé et ouvert, le courrier papier est immédiatement classé dans des casiers par des agents administratifs, principalement des femmes ayant un profil de catégorie C, et ensuite réparti dans les différents services du SCP.

Les lettres exprimant ou suggérant une intention de suicide (une dizaine en moyenne par jour) sont traitées en priorité et acheminées soit vers les services sociaux, soit vers la gendarmerie. Tel est le cas, sous une forme implicite, de la lettre de cette femme décrivant sa détresse et signalant qu'elle vit seule avec sa fille et qu'elles habitent au septième étage. Les appels à l'aide explicites sont traités en urgence : « Je ne sais si j'aurai le courage de continuer à vivre, en effet auj. une banque m'a non seulement ruinée mais a également creuser ma tombe [...] avant d'en finir, je voulais parler à

1. François Barrère, « Malade, le corbeau laisse les juges le bec dans l'eau », *Midi libre*, 18 décembre 2012.

2. « Un corbeau menace Sarkozy et des figures de l'UMP », *Le Figaro*, 1 mars 2009 ; « Nouvelles lettres de menaces contre le président Sarkozy et Jean-Pierre Pernaut », *Le Point*, 13 mars 2009 ; « Nicolas Sarkozy a reçu une nouvelle lettre de menaces », *Le Parisien*, 29 septembre 2009.

3. Nathalie Schuck, « Macron, le jeune homme et la mort », *Le Point*, 19 août 2020.

4. Cité par Gaëtane Morin, « Lettres au président en temps de pandémie, *Le Parisien (Week-end)*, 19 juin 2020.

5. « Brigitte Macron. La Première dame menacée par un homme en cavale », *Ouest-France (site web)*, 10 novembre 2017.

une personne, si au moins il y a un être humain qui lira ce mail » (AN 2012/0148/48)[1]. Le dossier précise que le courrier a été adressé « le 23/12/08 à 15.39 reçu le 24/12 à 8.32 » et a donné lieu à un fax, soulignant les « velléités suicidaires de Madame X », « envoyé au Préfet de… le 24/12 à 16.47 » avec la mention URGENCE SIGNALÉE : « L'intéressée, qui a engagé une procédure judiciaire à l'encontre de son établissement financier mais à qui la Justice aurait donné tort, exprime son désarroi. »

L'un des correspondants du président qui avait exposé en 2013 ses problèmes sans pour autant présenter dans sa lettre des « velléités suicidaires » s'est donné la mort quelques semaines plus tard[2]. La prévention contre le suicide, depuis le SCP, n'est pas chose aisée. Comme nous l'ont rapporté plusieurs agents, les personnes menaçant de mettre fin à leur jour ne sont pas toujours les plus promptes à passer à l'acte et, inversement, les individus ne le mentionnant pas mais présentant des signes inquiétants de solitude ou de grande fatigue appellent au moins autant d'attention. Pour appréhender ces courriers de détresse est convoqué alors un mot d'ordre pratique qui, on le verra, a quelque chose du mantra dans tout le service, celui consistant à rechercher les « signaux faibles » qui indiqueraient que le danger de l'homicide de soi est imminent ou possible.

Une fois filtrées ces deux formes d'alerte que sont les menaces à l'encontre du président et les ultimes cris de déses-

---

1. Les références suivies d'une cote d'archives proviennent de la correspondance de Nicolas Sarkozy. Par exemple AN 2012/148/48 signifie que le versement a été réalisé en 2012 dans la série 148. 48 renvoie à la cote du carton duquel émane l'extrait de lettre citée. Les autres citations, les plus nombreuses, proviennent de nos dépouillements sur place au SCP. Nous ne mentionnerons donc pas qu'elles proviennent de courriers adressés à François Hollande. Les courriers que nous avons pu extraire de la correspondance d'Emmanuel Macron seront cités ainsi : (Correspondance Emmanuel Macron). Certaines citations seront datées lorsque la datation fait sens dans le cours du quinquennat, sinon, pour ne pas alourdir le propos, nous ne mentionnerons pas systématiquement la date.

2. « À Boulogne, un patron qui se suicide et des dizaines de clients escroqués », *La Voix du Nord*, 5 février 2013.

poir lancés à son attention, il reste à faire le départ entre les multiples autres types de messages.

De plus en plus, les courriers sont des courriels. Cette tendance présente de nombreux avantages pour les agents du service, bien qu'il faille encore les lire tous et leur répondre. Celui, d'abord, de permettre une lecture plus facile donc plus rapide. Aussi les logiciels utilisés depuis 2014 sont-ils rendus plus opérationnels avec ce type de source. Le temps de réponse est par conséquent réduit. La production statistique est également plus systématique et plus précise. Ensuite, pour les agents qui se chargent d'administrer les courriers qui seront classés comme des courriers d'opinion, cela permet de produire plus aisément une synthèse mensuelle et hebdomadaire où des extraits seront sélectionnés et mis en valeur entre des éléments d'analyse et de description. Enfin, il apparaît que les mails, quand ils constituent les courriers représentatifs[1] que lit le président de la République, facilitent la lecture de ce dernier. Les gouvernants dont le temps est toujours compté ne s'encombrent pas des affres du déchiffrement des écritures cursives ou mal assurées.

Cette évolution, qui s'est affirmée pendant le quinquennat de François Hollande, présenterait toutefois des défauts. D'une part, des agents prétendent qu'écrire une lettre au stylo, avec application, assis studieusement à son bureau, comme on écrivait autrefois, susciterait l'attention, en miroir de celle que le scripteur réserve au président. D'autre part, notamment entre 2012 et 2017, le recours au mail permet à des écrivants compulsifs d'envoyer des volées de messages comme quelqu'un enverrait une pétition à lui seul, dans le but notamment, sous le coup de la colère par exemple, de surcharger, d'encombrer et de faire disjoncter le système de la correspondance. Il est vrai, comme nous l'avons constaté, qu'il est des nuits ou des petits matins où certains individus ont eu cette pulsion. Il est tout autant vrai que de nombreux mails

1. Nous aurons l'occasion d'aborder ces productions que sont les notes de synthèse et les courriers représentatifs dans des chapitres ultérieurs.

que nous avons lus ressemblaient à des réactions à chaud, rapides, peu argumentées, proches du « clic » qui apostrophe plutôt qu'il exprime une conviction. D'ailleurs, les membres du bureau chargés de faire lire les opinions au chef de l'État à propos d'un sujet, d'une décision, d'une affaire ou d'une interview télévisée préfèrent laisser passer un peu de temps, voire quelques jours, pour récupérer les courriels suffisamment dotés en signes pour être étayés et instructifs pour un président qui souhaite découvrir les logiques d'une pensée politique écrite.

Une ambiguïté se fait dès lors jour. Les mails sont assurément préférés pour des raisons de facilité de traitement ; les lettres manuscrites, quant à elles, restent la forme consacrée et sont perçues comme des mobilisations scripturaires plus intenses, plus réfléchies – elles ont demandé du temps, de la concentration, de l'effort – et, au final, plus « belles ».

Les répondants de première ligne

Les courriers et courriels sont répartis entre les différents services du SCP qui sont composés tout à la fois de personnels permanents détachés de la fonction publique et de contractuels de passage. C'est sous François Hollande que le statut des agents s'est à ce point dissocié. Des raisons de maîtrise des coûts budgétaires nous ont été avancées pour justifier le fait que le détachement n'était plus la règle systématique. À cette raison économique s'ajoute le fait que les transformations à l'œuvre au sein du service chargé de traiter les opinions ont incité les responsables à faire appel à des employés formés à la science politique. Nettement plus jeunes, souvent en tout début de carrière, diplômés des instituts d'études politiques, ils ont été recrutés pour leur intérêt pour la politique autant que pour leur agilité informatique, leur maniement de logiciels de traitement de données et leur ardeur au travail.

Pour les fonctionnaires détachés, il existe plusieurs « ordres ». Dans les tâches de secrétariat, ce sont des catégories C, largement féminisées, qui constituent le personnel. Beaucoup de ces femmes sont à leur poste depuis plus de vingt ans ; certaines ont fait toute leur carrière au SCP. L'une a raconté aux plus jeunes que, par le passé, il arrivait qu'on glisse des billets de banque dans les enveloppes des courriers de retour aux personnes jugées dans le besoin. Au niveau des rédacteurs, c'est-à-dire de ceux qui lisent en entier les courriers et qui les associent à des réponses types qu'ils proposeront à la signature du chef de cabinet ou du président, on trouve des agents de catégories B et A, principalement des agents issus du ministère de l'Intérieur et de l'Éducation nationale.

À travers leur connaissance des rouages institutionnels, le service valorise leur capacité à détecter les scripteurs reconnus à qui il faut savoir apporter des réponses plus précises, comme cela est chaque fois le cas quand un élu écrit au président. Plus le scripteur dispose de capital de notoriété et plus il importe de savoir produire de légères variations d'écriture susceptibles de donner aux destinataires le sentiment qu'ils ont été lus attentivement à défaut d'avoir été lus en plus haut lieu. Se couler dans le moule d'une écriture bureaucratique préconstruite et inventer des réponses appropriées, tel est leur défi. Les agents qui sont préposés au traitement des expéditeurs les plus nobles (chefs d'État, parlementaires, élus locaux, syndicats, associations importantes, etc.) sont supposés savoir se mettre à la place des conseillers du cabinet, voire du président lui-même, quand bien même les formulations ne sont que des propositions de réponse soumises à des navettes entre le chef de service du SCP et le Palais.

Il n'en reste pas moins que l'objectif est de réduire ces allers et retours et de ne pas surcharger le cabinet. L'enrichissement de leur tâche est dans tous les cas évident. Quand des rédacteurs chargés de requêtes peuvent traiter plusieurs dizaines de lettres par jour, ceux du service des affaires réservées ont ce « luxe » d'avoir à traiter au maximum sept à huit courriers par jour. Ces courriers de la plus haute importance demandent en effet d'effectuer des recherches et d'ajuster avec précision les réponses qu'ils appellent, de concert avec les « hommes du président ».

Le SCP est un service élyséen peu (re)connu. Il comprend environ un dixième du personnel qui travaille à la Présidence. Les rédacteurs, ces plumes de la cale, moins valorisés que ceux qui écrivent les discours de Dakar, de Grenoble, de Nice ou de la Sorbonne, sont là pour lire, classer, faire entrer dans une catégorie de classement bureaucratique, ventiler et rédiger. Ceux qui répondent aux requêtes doivent mettre leur sensibilité, leur tact politique et leur talent littéraire au service d'une forme d'assistanat social, quand ceux qui les font remonter au PR ou plutôt à son cabinet sont davantage tenus de taire leurs affects, leurs opinions et leurs aspirations, en espérant que leur dévouement sera apprécié. Ce service où l'on peut difficilement rester indifférent à la misère du monde qui y converge dans toute sa brutalité et sa crudité (« Ici, on mesure la rage, la détresse, l'espoir, et c'est important de faire remonter cela[1] », « C'est poignant[2] ») est pourtant peu l'objet de gratifications symboliques. Le nouveau président vient y rendre une visite au début de son quinquennat, mais, nous le verrons, le capteur que constitue ce matériel qualitatif, la plupart du temps d'origine spontanée, sans mobilisation collective, entre en concurrence inégale avec le service de communication du Palais qui utilise d'autres sources et ressources, presse, émetteurs d'opinion, réseaux sociaux, voire majoritairement, sous Nicolas Sarkozy, sondages, pour décrypter ce que « pensent les Français », comment et autour de quoi se construit l'opinion.

Le Bureau d'analyse

Dès notre arrivée sur le « terrain », un bureau nous a été généreusement attribué par le chef de service du SCP.

1. G. Morin, « Lettres au président en temps de pandémie », art. cité.
2. « 24 heures avec le service de la correspondance présidentielle », reportage cité.

Identifiés comme politistes, nous avons été mis dans la même pièce que deux des agents du Bureau d'analyse. Le Bureau d'analyse, comme nous le verrons plus en détail dans les chapitres 5 et 6, est une nouveauté du SCP sous François Hollande. Il est dédié au traitement et à l'analyse des courriers d'opinion. Ses agents, au nombre de quatre, sont ainsi dispensés d'apporter des réponses types, tâche qui peut être très rébarbative quand les scripteurs sont des inconnus, pour se concentrer sur ce que disent les Français quand ils écrivent et expriment leurs « opinions » au président de la République. À l'image de collaborateurs d'élus, ils ont pour tâche d'informer le chef de l'État. La différence, c'est qu'ils n'ont pas le privilège de le côtoyer.

L'ambiance y est assez détendue. Le jeune personnel paraît retirer du plaisir et de l'intérêt à se trouver à lire de la matière politique. Quoi de mieux en effet comme premier emploi que de travailler à l'Élysée et de poursuivre d'une façon aussi continuée des études de sociologie politique qu'on a tant appréciées ? La cadence est intense, même si, au moment de nos observations, la décision de François Hollande de ne pas briguer de second mandat a fortement ralenti le flux des courriers. Au reste, le début du printemps 2017, avec l'élection présidentielle qui se profile, est consacré à rédiger des synthèses générales et thématiques du quinquennat. Le jeune âge et la disponibilité biographique relative de ces jeunes gens plus qu'attachants doivent leur permettre d'encaisser parfois des charges de travail élevées, d'être d'astreinte périodiquement et de faire face à des « rush » comme ceux rencontrés lors des attentats du Bataclan. Chaque matin, quand ils ne l'ont pas fait depuis chez eux sans se rendre compte qu'ils sont presque tout le temps à leur tâche, ils lisent les revues de presse concoctées par le service *ad hoc* de l'Élysée. Ne pas oublier les unes de la presse quotidienne régionale. Un coup d'œil acéré sur les réseaux sociaux est obligatoire. Quelles sont les tendances ? Quelles émissions sont passées à la télévision, qui est intervenu dans les matinales des radios ?

C'est parti pour une longue journée où la fréquentation de la cantine de l'Élysée constituera la récompense intermède. Quand un courrier farfelu atterrit sur leur bureau, il offre l'occasion de décompenser d'une autre façon que par la nourriture élyséenne. En ce cas, on le fait circuler, on le colle au mur éventuellement, comme pour égayer des journées où s'amassent par ailleurs des lettres de sympathisants socialistes déçus, de « Français moyens » expliquant qu'ils sont négligés du pouvoir, d'instituteurs ou de travailleurs sociaux ne comprenant pas qu'on ait oublié leur importance dans la République, de scripteurs homophobes – ils ont été nombreux – intimant au chef de l'État, qu'ils exècrent, de ne pas accorder aux couples gays le droit au mariage, et pléthore de missives dénonçant le nombre d'immigrés en France.

Il arrive que l'émotion advienne quand une mère ou une épouse écrit de manière poignante pour supplier que soit enfin voté le droit de mourir dignement après l'agonie sans fin et sans pitié de son mari ou de son fils. « Ça met des poils dans le dos », nous a dit l'un des analystes pour qui la misère du monde n'est pas seulement le titre de l'ouvrage du Pierre Bourdieu, mais surtout une réalité qu'il souhaiterait qu'on comprenne et à laquelle il aimerait qu'on apporte un secours.

Les semaines se suivent et se ressemblent néanmoins. Il faut chaque jour lire tout ce qui concerne les « opinions », vérifier que des lettres susceptibles d'en véhiculer ne se soient pas égarées dans d'autres services, s'assurer que derrière des courriers qui s'apparentent ne se profile pas une pétition qui demande un autre traitement. Il s'agit d'extraire les plus saillantes ou les plus en phase avec l'actualité. Le vendredi soir, il faudra avoir effectué la sélection des courriers que lira le président, en l'accompagnant d'une synthèse qui doit être claire, synthétique, sans faute, proportionnée à ce qui a été reçu.

La cheffe de bureau passera au crible ce que les analystes ont compilé. Elle modifiera, ajoutera, retranchera. Entre-temps, le cabinet aura demandé des notes plus précises sur des courriers traitant de sujets en particulier. Parfois, une demande vient du secrétariat général ou du directeur de cabinet, que le président le sache ou non : il faut rassembler tous les courriers qui portent sur la cravate de François Hollande, « sinon, il ne nous écoutera pas », leur dit-on sans autre explication, sur ses montures de lunettes dont des téléspectateurs ont remarqué qu'elles n'étaient pas « *made in France* ».

Les commandes se croisent ; elles révèlent sans doute des luttes qui ont cours dans l'entourage du président. Régulièrement passe son conseiller opinion. Lui aussi veut qu'on lui donne du grain à moudre pour nourrir ses propres synthèses. Jamais ce qu'ils écrivent, qui est inversement proportionnel, qualitativement parlant, à l'intérêt réel que le président accorde à ce genre d'analyse, n'est signé de leurs noms. Le chef de cabinet ou le conseiller spécial le fera à leur place. Le travail qu'ils ont obtenu, inespéré pour un premier emploi, bien payé pour une rémunération de début de carrière, oblige à admettre qu'il sera d'assez courte durée. Il faut en profiter. Le contrat de trois ans ne sera renouvelé qu'une seule fois. Il n'y aura pas de « cédéisation » et encore moins de titularisation. De toute façon, lire ces courriers abîmera, ils le pressentent.

Déjà, des formules reviennent en boucle à leur esprit : « Monsieur le Président, je vous écris une lettre, que vous lirez peut-être », « Monsieur le Président, je sais que vous ne me lirez pas », « Monsieur le Président, vous nous prenez pour des imbéciles et je suis poli », « Monsieur le Président, vous nous avez trahi », « Monsieur le Président, écoutez les Français ! » Parfois, il faut se lever de sa chaise, aller faire un tour dans les autres services, saluer un enseignant agrégé d'histoire qui traite des courriers d'élus, une enseignante de français qui se charge des requêtes, pleine d'empathie, aimant plus que tout les « belles lettres » qui, uniquement, pourront être signées exceptionnellement de la main du président.

Un premier tri

Il est certaines lettres qui sont traitées différemment des autres. Celles qui sont dénommées « courriers atypiques », celles qui sont considérées comme ne pouvant donner lieu à réponse car elles sont anonymes, « inexploitables », injurieuses ou dénotent de la part de leurs auteurs des formes pathologiques (parfois elles cumulent ces divers attributs). Luc Boltanski (1984) avait, en travaillant sur un ensemble de lettres adressées au journal *Le Monde*, relevé que les journalistes recevant ces courriers les soumettaient de manière implicite ou explicite à un contrôle engageant leur sens ordinaire de la normalité.

Il y a d'abord les « bons clients » du service, ceux qui reviennent souvent et dont on compte les prestations, tels Benoît Fossard ou Cédric Raoult[1] qui ont produit, selon un membre du service, 31 requêtes et 217 opinions pour le premier, 88 requêtes et 65 opinions pour le second, sous la présidence de François Hollande. L'on peut ainsi s'interpeller au sein du service pour savoir « comment va Ahmed Ramallah », et signaler que monsieur Duong a encore écrit un courrier d'une dizaine de pages, ce qui signifie que son budget mensuel postal à destination du SCP doit s'élever à quelque 300 euros, sinon plus, puisque seules les lettres ne dépassant pas 20 grammes sont exonérées d'affranchissement. Un couple de professions libérales a égayé aussi la vie du service, d'autant plus qu'un de ses membres connaissait les personnes en question, œuvrant dans une ville moyenne de province. Pour suspendre leur manège, il arrive qu'une réponse type leur soit adressée. Mais ce n'est pas le président qui répond officiellement en ce cas ; c'est le cabinet, au mieux la Présidence, comme pour signifier qu'accéder même fictivement au président requiert d'y mettre les formes et les signes de respect à l'égard de la fonction. Il nous a été dit

1. Les noms des scripteurs donnés ici sont fictifs, comme tout au long de l'ouvrage.

que cela avait eu le pouvoir de calmer un peu des scripteurs qu'on imagine bourgeois et affables le jour, et, si l'on s'en tient à ce qu'ils écrivent et à l'heure de leurs envois, gaulois et couche-tard.

Il n'est pas aisé de faire à partir d'un corpus restreint une analyse socio-psychologique de l'attirance que peuvent éprouver certains délirants envers le pouvoir politique (Murat, 2011), si l'on met de côté les farces. Tout au plus sait-on que la première question qui est posée à un patient quand ce dernier arrive aux urgences psychiatriques est de lui demander qui est président de la République. C'est probablement une façon de mesurer un état d'irréalité quand la réponse est fausse. Tutoyer le chef de l'État n'est-il pas dans certaines circonstances une manière de se prendre pour un autre que soi-même ? Ces lettres attirent tout à la fois la compassion de membres du service, mais leur apportent leur lot quotidien d'oxygène par la touche d'excentricité et de vaticinations.

Certaines sont affichées sur les murs des bureaux aux côtés de leurs antithèses qui définissent ce qui est considéré comme de « belles lettres » de citoyens. Aux côtés aussi de dessins d'enfants envoyés notamment à la suite des attentats de 2015 ou de ces cartes postales de vacances dont le président n'aura jamais connaissance. Ainsi de celle postée en 2007 depuis Saint-Barthélemy par un homme, qui souhaite à Nicolas Sarkozy « bon courage à vous et à votre famille » et, après lui avoir rappelé des souvenirs d'un instituteur commun, termine sa carte par « Espérant que vous ferez ce que vous avez promis » (AN 2012/148/08). Ou de celle qu'une famille issue d'un village de 3 000 habitants adresse à François Hollande en 2016 en y apposant ses trois signatures : « Cher François. Un petit bonjour de Barcelonnette où nous passons de très bonnes vacances : découverte de la région, visite des marchés locaux, baignades. Tout cela fait que nous serons en forme pour la rentrée scolaire !!! »

Les courriers jugés incohérents, inexploitables, bien souvent émanant de scripteurs répétitifs, ne traverseront pas la Seine. Nous avons fait état de cet homme « privé, dit-il, de sexualité du fait des lamas » ; voici d'autres exemples qui ne constituent toutefois qu'une très petite part des flux journaliers :

> Monsieur Le Président Nicolas Sarkozy. Comme à la matrice terre eau air pur 2009 l'onde spirite ou la mathématique vivante à terme
> [redacted] [redacted]rs[redacted]vention du x
> mobile en sphère et là il s'agit de faire 3,14 3'14
> 200XII est un rendez-vous vivant de tête à tête.
> (Homme, lettre manuscrite, 2008, 14 pages en plusieurs couleurs [AN 2012/148/12].)

> Monsieur le Président de la République, je vous rapporte cette information provenant de mon facebook. En effet le roi de Thailande : roi Bhumibol Adulyadej, est en contact avec moi depuis Monaco. Je lui ai adressé le contenu suivant, au sujet de mes travaux concepts gouvernementaux. Il m'a renvoyé sur une adresse gmail en direction de la République du Nigéria. [Bien entendu, je n'ignore pas les problèmes politiques et religieux actuels dans ce pays]. D'où mon courrier à votre attention. A priori, il s'agirait d'une entreprise pétrolière pouvant éventuellement m'appuyer dans mes projets économiques et sociaux. Cela dit, est-ce un faux profil ? Je ne sais pas…
> (Homme, banlieue parisienne, 2013.)

> J'ai entendu dire par ma sœur Muriel, que paraît-il, je dis bien paraît-il que l'appartement du dessus était en vente. Achetez le et laissez le vide, ne faites aucune réparation je veux entendre aucun bruit. Pour mon entreprise ce lieu m'intéresse comme les locaux de la rue de Tocqueville surtout si j'ai du fric. J'exige 100 milliards minimum. C'est quoi ce 1° avril rue bloquée. Je m'inquiète. Envoyez les chiens ! J'exige du calme et le fric. Signé Où est mon épouse Où sont mes enfants !!
> (Homme, alias « le Général », lettre manuscrite, 2017, ville de 17 000 habitants.)

Le courrier atypique considéré comme injurieux est classé, et ne donne pas lieu à réponse. Il peut s'agir de quelques mots vulgaires, déplacés, ou de formules finales insultantes qui soit déconsidèrent la requête, soit rendent impossible, aux yeux des rédacteurs, d'attribuer à ces propos le statut d'une « opinion », qui doit présenter, à tout le moins, les signes extérieurs de la politesse. La plupart du temps, les courriers ou courriels injurieux sont brefs. L'insulte (Bouchet, 2010 ; Beaud, 2019)[1] n'est pas obligatoirement anonyme. Le retour à l'envoyeur du « Casse-toi, pauv' con ! » de Nicolas Sarkozy[2] est un classique du genre.

Après la mort d'un SDF dans le bois de Vincennes, un correspondant écrit à Nicolas Sarkozy : « Que l'âme de cet infortuné vienne hanter vos nuits » (2008, AN 2012/148/72). Un agriculteur qui se présente comme paysan palestinien lui envoie plusieurs courriers avec une de ses photos en tempêtant : « Il faudrait éradiquer la racaille de la France d'en haut », « J'accuse Sarko », « Scélérat » ; en 2010, il l'apostrophe en ces termes :

> J'accuse toute cette belle société de violer l'honneur et la dignité [...]. Aussi, s'il te plait de jouer au condotierre, tu peux envoyer tes soldats assurer le pillage de T [le hameau où il habite]. Mais je serai sans armes. Et pour cause : suite à une audition faite par deux gendarmes (pardon, deux fils de pute travestis en gendarmes) pour dresser un procès-verbal, suite à une plainte déposée par les faux-culs X et Y maire et présidente de la communauté des communes, les bras m'en sont tombés.

Dans les attaques contre François Hollande, un nuancier apparaît dans l'escalade épistolaire. Certains disent se retenir : « Il m'a fallu faire de gros efforts pour que ce courrier ne soit pas ordurier » (lettre manuscrite, 2016, village 2 700 habitants). Le polyscripteur, exerçant une profession

1. Le délit d'offense est suspendu par Valéry Giscard d'Estaing en 1974, et définitivement supprimé en 2013. Ces offenses épistolaires sont des insultes « privées ».

2. Le 23 février 2008, au Salon de l'agriculture, le président de la République avait répondu ainsi à quelqu'un à qui il avait tendu la main et qui l'avait refusée, en lui disant : « Ah non, touche-moi pas ! Tu me salis ! »

libérale en province, entremêle considérations et dénonciations politiques et jugements personnels : « Décidément le budget de cette année confirme que vous êtes le président le plus nul que j'ai vu depuis 63 ans que je vis » (2013) ; « Vous voulez revoir la fiscalité de l'épargne, vous devriez revoir aussi le PLFSS [projet de loi de financement de la Sécurité sociale] et toutes ses idioties concernant le médicament. Tous les jours vous démontrez votre incompétence, savez-vous au moins ou vous allez, nous on ne sait plus, on a une boussole folle. Virez vos Gauchos du Gouvernement, Duflot, Hamon, Touraine » (octobre 2013).

La colère, la honte, le ras-le-bol, l'indignation, la stupéfaction prennent alors des raccourcis et des couleurs. Le vouvoiement, pourtant, peut persister : « Partez, Prenez des vacances, IL FAUT PARTIR SI L'ON N'EST PAS CAPABLE » ; « Casse-toi très vite » ; « Du balais » ; « Dehors. Va vers l'oubli » ; « En 2017, Pantouflez et videocassetez » ; « Capitaine de pedalo [...] Putain que t'es nul [...] Tu nous prends pour des cons [...] Tu n'es bon qu'à déjeuner avec des journalistes sportifs pour tuer le temps et bien bouffer » ; « tu resteras à tout jamais le pire président que la France ait jamais eut. Minable » ; « phénoménale médiocrité » ; « Vous êtes un minable » ; « vous nous dégoutez » ; « Vous allez trop loin et vous m'avez, Monsieur le Président, dégoutez » ; « Quand je vous vois, j'ai envie de hurler, de vomir » ; « DEMISSIONNEZ SI VOUS AVEZ 1 gramme d'honneur... mais je comprends que la place est bonne vous êtes des cibles l'un et l'autre » (anonyme, 2016, s'adressant à François Hollande et à Manuel Valls) ; « J'ai honte de la France que vous représentez. Je ne vous salue pas. Un sans-dent » (Homme, ville de 15 000 habitants, 2016) ; « HONTE A VOUS ET VOTRE FAMILLE AINSI QU A TOUS LES SOCIALISTE ET JE BENIRAI LE CIEL SI VOUS N EXISTEZ PLUS. JE NE VOUS SALUE PAS CAR VOUS N ETES RIEN QU UN TUEUR DE FRANÇAIS » ; « la France entière te dégueule ; on va te virer comme Louis Seize avec ta bande de NULS... » ; « Recevez l'assurance de mon profond mépris et de mon profond dégoût ».

Certains florilèges aseptisés peuvent remonter au Palais, mais sans doute pas les lettres brèves ou plus détaillées qui comprennent des attaques contre la personne « personnelle » du président. Nous verrons que le service est toujours pris entre une mission de chambre d'écho des peurs et des colères citoyennes, et un sentiment intériorisé de nécessaire protection du chef de l'État. Celui-ci ne doit pas savoir tout des critiques, voire des attaques violentes, scatologiques et sexuelles dont il peut faire l'objet au travers du courrier qu'il reçoit et qui le vise.

L'insulte sexualisée, scatologisée peut être proférée sans retenue et sans être pourtant anonymisée :

> Il faudrait bouger votre cul. Espèce de gros fils de pute je vais te baiser ta mère va demander les medias pour ces insultes et encore c'est pas fini il faudrait que tu dégages en 2017 pour les faits relates avec toi plus de RSA pas de chômage car à ton incompétence Fils de pute. (Nom à consonance maghrébine, banlieue parisienne, mai 2016.)
>
> Plus jamais je ne voterai pour votre parti de merde. ALLEZ VOUS FAIRE ENCULER BIEN PROFOND AVEC VOTRE 49.3 ! FILS DE PUTE, SALE FLANC, GROS ENCULE DE TA MERE. Rappelles toi Louis 16. (Homme, village de 2 000 habitants, 2016.)

Il arrive toutefois aux agents de considérer que ce type d'« opinion » doit être porté à l'attention du président, non sans une forte hésitation, quand ces missives encanaillées se répètent. C'est sur le fil du rasoir, où il est redouté que l'entourage présidentiel ne prenne ces choix éditoriaux pour une initiative personnelle, que peuvent être glissés des cas limites. Ainsi le courriel suivant a-t-il été donné à lire à Emmanuel Macron en novembre 2017 parmi les courriers représentatifs :

> Ciao Manu, claire que j'ai pas ta verbe et ta culture mais bon je me démerde dans ma vie de français. Alors première chose j'ai pas voté pour toi mais faut dire que tu me bleuf merde toi ta les couilles attaché au moin ta pa ta langue dans la poche je vais dire comme les jeunes « je kif » et

> en plus tu dit tout haut ce que la majorité pense, tu e un bon y a pas a chié. Bon, bref je finis les compliment si non tu va croire que je te drague et pour te dire la vérité je préfère ma petite femme. Mais continu comme ça pour une fois qu'on a un bon depuis De Gaulle et oublie les journalistes et leurs connerie. Tu es un bon et si tu te représente je vote pour toi. PS : si ta une bouteille de pinard qui traine dans la cave je suis pas contre. Merci à toi. (Homme, Bas-Rhin, novembre 2017.)

Sans doute le fait que ce courriel puisse se donner à lire comme une illustration d'un signe de soutien a-t-il convaincu de le remonter au Palais. Mais on voit toute l'herméneutique que cela entraîne. Est-ce une blague, un signe de la main populacier ou un cas particulièrement révélateur d'une tendance à l'abaissement des formes avec lesquelles les citoyens communiquent avec l'institution présidentielle ? Est-ce en somme une preuve supplémentaire de cette fameuse crise de la représentation ?

Nous avons abordé le travail du service par son envers et son enfer. Par le biais de ces correspondances qui sont dites « inexploitables », car incohérentes, insultantes, délirantes et/ou anonymes. Étant donné notre mode de collecte des correspondances, quel que soit le quinquennat, nous n'avons pas pu constituer un fonds systématique permettant d'exploiter ces « inexploitables » et de comprendre qui, pourquoi, pour quoi, des individus délirants se tournent vers la Présidence de la République pour trouver un exutoire, quel exutoire, à leurs angoisses. De la même manière, il nous est difficile d'aller beaucoup plus loin sur la propension à l'insulte que nous avons pointée chez un nombre non négligeable de scripteurs. Les possibilités offertes par les réseaux sociaux où cette littérature fleurit reposent sur des expériences antérieures par voie de courriers même non anonymisés. Il serait péremptoire de déduire une dégradation continue de l'image de l'institution présidentielle et de la personne du président, faute de pouvoir disposer de données robustes qui pourraient servir de socle de comparaison historique. Que la « crise de la représentation » en général et que la défiance, voire la haine contre la personne de tel ou tel président prennent de multiples formes et s'actualisent dans un surcroît d'expressions émotionnelles et particulièrement par le fait de prendre sa plume ou son ordinateur peut vraisemblablement engendrer des usages transgressifs susceptibles d'orienter ses insultes directement vers le chef de l'État. Nos sources ne nous permettent pas d'aller au-delà de ces interrogations et hypothèses. Nous verrons que les chiffres produits par le service ne dépassent pas la classification assez sommaire des « pour », des « contre » et des « sans positionnement ». L'actuel traitement du courrier sous l'égide du nouveau service créé en 2020 peut éventuellement, sur une échelle de « véhémence », mesurer les correspondances, mais ne pourra pas revenir sur le passé des courriers des autres présidences.

Toujours est-il que ceux qui sont en première ligne dans la gestion du courrier ont pour première tâche de trancher, de classer et de répondre ou de ne pas répondre, engageant là aussi la réputation du service qui s'est obligé depuis plusieurs décennies à répondre à tous. Les requêtes sont traitées en deux jours, quand le courrier allant au service des affaires réservées demande une bonne semaine. Ce premier tri effectué, l'autre travail, le cœur de métier du service, consiste à accueillir les quelque mille lettres quotidiennes qui arrivent à l'Alma, avec une hantise, ne pas engager la parole du président sur une voie qui pourrait lui nuire. Donc discerner. Pour les courriers dits réservés, recevoir avec précaution et attention les courriers des homologues du chef de l'État, apporter un soin particulier aux requêtes et correspondances de notoires de la République, traiter le courrier des élus nationaux et locaux et autres titulaires de fonctions institutionnelles. Pour les requêtes, répondre à tous, répondre vite, ne pas se laisser déborder par les flux montants périodiques – attendre trop longtemps génère souvent une lettre de relance de la même personne qui peut multiplier son geste *ad nauseam* –, ne pas passer à côté d'un drame, répondre à la détresse de parents ayant perdu leur enfant, recueillir les demandes de participation au défilé du 14-Juillet, gérer les courriers qui se sont trompés d'interlocuteur… Que faire par exemple du courrier d'un homme habitant dans un village de 1 000 habitants qui écrit une lettre manuscrite de 30 pages adressée à « Monsieur le président, Monsieur Bateflika Aldelhaziz ». Et, pour les courriers catégorisés comme relevant d'une opinion, politique, savoir y répondre ou y faire répondre, en attendant de les traiter quantitativement et de leur attribuer un sens dans le pilotage de l'opinion. Nous y reviendrons, mais, tout d'abord, nous allons chercher à passer du côté des scripteurs, les lire, les citer, et tenter de comprendre à qui ils s'adressent, dans quel but et comment.

2

Comment écrire au président

Si l'on en croit le site du SCP, il y a une manière de bien écrire au président, une sorte de code épistolaire, une façon d'y mettre les formes. Des trois corrections – sociale (politesse), linguistique (orthographe) et matérielle (présentation) – pointées par Roger Chartier et Alain Boureau (1991) et par Florence Weber (1995), seule la correction sociale est explicitement requise :

> Comment s'adresser à un président de la République ?
> Je vous prie d'agréer, Monsieur le Président, l'expression de ma haute considération. Je vous prie d'agréer, Madame la Présidente, l'hommage de mon profond respect. Veuillez agréer, **Monsieur le Président de la République**, l'expression de ma très haute considération. Je vous remercie de bien vouloir prendre en considération notre requête et je vous prie d'agréer, Monsieur le Président, l'expression de ma très haute considération.
> Expliquez ici votre situation et l'objet de votre **lettre au président de la république**…
> Vous remerciant pour l'intérêt que vous porterez à ma demande, je vous prie d'agréer, **Monsieur le Président de la République**, l'expression de mes sentiments très respectueux[1].

Mais tout dispositif se définit par les « intentions » plus ou moins claires de ses promoteurs (les « missions »). Le point de

1. « Écrire au Président de la République », en ligne. D'autres sites, proposent des esquisses de lettres types, par exemple <www.merci-facteur.com>.

départ du service était une volonté de proximité, une atténuation de la verticalité du pouvoir (Fraenkel, 1997). Un dispositif se définit aussi par les usages par lesquels ses utilisateurs se l'approprient et le modèlent. Nous verrons aussi plus loin que les usages que peuvent faire du courrier les présidents successifs et leurs services respectifs sont tout aussi multiples.

Nous souhaiterions ici rendre compte des manières plurielles par lesquelles les Françaises et les Français s'approprient ce « droit à l'interpellation » sous Nicolas Sarkozy, François Hollande et Emmanuel Macron à l'intérieur du périmètre que nous avons défini plus haut ; ce qui exclut les courriers anonymes[1], incohérents, injurieux ou inexploitables considérés comme hors champ par les aiguilleurs de la correspondance présidentielle.

Les historiens et sociologues des écritures épistolaires se sont intéressés à la maîtrise des formes scripturaires et aux stratégies déployées pour attirer l'attention. Ces stratégies peuvent rechercher la conformité la plus totale avec la perception qu'ont les acteurs des manières les plus adaptées de s'adresser à l'institution et à son représentant : il s'agit alors de se plier à la norme bureaucratique épistolaire. Mais nombre d'entre eux n'ont pas cette compétence. Les auteurs de lettres peuvent y introduire de légers décalages (humour, anticipation du refus, familiarité feinte ou contrôlée, contrition vis-à-vis d'une écriture « fautive »). Ils peuvent jouer de l'interpellation cursive et surmonter la gêne à écrire par une transposition dans l'écrit d'un succédané d'interaction de personne à personne, même si la situation reste par définition inégalitaire. Ils peuvent employer une rhétorique agressive qui marque les émotions et les colères ressenties, sans pour autant verser dans la « vulgarité » qui disqualifie l'expéditeur. Ils peuvent exprimer des émotions sincères lorsqu'ils parlent

1. Il se peut, bien que rarement, qu'un courrier anonyme, parce qu'il est « bien tourné » et interprété comme symptomatique ou emblématique d'une position adoptée par de nombreux scripteurs, soit inséré dans le courrier représentatif porté à la connaissance du président de la République.

de leurs goûts et dégoûts politiques, ou lorsqu'ils racontent parfois avec des détails précis, et parfois très réalistes, leurs détresses physiques et morales. Ils peuvent aussi surjouer la conformité en utilisant ces arts de la résistance (Scott, 2009 [1990]) qui leur permettent de faire semblant de se reconnaître en position de dominé, et de reconnaître l'autorité de celui à qui on s'adresse, tout en gardant leur quant à soi.

Les modalités sont innombrables : le citoyen « expert » qui adresse des préconisations au chef de l'État, dossier à l'appui, la citoyenne émotionnelle qui écrit tard et cherche à produire un lien de confiance avec un confident d'un genre inédit, le jeune diplômé de science politique qui teste ses qualités de citoyen compétent susceptible de faire de la politique, tous les représentants « officiels » ayant obligation de communiquer aux instances institutionnelles supérieures, les citoyens dépossédés qui adressent des plaintes et vont jusqu'à alerter sur l'imminence d'une guerre civile, les citoyens requérants qui font feu de tout bois et écrivent après s'être adressés aux services sociaux, à leur maire et député, les citoyens opportunistes qui font un « coup » en se hasardant à tester les réactions d'une noble institution, etc. Il y a encore les courriers de demande de biens divisibles (Offerlé 1985 ; Ihl, 2007), ceux réclamant une décoration, un geste d'étiquette, un adoubement quelconque.

Nous commencerons notre découverte des courriers par une étude de ce que l'on peut appeler par extension leur paratexte (Genette, 1987), en insistant sur les formes matérielles de l'échange, donc sur le support, sur les formules de politesse (à qui l'on s'adresse, comment l'on termine une lettre), sur les formes de justification du recours à la lettre (en tant que, et/ou « au nom de »). On verra que, si l'imagination n'est pas absente de cette compétition scripturaire pour l'accès au PR, elle est toutefois enchâssée dans des formes routinières de conformité et bridée par l'intériorisation fréquente du fait que cette lettre n'atteindra très probablement pas son destinataire, la chanson de Boris Vian devenant ainsi une rengaine étirée entre la résignation, le sarcasme et une certaine forme de réalisme.

Boris Vian à l'Élysée

La chanson de Boris Vian, *Le Déserteur*, écrite en février 1954 et interdite de diffusion à la radio pour « anti-patriotisme », est devenue célèbre et a été interprétée par nombre de chanteurs très connus. Elle conte l'histoire d'un homme refusant de se rendre à un ordre de mobilisation pour « partir à la guerre ». Elle commence par ce premier quatrain :

Monsieur le Président
Je vous fais une lettre
Que vous lirez peut-être
Si vous avez le temps

Extraite de son contexte, cette amorce est devenue un lieu commun de courriers présidentiels les plus divers et la ressemblance physique notée entre l'actuel titulaire de la fonction et l'auteur n'a pu qu'encourager son usage : « Monsieur le Président, Je vous fais une lettre Que vous lirez peut-être Si vous avez le temps… Le reste de la chanson n'est pas tout à fait approprié » ; « Moi Président, je vous fais une lettre écrite en quelques minutes, que vous lirez peut-être si vous avez le temps et… si elle est publiée. Rien n'est moins certain ».

Une femme se présentant comme électrice de gauche à Rouen depuis 1965 y ajoute quelques couplets à la suite de la parution du livre de François Hollande en octobre 2016 :

Monsieur le Président
Je ne vais pas le lire
Son effet va suffire
À mon effondrement

Le choix des formes

La multiplication des courriels a quelque peu aseptisé la variété potentielle des formes des échanges épistolaires avec les services de la Présidence. Un courriel est un courriel ; il peut certes y avoir des fantaisies de mise en page, un usage différentiel des polices de caractère, mais, lorsqu'il est traité et archivé, le courriel ne laisse apparaître que le nom et le prénom de l'expéditeur, son adresse électronique, son adresse postale ou, à tout le moins, sa commune de résidence. Et c'est tout. Le tirage papier ne laisse entrevoir de lui que sa grammaire et son orthographe plus ou moins hésitantes (parfois d'ailleurs adaptées aux relâchements croissants des relations électroniques, un « Bonjour » devenant un « Bjr ») et des formes de ponctuation émotionnelles que traduisent les vagues de points d'exclamation ou d'interrogation ou le recours dans certaines parties du courriel à une écriture majuscule qui peut être d'ailleurs utilisée pour des raisons précises ou aléatoires tout au long.

Ainsi cette femme qui vit dans un lotissement (800 habitants) et qui envoie un courriel qui illustre bien les possibilités offertes par l'usage latéral des polices de caractères :

> SOCIALISTE VS ETES??? ????????????????????????????????? VOUS N ETES RIEN POUR MOI DECUE DECUE DECUE DECUE REGRET D AVOIR VOTE PR VS VOUS ENCORE PLUS FUMIER Q LES AUTRES CONTINUEZ CONTINUEZ A TAXER LES PETITS COMME MOI.. (...)EN ATTENDANT CE SONT TJS LES MMES QUI SONT TAXES LES PETITS ON NE TOUCHE PS AUX GROS COMME VS ET TANT D AUTRES QUE VIVE LA REVOLUTION!!! !!! !!!!!!!!!!!!!!!!!!!!!!!!

Les lettres postales élargissent la gamme des possibilités graphiques et des formes, couleurs et grammages de papier. C'est là que notre devoir d'anonymat pèse le plus, car de nombreuses lettres mériteraient d'être reproduites et confrontées, pour situer *in concreto* les variations sociales qu'elles véhiculent matériellement.

Le support de papier blanc est certes majoritaire, mais les papiers quadrillés découpés en demi-feuilles ou directement issus des cahiers d'écolier côtoient les papiers à en-tête professionnels ou personnels, ou, plus rarement, les cartes bristol ou de visite, gravées ou non. Il y a quelques hapax, comme les lettres de certains médecins qui utilisent leur papier d'ordonnance comme support, pour ne rien dire des lettres d'enfants souvent organisées autour d'un dessin colorié. Les écritures hésitantes, tremblées, ascendantes ou descendantes, serrées ou au contraire très aérées et flottantes, voire illisibles et orthographiquement « hétérodoxes » (souvent support d'une plainte), avec des soulignements rageurs ou insistants, entrent en concurrence pour leur réception avec des lettres impeccables rédigées au cordeau au stylo encre, et non au Bic bleu ou de couleur... Les lettres tapées à l'ordinateur prennent aussi une place importante dans cette correspondance postale ; elles sont souvent le support des courriers d'opinion qui se déploient parfois sur plusieurs pages. L'architecture graphique de la lettre est déjà une présentation de soi.

Nous n'avons pu avoir accès aux enveloppes, puisqu'elles sont jetées au moment de l'ouverture. L'ancien chef du service du courrier de François Mitterrand en reproduit scrupuleusement un certain nombre de déviantes (Hénocq, 2008-2017 : 38-39) :

> Les enveloppes ne manquaient pas de variété : « Mr pré Sidence de la République 75013 PARIS », « Monsieur le Prézident de la République François », « Présidans de la République Française a Leyse », les adresses les plus farfelues étaient utilisées parfois ; telles que « Palais Helysée », « Boulevard de Lelisée », « Place de l'Élisée », « l'Hôtellerie de l'Élysée », « Hôtel de Champ Élysés », « Palais des Champ Élizé », « Champs Élysées » ou « Champs Hellysé », « Élysées Montmartre » ou « Élysée Matignon », « Hôtel Matignon » ou « Hotel Matinient ». « Palais Bourbons ». Oui, pourquoi pas non plus « la Maison Blanche », « le Palais Bourbon »,

« La Résidence Présidentielle à Versailles », « À l'Élissée à Paris chefs d'État à la Maison de la Radio ». De même les orthographes les plus baroques, « aux champs lycée de Paris », « Presidans de Lélise », les adresses les plus fanțaisistes telles que « Quai des Orfèvres », « AV de Paris », « Place Vendôme » ou « rue de la Boettie ». Quelques petits malins écrivent « rue de Bièvre », « à l'Atchet » ou « à Château-Chinon ». D'autres se contentent de « À Lélysée Paris ». L'on écrivait (65 %) à « Le Président de la République » et à « Monsieur le Président François Mitterrand » (18 %). Seuls 8 % de ses correspondants écrivaient simplement à « Monsieur Mitterrand ».

Incontestablement, toutefois, le minimum de respect des formes est majoritaire[1]. Même des lettres vives, voire agressives peuvent respecter les formes d'entrée dans l'échange, quitte à les élider dans les formulations finales.

Les formulations les plus courantes restent, pour Nicolas Sarkozy et François Hollande, « Monsieur le Président de la République », « Monsieur le Président de la République Française », « Monsieur le Président », bien que la graphie puisse varier. Pour quelques courriers amicaux, on peut trouver « Monsieur le Président de la République et Cher Nicolas ». D'autres formules, rares, voire hapax, introduisent une familiarité (in-)volontaire ou des confusions orthographiques : « Bonjour Monsieur le Président », « Très Cher Président » « Cher Monsieur le Président », « Cher Président » « Cher Monsieur le Président SARKOZIN », « Cher Monsieur le Président Sarkozy », « Monsieur lr président sargosy », « Monsieur Holande », « Mr le François Holande ».

Un scripteur, particulièrement agressif et traitant plusieurs fois Nicolas Sarkozy de « scélérat » engage quant à lui la conversation par « À moi Président deux mots ». François Hollande a droit à un « CAPITAINE DE PÉDALO », un « Très cher Père Noël », « À Monsieur L'Apprenti Président de la République » ou à « Bravo à toi le p'tit gros binoclard

1. Sur le « respect des formes épistolaires », voir aussi Lenoir (1988) et Offerlé (2007).

locataire par erreur de l Élysée, elle est belle ta politique, s'il en est ». Est-ce dû à un déséquilibre dans notre échantillonnage, à une plus grande part de courriels dans l'ensemble de la correspondance (ce qui peut désinhiber et amener des formes de relâchement stylistique) ou est-ce parce que la personne de François Hollande, qui est parfois rappelé au miroir de sa « normalité », a attiré un rejet tout particulier, notamment de la part d'une partie de ses électeurs de 2012 ? Toujours est-il que les formulations moins protocolaires, ou leur absence, sont nombreuses pour François Hollande. Parfois, peut-être s'agit-il de fautes de frappe : « Monsieur le Président de la République ? », « Monsieur la Président ».

La proximité, notamment de la part de ceux qui mettent en avant leur identité socialiste continuée, introduit de la connivence : « Cher francois, socialiste depuis toujours », « Cher François, mon Président », « Mes respect mon très chère président », « Monsieur le P. » « Bonsoir Monsieur le Président », « Bonjour monsieur Hollande », ou plus simplement « Bonjour », « Bjour », « Bjr ». Dans certaines formules, la force du titre présidentiel s'atténue : « Svp monsieur le président ouvrez les yeux », pour ne rien dire de : « Monsieur le moins que Président ». D'autres renoncent même à toute introduction pour entrer dans le vif de leur sujet : « Parlons France », « PROPOSITIONS D'AMÉLIORATION », ou encore « Voici mon histoire ».

De la même manière, le nuancier des formules de politesse finales est restreint pour les plus nombreuses, et large pour les plus sèches, voire les plus désagréables. Le plus souvent, il y a une harmonie entre le respect des formes dans l'entrée dans la lettre et dans sa conclusion. Un « Monsieur de la République Française » implique un final en « haute considération » ou en « profond respect », quand un « Bonjour » peut entraîner un « Cordialement », un « cdlt », voire bien « pire ». Mais cela n'est pas toujours le cas, et des lettres très critiques peuvent maintenir un minimum de formes.

Les formules canoniques ne sont pas adressées également aux deux présidents. Mais, là aussi, force est de remarquer que notre échantillon déséquilibré donne plus de poids aux formules conformes pour Nicolas Sarkozy que pour François Hollande (effet d'échantillon ? présidence Hollande plus chahutée et plus critiquée ? revendication de « normalité » du président ?)[1]. Les formules les plus soutenues, telles que recommandées par la socialisation bourgeoise et dans les manuels de savoir-vivre, sont sans doute plus l'apanage d'une partie des correspondants de Nicolas Sarkozy, appartenant à des catégories sociales plus habituées et habilitées à les pratiquer. Elles lui expriment alors généralement leur « haute » ou « très haute » considération, leur « profond » respect ou, sur un mode moins soutenu, leurs salutations « sincères » ou « distinguées ».

Esquissant un pas de côté, des formules plus relâchées sont aussi la marque du rapport possible de certains scripteurs à Nicolas Sarkozy : « Notre bon souvenir une bise encourageante », « Toute mon affection », « Mon plus profond respect et que la force soit avec vous », « Notre très haute sympathie ainsi qu'à votre charmante épouse », ou encore un très personnel « Je t'embrasse ».

Mais il y a aussi des restrictions, voire des critiques et des attaques dans ces formules finales, comme ce balancement d'une électrice attentive et critique : « [...] croire en l'expression de mes respectueux sentiments mais également à mon affliction » (du fait de la venue de Mouammar Kadhafi à Paris).

1. Ce qui nous conduit à penser que le quinquennat de François Hollande a été parcouru par une plus grande quantité relative de courriers critiques se trouve dans le nombre incalculable de lettres de socialistes et de femmes et d'hommes de gauche se déclarant déçus et trahis. Nous n'avons pas repéré les mêmes désappointements sous Nicolas Sarkozy et sous Emmanuel Macron. Comme si François Hollande avait beaucoup plus que son prédécesseur et son successeur dérouté son électorat. Un agent du Bureau d'analyse qui a travaillé sur deux quinquennats corrobore notre hypothèse en arguant du fait que si Emmanuel Macron a pu susciter des remarques acerbes, cela a été moins sur son programme et ses promesses que sur son style : « Emmanuel Macron n'a pas beaucoup eu la gauche contre lui, à l'exception de ce moment de la "fête à Macron". C'est la droite qui s'est surtout chargée de le contester, et encore, pas autant que la gauche a eu à se plaindre de François Hollande. François Hollande, lui, avait contre lui et la gauche et la droite » (entretien, 28 janvier 2021).

L'une des importantes différences avec le courrier adressé à François Hollande est la présence dans le corps du texte et dans les formules de politesse finales de références à la religion et à la prière, venant d'ecclésiastiques, mais pas seulement.

Prier pour Nicolas Sarkozy

Les références à la religion sont beaucoup plus fréquentes dans le courrier de Nicolas Sarkozy[a] et les propositions d'abonnement à la revue *Magnificat*, des médailles, des textes religieux ou des extraits de la Bible accompagnent certains envois.

Une citation de l'Évangile selon Matthieu annonçant que « la fin de toute chose est proche » introduit à des conseils concernant l'« affaire des poupées vaudou[b] ». Ce correspondant entend le conseiller pour la procédure d'appel au sujet des « poupées maléfiques à ton effigie » : « La seule arme défensive vient d'en haut à travers la médaille miraculeuse dernière planche de salut. »

Ce sont surtout un ensemble de formules faisant référence à Dieu et la prière que l'on peut retrouver de manière significative dans les correspondances : « Que Dieu, notre père céleste vous bénisse richement dans tout ce que vous entreprenez et surtout qu'il vous garde et vous protège » ; « C'est Dieu qui a voulu, et vous placer à votre poste c'est une lourde responsabilité et vous aurez besoin de lui dans les décisions importantes » ; « Nous vous couvrons de nos prières quotidiennes pour vous soutenir dans votre service politique. Que Marie Mère et Reine de la France et du monde vous garde et vous protège » ; « Tous mes amis chrétiens prient chaque jour pour vous le Président de la France fille ainée de l'Église » ; « C'est la Providence qui a mis Carla sur votre chemin ».

Une femme (ville de 25 000 habitants) lui envoie une statue de saint Nicolas qui a été bénite, spécialement pour « notre Président, par mon ami, le Vicaire Général de… » ; une autre, âgée de quatre-vingt-cinq ans et déportée à Buchenwald, lui écrit de Santa Barbara : « le 22 avril [2012] j'irai à ma chapelle brûler un cierge pour vous et je pense que le

Bon Dieu écoutera ma prière » (148/71). Un scripteur de Strasbourg de quarante-sept ans travaillant dans une association d'handicapés propose de donner par l'intermédiaire de « trois pasteurs » les « instructions de Dieu pour savoir la marche à suivre », mais « si vous persistez dans votre égocentrisme et à paraître le Président des riches, laissant les pauvres, les malades et les handicapés de côté, sachez que mourrez un jour même si ce n'est pas tout de suite vous êtes appelé alors à comparaître devant Celui qui vous a créé et vous serez amené à lui rendre des comptes sur la manière dont vous avez géré la France » (148/72). Et d'ajouter que « ce sera une honte pour la France » si Bertrand Delanoë est élu « car il est écrit dans la Bible que les homos n'entreront pas au Paradis ».

Lors de notre entretien avec Nicolas Sarkozy, ce dernier nous a dit à l'évocation de ces courriers : « Prier pour le Président n'est pas étonnant dans un pays chrétien comme la France […], je trouve cela bouleversant, c'est très civilisé. »

---

a Selon l'ancien chef du service sous François Mitterrand (Hénocq, 2008-2017), le courrier de celui-ci était aussi accompagné de prières : « j'ai prié pour vous » ; « je vous demande à l'occasion de mon pèlerinage de demander à tous les Présidents de tous les pays sans exception, la paix… » ; « je crois en vous comme on peut croire en Dieu », « vous êtes la seule personne après DIEU à pouvoir nous aider » ; et aussi « je vous présente mes vœux de Pâques et prie pour demander à Dieu et à la Bonne Mère du ciel qu'elle vous conseille de ses grâces et vous accorde beaucoup de bonheur et de prospérité… ». « Pour d'autres, c'étaient des médailles miraculeuses, des amulettes qui avaient pour intention de le protéger ou de lui porter chance, des cartes de Lourdes avec sainte Bernadette où ils avaient été prier pour le Président, la France et la paix dans le monde. Il reçut même un petit reliquaire coffret à musique en bois avec une statuette en plastique de Notre Dame de Fatima sous une guirlande lumineuse du plus grand kitsch. »

b Un ouvrage « humoristique et interactif », *Nicolas Sarkozy, le manuel vaudou* (K&B, 2008), est alors vendu avec une poupée à l'effigie de Nicolas Sarkozy avec douze aiguilles. Le président avait entendu en faire interdire la vente par référé et avait été débouté en première instance. Yves Bordenave et Anne-Claire Poignard, « Poupée vaudou : un échec judiciaire inédit pour Sarkozy », *Le Monde*, 30 octobre 2008.

François Hollande a certes droit à des formules gratifiantes et protocolaires, notamment, bien entendu, de la part des personnalités qui lui écrivent, mais aussi de ceux des requérants qui souhaitent que leur situation personnelle fasse l'objet d'une intervention. Les formulations sont parfois hésitantes ou contournées et pas seulement du fait des relâchements dus aux courriels (non relus ?) désormais plus nombreux qu'auparavant. Il y a aussi de nombreux courriels sans formule finale. Les variations autour de la considération, du respect et des salutations y apparaissent ainsi souvent moins maîtrisées que pour son prédécesseur : « Recevez mes plus hautes considérations », « mes plus humble salutations les plus sincère, et de mes sentiments déférents et très fidèlement dévoué », « ma considération respectueuse », « l'expession de toute ma gratitude et de ma très haute considération », « ma très haute considération la meilleur », « ma cinq ideration respectueuse », « Toutes mes salutations ».

Des formules déviantes jouent sur les règles de politesse ou les enfreignent explicitement : « Avec mes respects, dus à la fonction », « Si je salue respectueusement votre fonction, je ne salue pas l'homme qui la représente », « Dans ces conditions vous permettrez que je ne vous salue pas », « Je vous salue avec le minimum de dignité que votre caf [caisse d'allocations familiales] m'a laissé », « Avec mon respect le plus sincère et désolé », « Je vous salue modérément ».

En dépit de l'impopularité du président de la République entre 2012 et 2017, des formules plus amènes et réconfortantes ont pu être adressées à François Hollande, lequel a eu aussi ses admirateurs : « ON VOUS EMBRASSENT TRÈS FORT (PS : on est avec vous et on vous aiment) », « Je vous prie d'agréer, Monsieur le Président, l'expression de ma très haute considération et mon plus profond respect. Votre dévoué soldat », « Bonne continuation, courage, garde le moral et ne craques pas François… ».

Mais les formules de politesse et de conclusion peuvent être indexées au sujet traité. Ainsi, lors de l'affaire Cahuzac, en 2013, des centaines de lettres et courriels ont afflué au SCP pour placer François Hollande non seulement en face de ses responsabilités mais aussi devant une morale et un rapport à l'argent dont la gauche devrait être par nature la garante : « Salutation d'un ancien électeur du Parti Socialiste (on ne m'y reprendra plus !) que vous avez privé de victoire pour de nombreuses décennies. Mes voix iront toujours à gauche, mais à la vraie gauche, pas aux traîtres » ; « Respectueusement mais fermement » ; « Bien à vous Mr le Président et bonne chance dans ce monde qui tôt ou tard vous demandera des comptes » ; « Dans l'attente de votre réponse, aussi rapide que vos rappels fiscaux, veuillez agréer l'expression de mon sentiment d'injustice ».

Qui sont-ils, qui sont-elles ?

Il est très difficile de dire exactement qui écrit au président, car certaines lettres sont anonymes (volontairement ou non) et nombre d'entre elles ne donnent que des renseignements superficiels sur les émetteurs. De plus, la définition même de ce qu'est une lettre pose problème, du fait des courriers et des courriels émanant de mobilisations collectives dans lesquelles soit des cartes types sont signées et adressées à l'Élysée (par exemple la « fête à Macron » ; « On n'est pas des sardines », etc.), soit un canevas est repris par des scripteurs dont certains disent eux-mêmes qu'ils n'ont pas fait l'effort de personnaliser leur envoi. Durant le quinquennat de François Hollande, le « courrier de Sébastien », dont l'auteur se disait « fatigué d'être la cible de toutes vos réformes fiscales, fatigué d'être la vache à lait qui doit toujours faire plus d'efforts[1] », a circulé à plusieurs reprises entre 2013 et 2016. Il a été repris de nombreuses fois dans les correspondances présidentielles au nom de la France « moyenne », tel quel ou précédé de considérations personnalisées :

---

1. Denis Clerc a fait le commentaire de ses invraisemblances fiscales sous le titre « Délire de persécution », sur son blog (*Alternatives économiques*), le 24 décembre 2014.

> Monsieur le Président de la République, Je m'appelle Sébastien, et je suis un français dit moyen, de taille moyenne, au QI, je pense, dans la moyenne et à la plume plutôt incertaine. J'ai la chance (diriez-vous) d'avoir un emploi, moyen lui aussi, tant en terme d'intérêt que de rémunération. Je suis marié et père des 2 superbes enfants (en bonne santé), mon épouse travaille (elle aussi, oui… quelle chance !!) un peu plus que la moyenne. Pour résumer, c'est le bonheur !!!

Le SCP tient la comptabilité des flux entrants et des réponses adressées aux correspondants. Il établit des synthèses des « courriers significatifs », journellement, hebdomadairement et mensuellement. Des courbes mesurant la fréquence mensuelle des flux et une synthèse en fin de quinquennat permettent de justifier l'efficacité et la raison d'être des collaborateurs du service. En revanche, il n'établit pas de statistiques concernant les propriétés sociodémographiques des émetteurs ; il ne compare pas non plus leurs caractéristiques générales à celles des scripteurs dont les courriers, jugés significatifs, sont sélectionnés pour remonter à l'Élysée. Nous verrons que le service n'a pas à fournir un travail sociologique, mais qu'il est là pour écouter et apaiser, pour ce qui est des requêtes, et pour alerter et protéger pour ce qui est des opinions.

La sociologie des scripteurs peut apparaître si une fraction particulière (sociale et/ou politique) manifeste une inquiétude ou une agressivité significatives à l'égard du président, de sa politique ou de telle mesure particulière. Ce sont les possibles conséquences politiques que l'on peut induire de courriers répétés, voire d'hapax de faible intensité (notamment sur les indicateurs de « confiance » et de « popularité »), qui importent pour les rédacteurs du service et pour leurs supérieurs travaillant de l'autre côté de la seine, au Palais, « autour du PR ».

Comme nous l'avons indiqué en introduction, nos échantillons ont été récupérés de manière moins méthodique qu'aléatoire. En 2017, nous avons travaillé, certes avec l'aide de membres du service, en multipliant les coups de sonde au fur et à mesure que nous découvrions la richesse d'un matériel infini, magnifique et périssable. Nous avons pu lire à marche forcée et récupérer plusieurs milliers de lettres adressées à François Hollande, qui, si l'ensemble n'est pas « représentatif » au sens statistique du terme, n'en est pas moins significatif.

Nous avons fait plusieurs tests « à la main » pour essayer de quantifier ce matériel et de déterminer qui sont les correspondants du président. Les renseignements que l'on peut tirer des lettres sont erratiques et lacunaires. Toutefois, sur les 1 187 courriels arrivés entre le 28 et le 31 octobre 2013, 673 ont été envoyés par des hommes et 514 par des femmes plus une enfant de dix ans. En faisant une autre saisie dans un échantillon tiré au sort dans nos archives et courant sur plusieurs années, nous comptabilisons 128 hommes et 74 femmes.

Parmi les 100 premières lettres de l'échantillon courriel d'octobre 2013, 37 peuvent être identifiées, sinon par la mention de la profession, par un statut social un tant soit peu précis (salarié, patron, retraité, chômeur, étudiant), 5 autres touchent une allocation aux adultes handicapés (AAH). Quelques-uns se définissent par leur statut familial (mariée, mère de deux enfants) ou par leur origine (migrant naturalisé, étranger). L'âge précis n'est renseigné que pour 11 d'entre eux. 8 permettent de déduire approximativement leur statut (retraité ou étudiant). Les seules variables clairement documentées sont, d'une part, le sexe (65 hommes et 33 femmes et une adolescente) et, d'autre part, la provenance géographique. Ces lettres sont intéressantes puisque 28 % d'entre elles émanent de correspondants habitant dans des communes de moins de 3 000 habitants et 10 % de communes de 3 000 à 10 000 habitants.

L'échantillon plus restreint dont nous avons disposé pour la correspondance adressée à Nicolas Sarkozy incite à davantage de prudence. Dans le dossier 148/34, en ne comptant que les expéditeurs et non les lettres (il y a un polyscripteur), il y a 3 lettres collectives (famille), 55 lettres d'hommes,

54 de femmes, 3 signées par le couple, 2 enfants, 1 femme écrivant pour son mari. Donc un plus grand équilibre, en quelque sorte, qui peut être expliqué par le fait que ce tout petit échantillon contient en majorité des courriers et peu de courriels.

On ne tirera pas de conclusions démesurées de ces notations. Le désir et le besoin d'écrire varient selon la conjoncture. Certaines thématiques appellent des courriers genrés, comme l'« affaire Jacqueline Sauvage[1] », qui amène un flux de courriers très important pendant plusieurs semaines, émanant essentiellement de femmes. Sans généraliser, on retiendra cependant à partir de ces premières investigations que les interventions féminines auprès de la Présidence sont plus majoritairement des « requêtes » concernant la situation financière et sanitaire de la famille, quand celles des hommes ont trait plus souvent à des questions dites d'opinion impliquant un jugement politique plus ou moins articulé au sujet de l'action du président et des propositions et suggestions concernant tel ou tel aspect de sa politique ou telle politique publique spécifique.

Comme le note Yasmine Siblot (2006), à la suite de Richard Hoggart, d'Olivier Schwartz et de Bernard Lahire, la division genrée du travail dans la gestion des démarches et de la paperasse en milieux populaires n'est pas immuable. Écrire au président, qui n'est pas un guichet comme les autres, peut ainsi être tout aussi bien une attribution féminine ou une attribution masculine. Quant aux courriers plus « politiques », ceux qui sont acheminés vers le Bureau de l'analyse pour traitement, on distingue également une répartition sexuée des thèmes abordés. Ainsi, la totalité des courriers abordant les questions militaires, la plupart des sujets économiques comme ceux relevant des enjeux internationaux sont masculins. Les

1. Condamnée pour le meurtre de son mari, celle-ci avait invoqué la légitime défense sous la menace de violences conjugales répétées ; à partir de 2015, l'affaire a suivi tout le quinquennat de François Hollande et ce jusqu'à la grâce qui lui a été accordée. C'est sans doute l'un des rares sujets pour lesquels le président de la République a constamment reçu de nombreux soutiens.

scripteuses, pour leur part, se retrouvent davantage, par ordre décroissant, dans les domaines de l'éducation, de la petite enfance, du handicap et de la fin de vie, et de la cherté du quotidien. Si elles rappellent autant à l'ordre le chef de l'État au sujet de ses mœurs, de sa morale et de ses tenues vestimentaires ou de ses schèmes posturaux, elles mentionnent davantage la femme du président et sanctionnent plus fréquemment et durement ce dernier en cas de séparation. De la même manière, il est plus fréquent que les courriels ou courriers véhéments soient écrit par des hommes. Ces derniers sont, enfin, plus réactifs aux petites phrases prononcées par le titulaire de la fonction présidentielle, telles que les « sans-dents », le fameux « La France va mieux », comme le « pognon de dingue » ou « ceux qui ne sont rien » d'Emmanuel Macron[1].

Dans sa note au président datée de février 1990, Michel Hénocq, chef du service de 1981 à 1991, esquissait, ce qui est très rare dans ce type d'écrits, une sorte de sociologie des scripteurs. D'après un sondage qu'il avait effectué dans le courrier « requêtes » provenant du Nord-Pas-de-Calais et de la Seine-Maritime, il soulignait que « c'étaient les femmes qui le plus souvent s'adressaient au Président : bien que signant et se présentant sous le prénom de leur époux, elles s'exprimaient au féminin. Au travers de leur témoignage on pouvait ressentir leur combativité pour obtenir l'intégralité des prestations qui leur étaient dues, les secours, voire des bons d'alimentation » (Hénocq, 2008-2017 : 52).

1. Cette répartition genrée des thématiques faisant réagir les scripteurs n'est pas sans similitude avec ce que montre Alice Simon dans son enquête à paraître sur le rapport des étudiants et des étudiantes à la politique. Si l'intérêt et la compétence politiques sont également partagés, les hommes, dans son étude, ont une plus grande appétence pour l'actualité politique immédiate et le jeu des petites phrases, quand leurs homologues féminines sont plus enclines à historiciser et à préférer les temps plus longs de la vie politique.

Écritures patronales

Les courriers émanant des patrons de toutes envergures ont cet avantage de présenter le nuancier des possibles épistolaires pour une catégorie sociale. Le patron dit qu'il est « patron », précise bien souvent son secteur d'activité, le nombre de ses salariés, voire son chiffre d'affaires avant d'exposer sa demande, ses griefs ou ses conseils. En revanche, il est impossible de repérer dans la masse des autres courriers ceux qui émanent de chefs d'entreprise. Cette correspondance patronale rentre dans les trois rubriques de classement du service : courrier réservé, opinions et requêtes.

Dans l'échantillon de quelque 230 courriers petits patronaux que nous avons sélectionnés sous le quinquennat Hollande, il s'agit principalement d'hommes (aux deux tiers), mais certaines femmes écrivent pour leur conjoint. Il est difficile de les situer plus précisément : peu donnent leur âge (un peu moins de 20 %), presque aucun leur diplôme. La plupart d'entre eux se présentent comme artisans, TPE, voire PME, sans spécifier systématiquement le nombre de salariés ou le chiffre d'affaires.

Ces patrons qui appellent à l'aide et formulent des requêtes sont surtout des patrons de petites entreprises, de bars, hôtels et restaurants, des transporteurs et des patrons du bâtiment. Ils ont rarement plus de 50 salariés, comme plus de 95 % des entreprises françaises. Ces petits patrons requérants sont souvent des patrons précaires, des malgré-nous de l'entreprise, pour qui leur affaire a été un moyen d'échapper au salariat, mais qui présentent tous les signes de la fragilité. Un petit nombre présentent aussi les signes de la dysorthographie :

> bonjour monsieur trouver vous normal que tou les petit artisan coule leur boite au bout de trois an assommer de charge énorme à la fin de l'année pour roflouer les caisse pour les gens qui reste che eu pou ma part ces un ralebol et pour beaucoup d'autre aussi donc si sa ne change pas tou le monde sera dans le même ca que moi sou les pont pour avoir cotiser toute sa vie.
> (Homme, commune de 1 300 habitants.)

Nombreuses sont les expressions de détresse petite patronale qui sont assorties de mises en cause véhémentes des responsables de la misère des patronats. En tête, les banques, ma banque, mon banquier : « aucune banque ne me suis dans mon projet », « les banques continuent à nous prendre pour de la m… e ».

Le fisc, les administrations et les fonctionnaires, l'URSSAF, le RSI, mais aussi les grandes entreprises (les syndicats sont beaucoup moins présents ici car pratiquement inexistants dans la plupart des TPE), les salariés et les assistés sont souvent utilisés comme des contrepoints négatifs aux valeurs éprouvées et pratiquées quotidiennement par les petits patrons. On pourrait sans doute y faire figurer en bonne place, depuis la crise de la covid, les assureurs. Si le président est parfois épargné, il peut être souvent également tenu pour responsable de l'ensemble des malheurs qui s'abattent sur une population qui s'estime mal-aimée et stigmatisée. Sous François Hollande, les prises de position peuvent varier fortement, d'aucuns estimant la « conversion » du président (pacte de responsabilité, crédit d'impôt pour la compétitivité et l'emploi [CICE], loi Travail) trop insuffisante ou, chez les petits patrons, la dénonçant comme inégalitaire car bénéficiant d'abord aux grandes entreprises.

L'argumentaire « venez nous visiter » émane de patrons de PME et repose d'abord sur l'idée qu'elles sont de vraies entreprises : « vous verrez de près la réalité », le « terrain ». Quelques solliciteurs souhaitent attirer l'attention présidentielle sur leur produit, qu'ils pensent pouvoir ainsi faire connaître et promouvoir, ou qu'ils espèrent faire subventionner, ou faire goûter huiles, confits de canard, restauration…

Les donneurs de leçons se présentent plutôt comme des consultants qui pensent avoir une analyse informée sur les thématiques économiques. Il s'agit pour eux de faire valoir une opinion et de prendre plaisir à la détailler sans que l'on sache s'il s'agit d'un simple « courrier d'électeur » ayant le sentiment d'avoir son mot à dire et ayant le devoir de le faire, ou si cette prise de parole peut laisser espérer une renommée, voire une invitation à débattre.

Le courrier grand patronal est protocolaire, policé, et assez typé (mémorandum, rappel de prises de position, etc.) entre des entreprises et des organisations patronales qui respectent un chef de l'État qu'ils n'ont pas souhaité voir élire dans leur immense majorité, mais qui est à la tête d'une institution qu'ils se doivent d'honorer. Les entreprises connues sollicitent une présence présidentielle pour un anniversaire, en insistant sur leur contribution à la croissance et à l'emploi en France, voire à une révolution dans les modes de consommation.

Les plus grands dirigeants ont la possibilité de faire de la politique sans en avoir l'air, de contourner le service du courrier tout venant et de peser sur les agendas sans passer par l'Alma, qu'il s'agisse d'amis ou de visiteurs du soir des présidents, ou de ceux qui peuvent avoir, par les conseillers de ces derniers, un accès et leurs entrées au Palais. Un grand patron français est obligatoirement « intéressant » pour tout président[1].

Des « identités stratégiques »

Certains correspondants, nous l'avons vu, entrent directement dans l'interaction en annonçant leurs propriétés distinctives : « C'est en tant que citoyen et chef d'entreprise que je vous écris ce soir, MONSIEUR LE PRÉSIDENT DE LA RÉPUBLIQUE FRANCAISE. » Il est parfois difficile de situer l'origine sociale des lettres, notamment celles envoyées par courriel, car le dispositif ne comporte pas de rubrique amenant les scripteurs à se définir socialement ni à préciser leur profession. Les courriels permettent cependant de repérer certaines des caractéristiques pertinentes de leurs auteurs qui souhaitent manifester plus ou moins clairement les raisons pour lesquelles ils écrivent, et les « en tant que » qui les autorisent à prendre la parole et/ou à renforcer la crédibilité qu'ils peuvent mettre en avant pour justifier les

1. Pour plus de développements, on se reportera au chapitre 1 de l'ouvrage *Ce qu'un patron peut faire* (Offerlé, 2021).

demandes, les critiques ou les avis et conseils qu'ils peuvent formuler.

Les fins des lettres sont de ce point de vue tout à fait intéressantes car, sans ou après une formule de politesse, elles concluent et ponctuent par une identité politique ou sociale les propos tenus dans le courrier. Ces chutes ne sont toutefois pas très fréquentes, et adviennent après le récit d'une vie ou d'une situation dramatique : « une maman qui meure doucement… » ; par le rappel d'une connivence politique continuée ou rompue : « Monsieur le Président et Cher Camarade, mes sincères salutations Socialistes », « Un très grand déçu de son vote socialiste » ; par un ton d'amertume : « Une adolescente écœuré », « Un chomeur de plus depuis début octobre… » ; ou avec une ultime notation revendicative en guise de signature : « Un Français normal et non enrichi par une quelquconque participation au pouvoir », « Un citoyen Français qui ne vous comprend pas », « un soixante huitard très en colère qui s'inquiète pour l'avenir de son fils ».

Ces formulations se retrouvent aussi dans le courrier adressé à Nicolas Sarkozy comme cette « citoyenne, découragée, déçue, écœurée », « notre épouse et moi sommes révoltés par cette histoire de prime de plus de 1 milliard que les banques ont distribuer alors que c'est notre argent qui leur a été prêter. Nous tenons respectueusement à vous le dire ».

Les identités produites, plus ou moins contrôlées, spontanées ou modulées (Noguères, 2003 ; Fassin et Kobelinsky, 2012 ; Breton [dir.], 2018), sont la plupart du temps en rapport avec l'objet de la lettre. Notamment lorsqu'il s'agit de « requêtes », de demandes personnelles qui impliquent directement l'identité de la personne qui argumente, réclame ou supplie. Les requérants se présentent avec une humilité feinte, situationnelle ou sincère, ils tentent de montrer la profondeur de leur détresse. Les artisans, commerçants et chefs d'entreprise, lorsqu'ils veulent évoquer les problèmes de leur entreprise exposent, avec plus ou moins de détails, les caractéristiques de celle-ci. Nous le verrons, l'hypotypose, cette figure de style consistant à décrire une scène de façon si frappante

« Carrières » de requérants

Les requêtes et sollicitations sont non seulement accompagnées d'une présentation détaillée de sa situation personnelle, familiale, sociale tendant à prouver l'urgence de la détresse et la légitimité de la demande d'aide, mais elles sont aussi parfois étayées par un grand déploiement de papiers et documents authentifiant la situation dramatique dans laquelle se trouvent les requérants et/ou apportant la preuve des préjudices subis. Ce sont alors, outre les papiers d'identité, les relevés et correspondances bancaires, les factures les plus diverses, les avis d'imposition, les bulletins de salaire, les quittances de loyer, les résultats d'analyses et d'examens médicaux (avec des photographies montrant les handicaps, les plaies et les blessures), qui sont adressés, en des dossiers parfois volumineux, au service de la correspondance présidentielle.

On peut penser, au vu des bribes de témoignages laissés dans les courriers (« vous êtes mon dernier recours », « j'ai tout essayé »), voire de l'égrenage des démarches déjà faites en vain dans des circuits de réclamations auxquels ils ont déjà été confrontés, que ces requérants ont déjà eu un long parcours dans le dédale des procédures possibles ou pensables. Présenter des justifications, des papiers et des preuves est une activité commune pour une partie de la population devant accepter cette intrusion dans sa vie la plus privée pour être entendue, écoutée et éventuellement prise en charge, et « faire valoir ses droits ».

Contrairement à d'autres institutions qui établissent une liste des « pièces à fournir », l'institution présidentielle ne demande rien, ne prévoit rien. On peut tout lui demander, à tout hasard, et ainsi est laissé libre cours à la transposition de ces « savoir-faire » acquis dans les transactions avec l'État social.

qu'on croirait la vivre, est fréquemment mobilisée. Ceux qui donnent leur « opinion » ou leurs « opinions » sur la politique du président, voire sur les grands problèmes du monde, donnent à voir parfois leur droit à la prise de parole en exposant leur expertise, leur(s) compétence(s) et leur « concernement » (Contamin, 2001), en démontrant, avec plus ou moins de sophistication, qu'ils savent de quoi ils parlent et qu'ils peuvent éclairer, interpeller ceux d'en haut qui vivent comme coupés de la « vraie vie », voire leur faire la leçon.

Les « en tant que » mobilisés sont potentiellement infinis (car les propriétés d'une personne particulière peuvent se décliner en de multiples registres), mais leurs types sont cependant limités, allant de la recherche de la proximité avec le destinataire (comme nous l'avons vu au travers des formules d'entrée et de sortie de lettre) à la mise à distance du récepteur afin de pouvoir monter suffisamment en généralité et parler non pas « en tant que », mais d'abord, ou par extension, « au nom de ». La mise en avant de propriétés sociales (profession, statut, situation scolaire et diplômes, sexe, situation familiale, situation financière, habitat), médicales (handicaps, accidents et maladies) et/ou déviantes (drogue, emprisonnement) introduisent des points d'appui pour un plaidoyer personnalisé et/ou généraliste.

« En tant que »

Qu'il s'agisse de requêtes ou d'opinions, certaines ficelles d'enrôlement de l'interlocuteur tentent d'établir une complicité avec lui en mettant en avant une caractéristique commune. La première d'entre elles peut faire référence à la proximité géographique. Le lien existant entre Nicolas Sarkozy et Neuilly (« mon gendre était deux classes au dessus de la vôtre au Cours Saint Louis du temps de Monsieur Despré », « mon père s'occupait des chevaux de la ville ») ou entre François Hollande et la Corrèze (« Nous avons fait construire notre maison en corrèze », « Je suis corrézien depuis une dizaine d'années, je vous ai déjà vu dans les rues de Tulle ») sont suffisamment connus pour pouvoir être mobilisés. Rouen peut aussi être invoqué au travers du père de François Hollande, médecin ; un homme habitant dans la banlieue rouennaise rappelle ainsi : « Dans ma jeunesse votre papa m'a soigné avec compétence et résultat pour l'allergie dont je souffrais. » Mais Nicolas Sarkozy se voit également rappeler ses liens antérieurs avec la Corse par une Lyonnaise de quatre-vingt-treize ans : « La grand mère de mon mari étant une Culioli, parlez-en aux deux garçons[1]. » Après avoir précisé qu'elle travaillait pour une « société corrézienne », cette femme poursuit sa lettre en redoublant la proximité et la bonne présentation de soi en enrichissant ses identités avant d'exposer son cas à François Hollande :

> Il va sans dire que j'ai voté pour vous étant issue d'une famille de socialistes et produit de l'ascenseur social mon père étant ouvrier et ma mère institutrice. Je suis de plus née le même jour que vous un 12 août. Je vous contacte car je suis maman d'une petite fille de deux mois Marianne née le 13 août 2013 à Marly et j'ai de gros souci avec mon propriétaire.

L'appétence repérée pour telle ou telle pratique est un autre biais : « Je connais votre passion pour le vélo », « Vous qui aimez les timbres », « Vous qui aimez les variétés » (Sarkozy) ; « Je sait que vous aimez l'Olympique de Marseille nous savons tous que Nicolas Sarkozy supporter avouè du PSG a aidè ce club a se faire rachetè par le Qatar » (Hollande).

Emmanuel Macron, dont Amiens est la ville natale, n'a pas échappé à ce rappel de proximité : « Bonjour Monsieur le Président, je suis d'Amiens, ma ville natale dans laquelle nous avons des amis communs », « Je me nomme Christophe D. né en 1981 dans la ville d'Amiens. Ancien élève de la Providence ou parmi le flot des élèves nous avons du nous croiser. En tout cas ma femme Helene D. à eu la première dame comme professeur. » Cette mention géographique peut être simplement mentionnée, réitérée ou exploitée comme une donnée qui pourrait forcer la décision du président de la République d'intervenir :

1. La première épouse de Nicolas Sarkozy, avec laquelle il a eu deux fils, s'appelait Marie-Dominique Culioli.

> Je suis étudiante en Sociologie à Amiens à l'UPJV [université de Picardie-Jules Verne]. Et il y a un gros problème de budget à l'UPJV ce qui est grave mais, cette restriction budgétaire impacte nos cours. Nous aurons d'ici septembre 2018 des travaux dirigés qui seront supprimés, et notre diplôme sera donc dévalorisé. Ce n'est pas normal, aidez-nous, étudiants, à sauver notre filière, nos études.

La proximité politique est, bien entendu, mise en scène pour proposer ses services, approuver une politique (on rappelle son numéro de carte de l'UMP), demander des comptes ou signifier une rupture (on mentionne l'ancienneté de son vote socialiste), auquel cas la lettre peut s'accompagner d'une carte d'électeur et/ou d'une carte de parti parfois réduite en petits morceaux. Des paquets contenant des cartes du PS collectées sont ainsi arrivées à l'Élysée durant le quinquennat de François Hollande.

Le clin d'œil négatif à la référence partisane peut aussi s'accompagner d'une variation sur l'une des caractéristiques pertinentes présidentielles, comme la pratique de l'anaphore chez François Hollande : « moi infirmière ». Les déclarations de Nicolas Sarkozy sur la « France qui se lève tôt » et sur le « Travailler plus pour gagner plus » trouvent des échos dans les présentations de soi, les dénonciations de l'assistanat et de la fainéantise. Cette « maman en détresse » qui écrit à Nicolas Sarkozy (148/34) dit vivre avec 29 euros par jour avec sa fille et déclare par exemple : « Je ne suis pas une fainéante. »

Dans cet immense concours des identités, quelques formules mettent l'accent sur un ou plusieurs traits pertinents qui signifient que l'on parle pour soi, mais que son expérience sociale, familiale, médicale ou autre permettent de parler de soi et d'exposer à bon droit sa propre situation en adossant sa requête à du vécu et/ou à du proche : « J'appartiens à une lignée de vignerons enracinée dans la terre de Sauternes », « en tant que gérante NON-SALARIEE d'une TPE (qui plus est déficitaire, car la crise passe par là, comme vous le savez si bien) » (au sujet de la simplification et la dématérialisation des formalités administratives), « C'est en tant que cavalière que je me permets de vous écrire », « en tant que retraité de la fonction publique hospitalière et bénévole », « en tant que mère célibataire de deux enfants, sans emploi et hébergée », « en tant que femme », « en tant que motard », « je suis petite fille d'esclaves et de putes ».

L'envoi de CV en bonne et due forme est aussi une manière de se présenter, généralement pour demander un emploi à la Présidence, comme ce chauffeur qui, entre 1992 et 2006, a convoyé des « voitures de luxe », ou comme ce « chômeur de longue durée » habitant un village de 700 habitants qui inclut ses références dans son courriel demandant son intégration dans l'armée de terre :

> Ancien Élève d'Ecole Militaire Préparatoire [A.E.T.], ancien Officier-Marinier de la Marine Nationale, décoré à 3 reprises Défense Nationale de Bronze [agrafe Bâtiment de Combat], OTAN [agrafe Ex-Yougoslavie], Commémorative française [agrafe Ex-Yougoslavie]. Sportif licencié dans plusieurs disciplines, Plongeur de N4 et Padi DiveMaster. Originaire de l'île de la Réunion, né le…, âgé de… ans, 1m69, 68kg, dans une condition psychique, physique et sportive irréprochable. Diplômé Bac 2 Informatique, Bac 2 Marketing.

Des attestations de moralité, également, fleurissent qui rappellent les devoirs du citoyen des manuels d'instruction civique de la IIIe République : « j'ai toujours payé mes impôts », « j'ai toujours voté », « j'ai servi mon pays », ou encore : « MON CASIER EST VIERGE. »

Monter en généralité : « au nom de »

Nombre de lettres sont strictement personnelles. Le « je » y est prépondérant, souvent associé à un nous de proximité qui est le cercle familial. D'ailleurs, le « je » peut prêter sa plume à un autre je, qui peut très bien ne pas être au courant de la démarche (« ps ma femme ne es pas que je vous ai écrit »). Une femme peut écrire pour son mari, une grand-mère pour son petit-fils ou un enfant pour alerter sur la situation dramatique du foyer et demander de l'aide :

Monsieur le Président de la République française, Je souhaite vous parler de mon Fils qui, il y a 2 ans a repris un garage à P. [téléphone, adresse, site web] Il est jeune, comme beaucoup il a envie de réussir mais comme beaucoup il se sent seul, trop seul. Monsieur le Président de la République française, veuillez trouver dans ce message toute la cordialité et tout les respect qui vous sont dûs, et de part votre fonction mais aussi par l'Etre humain que vous êtes et qui a une grande expérience du terrain. Sincèrement.
(Femme, village de 350 habitants, 2014.)

Je me permets de vous écrire cette lettre pour vous demander de l'aide je m'appel Jessica et j'ai 14 ans, mes parent on des gros problèmes financier.
Ils sont interdi banquer.mon beau père et artisan et les sous ne renter pas, ma mère est en congé parentale
Alors il on du male pour payer les facture et pour nous faire manger.
Si vous pouvez être le père noël et nous aider un peu, nous enlever l'interdit banquer et étaler nous dettes qui sont de 60 000€, il se sont renseigner lais on peu rien faire. Je te demande juste un petit SOS. Merci d'avance si tu peu nous aider
Je te donne l'adresse de mais parents ne leur dit pas que je vous e ecrit.

(AN 2012/0148/, village de 130 habitants, 2009.)

Le passage au nous généraliste peut s'emboîter dans un plaidoyer personnel et personnalisé et/ou s'autoriser d'une prise de parole désingularisée. Dans ces cas-là, ce sont des entités agissantes qui sont utilisées pour donner de la profondeur de voix à une requête et/ou une opinion. Nous avons vu que l'on peut ainsi faire parler un parti, une mouvance politique, au nom de qui on peut réclamer des comptes ou donner son approbation en y adjoignant éventuellement un nous particulier (les « socialistes », le « Parti socialiste », les « gaullistes », l'« UMP »,). Mais ce sont des entités autrement englobantes qui sont mobilisées.

Le terme de citoyen est intermédiaire car il renvoie à une commune condition égalitaire et égalisante. « Citoyen » est un vocable omnibus, il permet de s'autoriser à écrire, qu'il s'agisse d'une supplique ou d'une admonestation. Il introduit *a minima* une égale dignité de tous les Français qui peuvent témoigner auprès de la plus haute autorité de leurs malheurs et de leurs préoccupations. Il souligne aussi que le bon sens ou la compétence profane généraliste (« je sais de quoi je parle », sous-entendu, « vous là-haut vous l'ignorez ») sont une ressource indispensable d'autant plus légitime à mobiliser qu'une partie des lettres dénonce l'éloignement, la cécité, la surdité de ceux d'en haut, claquemurés dans leurs palais et ignorant la vie quotidienne des citoyens ordinaires. Ainsi cet opposant qui ne laisse que son nom en adressant son courriel à François Hollande au « Palais du peuple que tu as oublié ». Les citoyens sont spécifiés parfois « lambda » : « je m'appelle C. S, j'ai dix-huit ans et je souhaite vous écrire cette lettre car je suis une citoyenne lambda qui certes du haut de mes dix huit ans n'ai pas vécu grand chose mais est alarmée par la situation de la France » (femme, région parisienne, 2013), « C'est en tant que citoyen lambda du fin fond de la France que je vous écris », « Je suis un bon Français », « une française de terrain », « Étant citoyenne “lambda”, je ne mérite (bien sûr) aucune écoute quelconque, je ne suis pas une personne importante mais je suis la majorité », « je suis une “petite personne” dans mon pays mais j'ai l'impression d'être utile ».

Ce type de formulations « ordinaires » peut s'adorner d'autres référents plus sophistiqués : « je ne suis pas économiste, ni ministre », « Je n'ai pas un bac 5 ou 7 mais j'ai été a l'école de la vie et je vous promet d avoir beaucoup apprie, et je sais aussi se quai l'humilitee la compassion » (femme ancienne assistante maternelle, 21 000 habitants). Mais le propos peut aussi se resingulariser, comme dans ce courriel émanant d'un « citoyen » plus équipé et assuré de ses assises : « En tant que citoyen, cadre supérieur talentueux sans prétention (cf. mon profil sur LinkedIn ou Viadeo) »

Ce sont de vastes groupes sans aspérités qui sont agis et non des entités classistes : une sorte de juste autoprojection de soi dans l'espace social où l'on tente de se situer, sans se grandir et sans déchoir. Il y a fort peu d'ouvriers, sinon pour parler de leurs origines « ouvrières », et encore moins de travailleurs ou de classe ouvrière, mais des « Français », « moyens », « qui travaillent », des « petits » (et notamment des « petits retraités », qui écrivent fréquemment).

Toutefois, le peuple peut être convoqué : « Vous vouliez être un Président normal, je vous parle normalement comme une femme du peuple », « nous le peuple », « le petit peuple ». Il l'est alors fréquemment comme entité tierce (« le peuple n'en peut plus », « entourez-vous de gens du peuple »).

Le normal comme ressource argumentative

L'une des justifications les plus répandues dans les interpellations personnalisées ou à caractère général à l'égard du président est le recours au vocable « normal » qui pose un jugement commun de bon sens et fait écho aux rhétoriques présidentielles successives.

Nicolas Sarkozy émaillait souvent ses entretiens avec la presse de nombreux « Est-ce que vous trouvez normal... ? », et François Hollande a fameusement déclaré qu'il serait un « président normal ». Cela suscite tout au long des deux quinquennats des variations autour de la normalité : « Heureusement que la France normale n'agit pas comme notre président normal autrement ou irions nous ?? », « Ce n'est pas normal !!! », « c'est anormal », « Trouvez-vous cela normal ? ». Le motif se retrouve aussi dans les présentations de soi et les signatures : « je suis un ouvrier normal », « je suis une personne normale », « un citoyen normal », « une vie normale ». Le normal est l'expression de cette économie morale populaire qui étalonne ses exigences à son droit à une vie correcte couplée à une dénonciation de « ceux d'en haut ».

Cette invocation du normal peut parfois prendre une forme anaphorique selon la tournure rhétorique utilisée par François Hollande dans son débat télévisé avec Nicolas Sarkozy, comme un retour à l'envoyeur : « Est-ce normal, à votre avis, qu'une personne ayant eu 4 enfants, sans jamais avoir travailler, est un pouvoir d'achat supérieur à celui d'un couple se levant tous les matins pour aller travailler. Une nouvelle profession aurait-elle vue le jour (profession utérus) ? Est-ce normal, que le RSA soit payé par la société à une personne sans lui demander de contre partie, amenant les bénéficiaires à se déconnecter totalement du monde du travail (charge ensuite aux différentes cellules d'insertion, qui font un travail formidable et insuffisament soutenu, de les remettre sur le chemin du travail). Est-ce normal qu'un bénéficiaire de la CMU [couverture maladie universelle] n'hésite pas à se faire poser des couronnes, alors qu'un salarié ne pourra le faire faute de moyens. Est-ce normal qu'un salarié, si il cumule, ses impôts sur le revenus taxe d'habitation éventuellement foncier (si il a réussi à se saigner pour se payer un logement) charges salariales charges patronnales, constate que l'État touche plus que lui » (Homme, ville de 170 000 habitants). Ici, l'argument de la normalité fondée sur l'honnêteté et le travail sert à stigmatiser les anormalités qu'un certain nombre de correspondants dénoncent chez les « assistés ».

C'est en définitive la classe moyenne qui est la référence et le référent le plus utilisé, bien sûr non pas dans un sens statistique ou sociologique, mais dans son acception plus vague encore, comme catégorie large de perception de soi, ni vraiment en haut ni vraiment en bas, mais se considérant comme majoritaire et comme susceptible de prendre la parole au nom d'une vaste partie de la population, en tous les cas, nous le verrons, catégorie stable mais fragilisée, revendiquant sa différence avec « ceux de tout en bas ».

Par exemple, dans cette lettre représentative de ces scripteurs qui articulent cette idée de coupure entre ceux d'en haut et ceux du bas, l'auteur se présente ainsi :

> Je fais partie de cette classe moyenne qui commence à gronder Monsieur le Président Je travaille 50 heures par

> semaines et occupe l'activité de pompier volontaire. […] Depuis combien de temps nos hommes politique ne sont pas allé dans la rue en dehors de leur campagne ? Depuis combien de temps sont-ils protégés du mal qui ronge leur peuple ? Comment pouvez-vous prétendre savoir ce que le peuple pense et ressent alors que vous avez perdu toute notion de la réalité depuis des années. Comment prétendre connaitre les remèdes aux symptômes dont on ne connait l'existence, la cause ni même les conséquences. Revenez dans la rue monsieur le Président, redevenez proche de votre peuple. Écoutez-le, entendez-le et comprenez. Vous héritez certes d'une situation issue de décisions séculaire, mais il est encore possible d'agir. Mais pour cela il faudrait quitter les palais, les noblesses de la vie politique pour revenir au pragmatique. Car Monsieur le Président aujourd'hui de gauche ou de droite, les politiques ont oublié l'existence du peuple, sa réalité. N'entendez-vous pas dans les rues un début de voix se lever ? Le son est imperceptible de vos palais, mais si vous venez sur le terrain, le vrai, la proximité alors vous pourrez les entendre mais aussi le comprendre. (Essonne, 2013.)

Si l'invocation d'une identité française est aussi un marqueur généraliste – « UNE FRANCAISE EN COLÈRE », « Lettre ouverte d un français désabusé », « Je suis un Français malheureux et qui comprend pas » –, la formule « Français de souche » n'apparaît que très rarement (« pourquoi nous français de souche passons après des étrangers ? »).

Enfin, cet habitant d'une ville de 40 000 habitants joue sur une vaste gamme d'identités potentielles qu'il scande anaphoriquement :

> MOI, Citoyen français, […] MOI, salarié français, […] MOI, jeune français, […] MOI, citoyen européen, […] MOI, citoyen du Monde, […] Moi, votre concitoyen, […]. MOI, enfin, jeune, salarié, payant honnêtement mes impôts, me levant tôt pour aller travailler, sans casier judiciaire, ayant toujours exercé mon devoir de citoyen à l'occasion de scrutins électoraux, élevant avec mon épouse notre fille de 8 mois, membre de cette classe moyenne asphyxiée, de cette France silencieuse oubliée,

> […] STOP à la folle politique que vous menez contre les classes moyennes depuis votre élection. Écoutez-nous, je vous en supplie. La France gronde, la France souffre, la France n'en peux plus. Bien respectueusement.

Cette présentation et cette exposition de soi sont délimitées par rapport à ceux d'en haut, ceux qui ont oublié l'existence du peuple, comme le résumait ce pompier volontaire, et par rapport à ceux de tout en bas auxquels on ne veut pas être assimilé en multipliant les procédés rhétoriques pour s'en distinguer, notamment en valorisant les figures de l'effort, du mérite, et en reprenant pour certains à leur compte les critères d'évaluation des bureaucraties et des politiques (Rozier, 2016). Des scripteurs plus aisés n'hésitent pas, pour mieux porter leurs doléances et se faire entendre, à se « moyenniser », comme pour dire qu'ils ont le droit, eux aussi, au malheur, à l'inquiétude, à l'attention :

> C'est vrai que nous gagnons bien notre vie. Mon mari est ingénieur, comme moi, nous avons une maison et partons en vacances chaque fois que c'est possible. Mais nous avons trois beaux enfants [les prénoms sont donnés] et nous devons nous préparer à les voir entrer en études supérieures, à aller à l'étranger et faire pourquoi pas des écoles de commerce ou d'ingénieur. Tout ça a un coût et tout a augmenté ces derniers temps. Je ne dis pas que ça ne va pas, on est moins à plaindre que d'autres, mais quand on fait le compte à la fin du mois, on est au final comme plein de classes moyennes et nous faisons attention parfois.

Pourquoi écrire ?

En principe, la lettre doit avoir, comme tout courrier administratif, un objet (en haut à gauche), comme le demande le site de l'Élysée. Des formules comme « Bonjour, je ne savais pas quel thème choisir, mon histoire est tellement complexe » traduisent toutefois l'enchevêtrement des raisons d'agir par l'écriture.

Pourquoi écrire tout d'abord, justement à tel moment, au président. Il y a des cycles d'écriture qui varient fortement selon la teneur de la demande. Nous verrons que les courriers dits d'opinion sont indexés principalement sur les flux de l'actualité. Ils permettent d'appréhender la réactivité aux sources d'information des Français : « J'ai entendu à la radio », « J'ai vu à la télévision », « Je vous ai vu hier soir », « J'ai lu dans le journal » (des coupures de journaux notamment régionaux, et des photographies peuvent accompagner et soutenir la démonstration). Les grands « événements médiatiques » sont ainsi repris, interprétés, réinvestis pour redire quelque chose et pour approvisionner un argumentaire très particulier, par exemple pour les demandeurs d'aide : « Avant d'aider une Leonarda, aidez donc ceux qui sont là !! », ou, pour les contempteurs des hommes politiques, l'affaire Cahuzac : « Comment nous demander des efforts pendant cette période et commencer par se servir ? »

La croissance des informations diffusées entre pairs ou entre groupes connectés sur les réseaux sociaux (encore modérée sous François Hollande) entretient un débit de fausses nouvelles et de rumeurs, notamment quand il s'agit de dépenses somptuaires ou jugées telles des gouvernants qui sont un motif récurrent de récriminations. Outre des nouvelles exactes (comme les frais de coiffeur de François Hollande), d'autres sont « rumorales » comme chez cette femme qui relève au passage, par prétérition, à l'égard de Nicolas Sarkozy : « je n'aborderai pas le sujet des accoudoirs du Falcon[1]. » Pour les requérants, la lettre vient souvent clore ou relancer une longue succession de démarches et se présente comme un ultime recours, comme une supplique : « Je vous écris ces quelques mots en désespoir de cause. » Elle peut advenir après la réception d'une notification (jugement, refus, facture, avis d'imposition, augmentation de taxes, versement

1. Selon Éric Mandonnet, avec Benjamin Sportouch, « "Air Sarko One", L'autre bureau du président », *L'Express*, 15 juin 2011, seul le fauteuil du président aurait des accoudoirs. Mais il s'agit d'un Airbus. « Le réaménagement des accoudoirs des Falcon (450.000 €) pour pouvoir y mettre du champagne. Qui paye ? » est tiré d'un blog de l'Atelier des Professionnels réformistes de Toulouse (10 janvier 2013) confi de fautes d'orthographe.

de la retraite) et constitue une intervention pour demander aide ou réparation.

Ils et elles expriment parfois leur cheminement et leurs raisons d'agir. Il est pourtant délicat de démêler les ressorts de leurs prises de parole que des entretiens avec certains d'entre eux auraient pu – partiellement – combler, mais la clause de confidentialité qui nous lie, pour une recherche où les dévoilements de l'intimité sont si prégnants, a rendu impossible cette démarche.

On peut tenter de styliser quelques postures susceptibles de rendre compte de ce passage à l'acte pour les requêtes en extrayant les raisons avancées par certains scripteurs : j'ai tout essayé ; on peut toujours tenter le coup ; mais je ne suis pas dupe ; mon histoire pourrait le toucher ; il y a sûrement de l'argent caché ; il ne sait pas, il faut l'en informer ; il ne peut pas rester insensible à la détresse ; il est payé (et bien payé) pour faire son boulot ; on peut tenter de faire valoir ses droits à ce guichet comme à un autre ; ça soulage : « je ne sais pas si vous lirez ma lettre (certainement pas) mais ça m'a fait du bien de l'écrire » (2007, petite retraitée), « J'ai abusé de votre temps si précieux, mais je me sens mieux », « j'ai été contente d'avoir écrit tout ce que j'avais sur le cœur », « Voilà, Monsieur le Président de la République, j'avais le besoin de partager avec vous un petit bout de vie d'une de vos concitoyennes ».

Essayer d'instrumentaliser le président, en faire un arbitre ou un magicien, créer pour soi un document administratif utilisable dans d'autres requêtes en pouvant ainsi montrer l'attention que lui a portée la Présidence, autant d'usages possibles de ces démarches qui s'étagent sur toute la chaîne des carrières de requérant.

Il y a vraisemblablement des pratiques magiques sous-jacentes. On s'adresse à ce dernier recours présidentiel comme on peut, dans le secret des églises, glisser un petit billet pour sa propre guérison ou celle de ses proches, et on peut le faire quelle que soit d'ailleurs sa propre conviction ou orientation politique. Certaines formulations filent d'ailleurs la métaphore religieuse : « Ma grand-mère m a toujours dit : Adresses-toi à Dieu, plutôt qu à ses Saints. »

Écrire pourquoi et écrire à qui ? Le père, l'homme, le grand homme, l'ancien et lointain camarade de parti, l'homme qui partage « leurs idées », mais le plus souvent le responsable tout trouvé, élu par tous les Français, devant rendre des comptes et supposé détenir pour certains scripteurs des capacités d'action insoupçonnables, et avoir toute latitude pour agir. Michel Hénocq avait remis à François Mitterrand lors de son départ de la direction du service du courrier en 1991 un document intitulé « L'image du Président de la République au travers du courrier », dans lequel il avait classé en six rubriques les notes qu'il avait prises sur les courriers : « Dieu », « Le Père », « Le Roi », « L'élu du suffrage universel », « Le socialiste », « L'Homme »[1].

Avec des nuances très fortes même dans les requêtes, il s'agit de s'adresser à un intercesseur en qui on a une plus ou moins grande confiance et que l'on « suppose différemment accessible aux sentiments humains » (Albert-Llorca 1993 : 206). Si la démarche engage généralement une écriture verticale de supplique et d'attente, à certains moments, le requérant cherche à retourner la relation en apostrophant le dominant au nom même de sa domination.

Quant à ceux, à l'autre extrémité du continuum, qui veulent écrire bien plus que leur détresse ou mobiliser celle des autres en portant des revendications et des colères politisées, ils sont beaucoup plus rares, et parlent moins de « politique » que de politiques publiques, entendant, par des lettres longues et le plus souvent en faisant valoir leur droit à la parole qualifiée, parler horizontalement, d'égal à égal, comme un pair, au président et à ses services.

1. « L'image du Président de la République au travers du courrier », septembre 1991, 94 pages.

3

Demander, requérir, supplier

À travers la notion d'« économie morale », Edward P. Thompson (1971) a cherché à mettre en évidence les croyances populaires partagées sur le juste, le dû et le droit, qui dévient et défient l'économie d'en haut, pour lui donner une dimension morale. Cela renvoie à un acquiescement retenu et révocable à l'égard d'autorités qui ne bénéficient d'un assentiment ou d'un consentement actif que pour autant qu'elles remplissent de leur côté le contrat moral qui les lie aux classes populaires ; il s'agit d'une acceptation conditionnelle de la domination. Bien que cette notion ait généralement été utilisée à propos de mouvements collectifs et qu'il n'y ait pas ici de collectif ou de groupe mobilisé (les correspondants du président sont, pour la plupart, tout au contraire atomisés et sérialisés, et les requêtes sont aussi le témoignage du fait que leurs ressources mobilisatrices et leurs stratégies d'adaptation [Offerlé, 2021] relèvent beaucoup plus d'un appel à l'aide individuel, voire singulier, désespéré, que d'une capacité à s'organiser en groupe revendicatif), elle peut être transposée pour faire ressortir, au-delà de la singularité de plaintes perçues comme des expressions juxtaposées d'une souffrance, une économie morale qui, parfois, trouve matière à se généraliser et une manière de le faire en convoquant d'autres identités que soi-même.

Sans surprise, pour qui sait comment dans notre société se dissocient symboliquement et étatiquement le « social » et le « politique », ces mobilisations aussi personnelles que discrètes restent néanmoins invisibilisées en tant que prises de position politiques pouvant être entendues comme telles. Cette matière « politique », à vrai dire trop peu articulée pour être traduite en opinion, se voit renvoyée aux bureaucraties étatiques de gestion de la détresse. Ces courriers ne sont pas tous cependant des courriers de la misère ; certains scripteurs mieux armés (socialement et linguistiquement) peuvent aussi se plaindre et requérir contre ce qui leur arrive.

De quoi se plaint-on ?

On peut demander tout ou presque tout, mais tout le monde ne demande pas tout et ne le demande pas avec la même conviction en pensant que cela est possible ou que cela est conforme à son « bon droit ». Comme le souligne Yasmine Siblot (2006) dans son travail sur les transactions au guichet dans les services publics des quartiers populaires, il s'agit de faire valoir ses droits, sans demander l'aumône.

Il faudrait pouvoir mettre à plat l'ensemble de ces correspondances pour comprendre ainsi comment ces émetteurs, en raison de leurs ressources et selon leur position dans l'espace social, appréhendent en pratique le périmètre d'action du chef de l'État. Il y a sans doute encore un imaginaire d'un argent caché, d'une cassette publique, voire privée, puisque les salaires des chefs de l'État sont vus d'en bas comme exorbitants : « Pourquoi ne seriez-vous pas payé comme moi ? » ont demandé plusieurs porte-parole des Gilets jaunes à des responsables politiques lors de confrontations télévisées. Cette cassette pourrait ainsi sauver les plus démunis, les simples citoyens par des aides exceptionnelles.

Le président est aussi crédité d'un pouvoir tout-puissant sur ses services et il y a sans doute dans ces requêtes comme un relent de la topique du roi mal informé et mal entouré[1]. Une fois mis au courant, il peut, il doit pouvoir agir. D'où

1. Des « meschans » conseillers du roi du XVIe siècle jusqu'au règne des entourages, voir Eymeri-Douzans, Bioy et Mouton (2015).

des déconvenues, non feintes parfois, de ces correspondants déçus qui avaient voulu croire qu'ils seraient sortis de leurs difficultés par le fait du prince. Mais, de la même façon que les Grecs décrits par Paul Veyne (2014 [1983]) avaient un rapport de croyance ambivalent avec leurs mythes, pléthore de lettres laissent transparaître des sentiments entremêlant l'espoir d'être miraculeusement secouru et l'incrédulité. Il peut, il doit aussi agir auprès des autres puissants, par exemple économiques, et prêter ses ressources à celles et ceux qui n'en n'ont pas. Tous ces courriers disent l'institution présidentielle. Non pas avec les mots des constitutionnalistes ou des exégètes de la présidentialisation, mais avec leurs propres mots. Une manière de rendre plus familière, d'apprivoiser une institution éloignée : d'arriver à « parler à la personne », dans une institution pourtant lointaine (Blum et Cerutti, 2018).

Nous avons vu que l'on pouvait écrire sur tout, et n'importe quoi, ou presque, au président. La correspondance qui a trait aux « opinions » est « typologisée » en un ensemble de rubriques qui correspondent à des catégories de classement politico-médiatiques : les lettres permettent ainsi de suivre l'« opinion publique » en fonction des préoccupations du pouvoir politique qui peut ainsi classer les unes et traiter l'autre (voir chapitres 4 et 5). À l'inverse, il n'y a pas de grille de lecture de ces « misères du monde » ou de ces interpellations personnelles. Ces « petites causes » sont classées et classifiées par le SCP autour d'un ensemble de catégories qui servent davantage au pilotage des flux de courriers qu'à une systématisation susceptible de remonter au Palais. Ce peuvent être de véritables hapax, ou elles peuvent se lire en séries longues, puisqu'elles sont cousines, alors qu'elles émanent individuellement d'un ensemble plus ou moins important (et significatif) d'individus.

Qu'il s'agisse de réparer une injustice, d'obtenir une aide matérielle ou un emploi, il est demandé au président et à ses services d'intervenir dans deux domaines principaux : auprès d'un autre service de l'État ou d'une bureaucratie française ou étrangère, ou auprès d'une personne privée.

Cette économie morale de la misère ou de la lassitude peut recouvrir des formes diverses et utiliser plusieurs types de ressources argumentatives.

Il peut d'abord s'agir d'un exposé simple, précis, duquel la véhémence est exclue et dans lequel l'émotion retenue, bien que prégnante, assure par elle-même la force de la démonstration. Nul besoin de comparer, de dénoncer, l'exposé des faits suffit à soi seul à souligner la détresse se voulant simple témoignage. Il peut, en certains cas, déboucher sur un appel à l'aide. Dans le même registre, d'autres ressorts peuvent être convoqués qui insistent sur le courage, le travail, la famille, pour solliciter un soutien, une intervention, une contribution matérielle. Cet appel est suggéré avec honte parfois, mais il peut se montrer plus insistant quand d'autres rhétoriques sont utilisées en maniant la comparaison ou la dénonciation.

Quelques hapax

Cette femme, invalide du travail, dit vivre dans un 13 mètres carrés. Dans sa lettre manuscrite, elle cite le discours de Nicolas Sarkozy à l'ONU (du 23 septembre 2008). Elle dit rêver d'avoir un « colley » : « Je souffre de ne pouvoir l'avoire, ce chien est un Equilibre quand j'ai la chance d'en voire un le COLLEY me Destress, m'apporte amour et DOUCEUR : un Rayon de Soleil ce COLLEY [...]. Pourriez-vous m'aider Monsieur le Président. » Quelques semaines plus tard, elle écrit en tentant de reprendre certains termes d'une réponse, sans doute polie et négative, qui lui a été faite : « toutes mes excuses parce que j'ignorais qu'il n'appartient pas au chef de l'État d'intervenir aux personnes handicapées qui n'ont que la somme lamentable de 630 euros pour "survivre" » (AN 2012/0148/8).

Des chiens en peluche peuvent aussi donner prise à un courrier : une femme de la grande banlieue parisienne se plaint de l'étiquetage et du prix de cette peluche chez Leclerc : « Je vous laisse juge voilà comment les petites gens sont traités par la grande distribution » (AN/2012/148/72).

Cette femme adresse une lettre de soutien à Nicolas Sarkozy après la rupture avec sa femme Cécilia en écrivant : « Vous avez de nombreuses qualités humaines. Je reste convaincu des récompenses qu'elles réserveront un jour ou l'autre [...]. Monsieur le Président, loin de vouloir notamment jouer la petite fille rêveuse qui attend le père Noël, il est certain que l'éventualité d'une sympathique rencontre, serait un grand honneur et un immense plaisir, en ce qui me concerne. Si tel était le cas, vous m'en verriez pleinement ravie. Bien que j'aie tendance à penser que "la gourmandise spirituelle de l'homme est le fruit de son imagination", j'espère en l'occurrence en avoir consommé avec modération. » Le chef de cabinet lui répondra une semaine plus tard de la façon suivante : « Par-delà les épreuves personnelles, le Chef de l'État sait combien votre confiance constitue pour lui un précieux encouragement, au moment où, avec le gouvernement il engage les réformes dont la France a besoin pour se remettre en mouvement. » Elle écrit en février 2008 son soutien au président après l'épisode du Salon de l'agriculture, et dit ne pas avoir reçu de réponse à son courrier de novembre. Elle réitère sa demande : « M'accorderiez-vous un jour cet honneur [de vous rencontrer] », tout en anticipant un second silence (AN/2012/148/34).

Du « malheureusement » à la « faute à qui ? »

Les dossiers qui évoquent le surendettement sont nombreux et impliquent intimement les personnes. Ce sont le plus souvent les femmes (seules ou en couple) qui les présentent, ce qui n'est guère étonnant eu égard à la répartition habituelle des tâches domestiques. Un sentiment de honte, d'humiliation pèse sur cette correspondance qui relate ces va-et-vient entre administrations comme autant d'épreuves :

> J'ai honte de vous demandre de l'aide, honte de n'avoir personnes sur qui m'épauler... Ne me parler pas des assistantes sociales, oh non car quand vous allez les voir vous n'êtes pas assez pauvres, Ne me parler pas de la Banque

> de France de dossier de surendettement, on vous claque le dossier et demerdez vous.
> (Femme, ville de 23 000 habitants.)

> Je me suis rendue ce jour au Centre des Finances Publiques situé au… […] Cette personne a fait preuve d'un manque de professionnalisme et s'est permise de me faire des remarques plus que déplacées. Elle m'a demandé de lui faire un premier chèque de 56 euros, je n'ai pas eu le temps de lui répondre elle m'a rétorqué : ah bien non vous n'avez pas de chéquier évidemment !! sur quoi elle me demande un RIB que malheureusement je n'avais pas sur moi, elle me répond : On ne vient pas les mains dans les poches !! Je suis partie sans rien dire, je me suis mise à pleurer, je n'ai pas choisi d'être dans la situation financière dans laquelle je me trouve et il est plus que déplacé qu'un agent de la fonction publique se permette de malmener un contribuable honnête.
> (Femme, village de 300 habitants.)

Ce sont dans ces lettres que l'on trouve, de manière voilée ou explicite, le plus de menaces de suicide :

> Voilà j'ai 22 ans trois enfants une femme que j'aime plus que tout je n'arrive pas joindre les deux bouts j'en ai marre de cette vie ou a chaque pas de plus une nouvelle porte se ferme pour x raison. Je suis ficher à la banque de France, interdit bancaire, en dossier de surendetement et sans emploi alors que depuis mes 17 ans je suis cuisinier et n'ai fait que travailler […] même avec mon métier qui et ma passion et qui et a mon gout le plus beau après sage-femme je ne reprend pas le gout a la vie mon enfance m'e laisse des traces que personne ne pourar enlever malgré mes enfant qui m'apporte bonheur je ne suis pas serin pour leur avenir je souhaite commencer mon activiter au plus vite mes sette erreure de jeunesse me barre la route personne n'est pres a me faire confiance alors je traine mon mal et perd patience je ne rêve que d'un avenir correct pour mes enfants et l'idée de prendre une assurance vie me trotte dans la tête. […] mes vous comprendrer que si je dois y contribuer de ma personne sela serrai regrettable et laisserais ma famille dans un chagrin éternel je ne le

> souhaite absolument pas aider moi a battir mon projet a recueillir mes fonds a prendre ne serai-ce qu'1 crédit aider moi à assurer un avenir à ma famille.
> (Homme, village de 750 habitants.)

D'autres menaces, beaucoup plus rares, peuvent être brandies, contre soi : « Je n'ai plus rien à perdre de plus suivant les réponses qui me seront faites j'envisage de faire une grève de la faim en prévenant un maximum de médias » (femme, village de 400 habitants). Ou contre ceux jugés responsables de leurs inextricables ennuis : « Je me rends dans leurs locaux et je saccage tout » (artisan coiffeur en butte au régime social des indépendants [RSI], ville de 55 000 habitants – la lettre adressée au préfet signale des « propos ambigus »). Des menaces plus spectaculaires peuvent arriver à l'Élysée, qui empruntent à des répertoires médiatisés dans la presse populaire : « Je voudrais vous rencontrer vous n'allez pas attendre que je me perche sur une gru ou entame une grève de la faim[1]. »

La négociation qui s'engage avec le service de la correspondance présidentielle est parfois complexe. Il s'agit de demander sans s'humilier, mais en espérant ou en feignant d'espérer que, contre sa propre administration, le président, informé, saura et pourra faire quelque chose. La transaction peut être de dernier recours et finalement constituer un ultime coup de gueule « qui fait du bien ». Elle peut être aussi directe, par un rappel au passé lointain, comme chez ce correspondant qui opère une jolie comparaison manuscrite, chiffrée, entre le don du vote et le contre-don du secours monétaire :

> Au moment des élections présidentielles nous sommes de bons citoyens car on a besoin de nous mais passé après c'est tout. J'ai eu la même réponse après les élections présidentielles et il n'y a pas eu de suite tout simplement aller voir une assistante sociale et bien non merci. La seule

1. Ce recours a été utilisé plusieurs fois et médiatisé dans les années 2013-2016.

> personne qui a fait un geste pour moi et ma famille c'est l'ex-Président de la République Mr François Mittérant il m'a même donné un secours de 500 F là au moins c'était du social [...] Je saurai qu'à l'avenir il ne faut pas compter sur le Chef de l'État pour une aide qui soit financière ou autres. Ne vous étonnez pas de la baisse de confiance des citoyens à l'égard du chef de l'État.
> (Lettre manuscrite sur une feuille quadrillée, sans autre indication.)

Cet homme d'une commune de 6 800 habitants, qui a déjà écrit à l'Élysée, informe de la dégradation de sa situation : « Je me permet a nouveau de vous solliciter, car a ce jour rien a été fait. Comme je vous l'avez exprimez dans mes précédant courriers ma situation c'est aggraver. » Celui-ci ne revient pas sur le fond de son dossier mais cherche brièvement et sans rhétorique argumentative à attirer l'attention sur son cas strictement personnel :

> Je suis désolé de vous importuner en sachant que vous avez de plus importantes affaires que ma petite personne a gérer, mais j'espère réellement une aide de votre part pour pouvoir garder un minimum de dignité, pouvoir également m'occuper de mes parents sans que ce sois l'inverse. dans l'attente d'une réponse de votre part je vous prie de bien vouloir agrée Monsieur le Président mes salutations distingués.

Cette femme de trente-six ans « mère célibataire, enceinte de 8 mois », de la banlieue lyonnaise, appelle à l'aide tout en assurant son correspondant qu'elle entend « s'en sortir » :

> Je me bats chaque jour qui passe, je garde le sourire, je ne sors jamais, je n'ai aucun loisir personnel, je travail fais des heures supp quand on me demande, je donne tout pour mon enfant et je fais tout pour lui apprendre les vraie valeurs qui ne sont pas l'argent, mais la gentillesse, le respect de soi et des autres, et je suis fière de voir mon fils s'inquiéter devant une mamie qui a du mal à se déplacer toute seule, et bien d'autre chose, et pourtant jamais il me voit pleurer quand je reçois les factures etc etc et je me

> plains pas, je suis loin d'être parfaite, car j'ai des dettes, des choses que j'aurais du payer au lieu de laisser et de baisser les bras, car c'est malheureusement se que j'ai fait, mais aujourd'hui si je vous écris c'est parce que je veux encore me battre et vraiment m'en sortir, mais à moins de gagner au loto et en sachant que je ne joue jamais je ne vois pas comment m'en sortir !! Donc je fais appel à vous, et ne me répondez pas d'aller voir une assistante sociale car la dernière fois que j'en ai vu une elle n'a rien pu faire et j'ai du aller pendant 2 semaines au resto du cœur !! Et lorsqu'on travail je peux vous assurer que c'est humiliant !! Je ne sais pas exactement se que j'attends de vous en vous écrivant, à part votre aide, une vraie aide qui me permette de mettre derrière moi tout ça et de voir un avenir plus positif et avec de l'espoir !!

Il n'est pas complètement rare que la mise en avant de sa bonne foi, de son énergie à trouver une solution, de sa volonté farouche d'y arriver, s'appuie sur des slogans de campagne tels que « la France qui se lève tôt ». Cette façon d'argumenter indique implicitement que la situation de détresse dans laquelle on est plongé est foncièrement injuste et ne peut se résoudre qu'au terme d'une intervention présidentielle.

De manière apparemment plus informée et compétente politiquement, certains écrivants cherchent à prendre au mot le président de la République quand ce dernier a pu insister sur le devoir d'honnêteté et la lutte contre l'insécurité. Le plus souvent, ces correspondances sont beaucoup plus détaillées, chiffrées, et peuvent relater par le menu les démarches et le calvaire de la « carrière » de surendettés, ballottés de la banque aux services sociaux, en passant par les huissiers, souvent par ailleurs touchés par un abandon ou un divorce, et atteints de surcroît par la maladie ou le handicap d'un parent ou d'un enfant. Il s'agit bien souvent d'un enchevêtrement, d'un enchaînement et d'une accumulation de situations dramatiques.

Cette femme habitant un bourg de 5 000 habitants, dès l'entrée de sa lettre, fait allusion à un possible suicide : « J'espère toujours de l'aide jusqu'au jour ou je ferais en sorte pour en finir avec ma vie. » Elle détaille son quotidien, son mari gagne 1 275 euros par mois, elle est en congé d'assistance parentale (AJPP [allocation journalière de présence parentale], écrit-elle) avec deux enfants (huit ans et trois ans) :

> Ils ont de gros soucis de santé, mon plus jeune a commencé a faire de grosses crises d'épilepsies et des absences depuis ses 6 mois. Suite à cela et aux traitements lourds il a de gros retards. Il n'est pas envisageable qu'il soit scolarisé sur un temps complet car il est très agités et son traitement n'est toujours pas stabilisé. Il va a l'école maternelle 2 matinées par semaine la MDPH [maison départementale des personnes handicapées] lui a octroyé une AVS [auxiliaire de vie scolaire] pour 6 heures par semaines. Ma fille elle un problème d'obésité et elle a également les même soucis de santé que son petit frère sa maladie s'est réveillée depuis cette été. [...] Suite a tous cela nous avons de très gros soucis financiers car nous habitions loin de l'hôpital et avons du déménager nous avons donc supporter des doubles charges de loyers des frais d'agences... Mais lorsque nous avons fais les transferts de tous nos dossiers administratifs la CAF[1] a mis 6 mois pour régulariser notre dossier du coup de janvier à juin 2013 il n'y avait uniquement le salaire de mon époux. Cela a entraîné de gros problèmes chèques rejeté, interdit bancaire loyer en retard, EDF, ect... tous cela à cause du dossier CAF.

Un peu plus loin, elle précise être menacée d'expulsion : « Nous ne pouvons faire aucun emprunt ni découvert, il nous est difficile de payer la cantine ou autre sans chéquier. Nous avons peux de mobilier ou même ce que nous avons notre fils lorsqu'il a mal a la tête les casse en jetant des

1. Lorsque des lettres de cette nature sont adressées au SCP, une partie d'entre elles sont aiguillées vers les préfectures concernées qui les font redescendre vers des assistantes sociales de secteur. Ces dernières sont alors saisies d'une « enquête État » qui contient le(s) courrier(s) adressé(s) au chef de l'État, sur la base desquels elles instruisent le dossier. Sur le circuit de ces correspondances, voir l'article à paraître d'Emilia SCHIJMAN, « Suppliques et accès aux droits. Écrire au président de la République en France (XXIe) », *in* Enrica ASQUER et Lucia CECI (dir.), *Scrivere ai potenti in età contemporanea*, Viella, Rome, 2022.

objets. » Elle ne met en cause personne sinon la lenteur de la CAF, elle rend d'ailleurs hommage à l'assistante sociale : « La seule personne qui fais tout ce qu'elle peux pour m'aider est l'assistante sociale de mon secteur PMI mais elle n'a pas de baguette magique. » Elle demande « à titre exceptionnel » une remise de ses dettes en rappelant l'engagement de son père au service de la France et en soulignant la dureté de sa vie passée et présente :

> Mes parents sont tous les deux décédés je n'ai ni famille ni ami à qui demander de l'aide. Mes parents sont venue en France pour être bien en 1968, mon père a fais la guerre il faisais parti des goumis [goumiers], les tirailleurs africain J'ai toujours travaillée depuis mes 16 ans toute la journée j'allais au lycée et le soir je faisais de la téléprospection car mon père est décédé à mes 11 ans ma maman était illettrée de ce fais je devais l'aider, j'ai toujours aidée les gens je suis employée dans le 1 patronal mais moi personne ne m'aide cette vie est dure. Mon époux lui aussi est épileptique et sa famille ne nous aide pas.

C'est une rhétorique différente qu'utilise cette habitante d'une ville de la proche banlieue parisienne. Au chômage, elle se prévaut d'une tout autre expérience. Elle dit en effet avoir postulé dans des supermarchés et, par ailleurs, avoir cherché à « bosser au chateau de versaille ou de fontainebleau pour faire la sécurité », un secteur dans lequel elle a travaillé. Ces expériences professionnelles diversifiées lui ont sans doute fourni une assise plus solide et lui ont appris à « ne pas se laisser faire » :

> Je suis un bon agent de sécurité mon dernier emploie au ministère des affaires étrangères et europennes je me levais a 3 h 30 pour etre en poste à 7 je finissais a 19h rentrais chez moi a 20 h 30-21h le boulot me fais pas peur j'ai bossé au musée du louvre et quai branly mon père est dcd ma mere a 70 ans est retraité elle a déjà du mal alors m'aider noel approche je fais quoi.

Elle dit n'avoir aucun soutien. Elle s'en prend à « pole emploie » (« m'a fais tourné en bourrique rien ils m'ont même pas aidé ») et à la CAF (« mais la caf votre caf ne me prend pas en compte »). Son cas est aussi différent car elle vit de manière contrainte avec le père de sa fille :

> Je ne suis pas célibataire donc on est en couple monsieur le président un couple c'est bien deux personne qui couche ensemble et qui font l'amour nous dix ans qu'on baise plus qu'on fais chambre a pars les impots on compris je suis célibataire toute les administrations on compris il ne m'aide pas si non mon tel portable il me le paierais il m'habillerais je paie ma bouffe chacun son coté dans le frigo c'est comme ça et ca marche comme ça j'aurais un emploie je pourrais après avoir payer mes dettes (loyé en retard, surendettement et oui on est tellement ensemble avec le père de ma fille qu'il a pas trouvé mieux que de me cacher qu'il payait plus le loyé [...] mais il veut me faire chier alors il a pas payé les impots locaux et ils m'ont saisi et quand j'ai demande pourquoi ils m'ont répondu votre nom commence par a A lui un B donc ' est comme ça (surendettement ou pas).

Mais, ensuite, elle utilise un argumentaire que l'on retrouve à la fois dans le courrier dit de requête et dans le courrier dit d'opinion. L'injustice dont elle est le sujet est alors mise en perspective avec des situations différentes que rencontrent d'autres personnes dont le sort est plus favorable, plus favorisé même. Elle dit avec ses mots être stigmatisée alors même qu'elle se présente comme appartenant aux « bons français ». Le propos n'est pas référencé ici à des prises de position politiques où, par exemple, seraient empruntés les arguments du Rassemblement national. Il fait écho dans tous les cas à un air du temps voulant que son malheur ait comme cause et bouc émissaire l'étranger, accusé de tirer parti des aides sociales au détriment d'ayants droit naturels et légitimes que seraient les Français :

> C'est une honte les étrangés ils paie rien mais merde moi suis français j'ai droit à rien sans argent pour mes transport je fais comment la caf veut rien me donné c'est honteux d'être en france et plus miséreux que les sans papier [...]

> je suis une femme je suis française j'ai 40 ans et je justement le malheur de n'être ni etrangere ni jeune [...] je pensais que naitre francais était une fierté on passerais en premier en plus suis courageuse mais non j'ai tout faux pour la caf j'aurais du etre a la rue avec trois 4 voir 5 gosses comme les étrangers et la on m'aurais aidé.

La démonstration est semblable chez cet ouvrier (bourg de 4 300 habitants) qui dénonce nommément (ce qui est rare) les pratiques de son patron italien (travail au noir, embauche de sans-papiers, salaires dérisoires, comportement de marchand de sommeil) : « Faut-t-il être étranger pour avoir tout les droit en France, une entreprise française on leur aurai fait fermer les portes. » Il généralise ensuite en jaugeant sa situation de surendetté, lui le « français de souche », à l'aune de celle des étrangers :

> Je suis en dossier de surendettement cela m'énerve que l'on aide les étranger et les pur souche français on les laisse pour des moin que rien et oui je suis de souche pur français, je n'y arrive de moin en moin je dirait même que je m'enfonce à cause d'une entreprise qui ne suis pas les règle français, en France les français esclave dans leur pays.

La deuxième rhétorique offensive qui accompagne les requêtes des surendettés est proche de la précédente puisqu'elle s'attaque aussi aux bénéficiaires des aides sociales, aux « assistés » qui ne feraient aucun effort pour se sortir de leur condition, alors que les scripteurs mettent en avant leur malheur et leur courage, démontrant ainsi ce que les bourgeois charitables du XIXe siècle appelaient la « misère imméritée ».

Cette « mère isolée » habitant un village de 330 habitants montre bien l'ambivalence des réactions possibles et des interprétations que l'on peut donner à partir de savoirs de proximité et de « on-dit ». Elle détaille avec précision sa « détresse financière ». Sans emploi, mère d'un garçon de cinq ans, elle souligne : « Je n'arrive plus à subvenir à nos besoins. » Touchant « l'ass [allocation de solidarité spécifique] (490 euros) plus l'apl [aide personnalisée au logement] 350 et l'asf [allocation de soutien familial] 100 », elle précise qu'elle paye 520 euros de loyer : « Le prix pour un logement descend pour mon fils. » Elle en vient ensuite à détailler « les 80 euros EDF 60 euros assurance voiture 13 euros assurance logement 20 euros locapass, 60 euros d'essence ». Elle égratigne au passage sa belle-sœur : « Au bout de deux mois de grossesse on lui donne 650 euros alors que le bébé n'est encore pas la et qu'elle n'a jamais travailler de sa vie. est ce normal. » Elle présente son cas comme général mais ancré dans sa réalité propre :

> Je n'attend pas forcement d'aide de votre part même si elle serait la bien venu. mais juste pouvoir m'exprimer pour tout se qui sont dans la même situation que moi. et peut être faire changer les choses parce qu'il y a beaucoup trop de différences (surtout quand on entend dire certaine personne qu'ils touche 1 000 euros d'aide sans rien faire et sans chercher d'emploi est ce possible ?).

Dans plusieurs lettres, cette femme (ville de 43 000 habitants), qui a voté Sarkozy en 2007, se dit déçue de constater qu'il n'y a pas eu de chasse à la fraude aux prestations, un argumentaire que l'on retrouve chez bon nombre de membres des classes populaires qui disent vouloir s'en sortir et stigmatisent les assistés (Dubois, 2021). Elle évalue cette fraude à 40 milliards d'euros. Elle a travaillé et épargné alors que « des gens malhonnêtes se gavent de prestations sociales sur mon dos […] Avec une franchise sur les médicaments ils iraient moins souvent chez les médecins et se gaveraient moins de médicaments » (AN 2012/148/71). Une autre femme, qui a soixante-dix ans (ville de 23 000 habitants), envoie cinq boîtes de Subutex (l'une est incluse dans le dossier d'archives) récupérées, dit-elle, devant la pharmacie où des « rigolos arrivent au volant d'une grosse berline, branchent leurs feux de détresse se garent sur le trottoir, se font servir gratis et revendent les comprimés et abandonnent négligemment les emballages sur le trottoir ». « Moi aussi je voudrais des médicaments gratis » (AN/2012/148/71).

La préférence pour les « autres » est souvent dénoncée, notamment par ceux qui disent vouloir s'en sortir, sortir du chômage, de la CMU et de la vie au domicile des parents, comme ce fils d'ouvrier de vingt-huit ans (ville de 210 000 habitants) qui brandit le fait que l'on n'accorde pas les mêmes droits à la jeunesse à laquelle il se dit appartenir, face à « cette autre jeunesse typée et qui entre dans votre fameux plan banlieue ». Il dit avoir un casier judiciaire vierge, n'avoir jamais brûlé de voiture et avoir participé à des campagnes de recrutement : « résultat 8 bougnoules et 4 blackes. Vive l'égalité la Fraternité et cette putain de liberté. » Il renvoie sa facture de lunettes et sa carte d'électeur pour « éviter de faire une connerie en 2012 » et, après avoir critiqué l'équipe de France (« même eux ne me représentent plus »), précise parler au « nom d'un million huit cent mille jeunes français pour qui votre plan banlieue ne signifie rien » (AN/2012/148/71).

On trouve une autre modalité de cette rhétorique, plus « lettrée », par exemple chez cette femme résidant dans une ville de 23 000 habitants : « Vous effacez les dettes des pays pauvre pour qu'ils puissent s'en sortir, alors s'il vous plaît effacer toutes mes dettes, je suis sure que vous pouvez le faire… »

La troisième rhétorique offensive consiste à comparer sa situation à celle de ceux d'en haut, et à pointer l'incompréhension bureaucratique (ici, selon une formulation plus soutenue, les « technocrates ») à l'égard des situations de la vie ordinaire. Ainsi de ce couple (village de 800 habitants) au bord du surendettement, possesseur d'une maison. Lui est retraité (« mais ma retraite est trop haute pour aller vivre en HLM »), sa femme est « sans emploi ». Il se targue d'avoir voté socialiste : « Votre prédécesseur, m'avait adressé à la banque de France, pour présenter un dossier de surendettement, mais nous ne l'avons pas fait trop compliqué, ou parce que nous avons honte d'avoir travaillé toute notre vie, et d'être obligé d'en arriver à vendre notre bien, fruit de notre travail. » Un peu plus loin, il fait le parallèle avec les procès Tapie et en conclut : « Nous lisons que Mr Bernard Tapie, s'est vu octroyé une ristourne fiscale de plusieurs millions d'euros, après reçu de l'état un chèque de plus de 400 millions d'euros. Et nous ils reste qu'une solution VENDRE pour aller vivre, où ? » Il termine sa lettre en transformant sa requête en proposition au nom des surendettés :

> On vous demande pas une remise fiscale, on vous demande pas une aide personelle, on vous demande un regard sur nos situations, car nous nous sommes conscients que nous ne sommes pas les seuls. Il n'y pas parmi les technocrates de l'état, deux ou trois femmes ou hommes qui seraient disposés à regarder d'un plus prêt toutes les situations ressemblant à la notre.

De la même manière, ce correspondant d'une ville de 140 000 habitants met en avant un chiffre (« 50 euros en fin de mois ») et en appelle à deux références partagées, « Noël » et les « enfants ». Mais il introduit aussi, sans préciser davantage, une autre dimension en invoquant la « catégorie » dans laquelle il est enregistré administrativement et qui fait désormais sens pour lui :

> Bonjour Monsieur Le Président De La République, Je viens vers vous pour intervenir sur ma situation pour le dossier de surendettement qui me pose problème. En effet il m'est difficile de vivre correctement et de pouvoir faire Noël avec mes petits enfants et enfants, car lorsque j'ai tout réglé l'ensemble de mes charges il me reste environ 50 € en fin de mois, et je n'ai aucun droit au découvert auprès de ma Banque. Je profite de ma situation pour vous demander également de revoir le système du surendettement qui concerne surement d'autre personnes qui ne peuvent participer de la vie Française pour la consommation.

Noël

On a vu que certaines lettres utilisaient le trait d'humour « Cher Père Noël » pour s'adresser au président. Mais la fin de l'année est plus particulièrement source d'angoisse : « Nous approchons des fêtes de Noël. » Chez nombre de ménages à la dérive, il y a ce sentiment de ne pas être à la hauteur et de ne pas pouvoir assurer au moins aux enfants, petits-enfants et à soi-même la possibilité de faire des cadeaux, de les « gâter », de sortir, comme entre parenthèses, de l'étau du calcul au centime d'euro près qui fait le quotidien des plus démunis des scripteurs. Ce droit à la prime de Noël est alors rappelé, parfois vertement : « La politesse vous connaissez pas, on vous pose des questions sur la prime de Noël et vous faite la sourde oreille, 2 millions de personnes ça ne vous choque pas trop » (homme, commune de 5 200 habitants). Certains demandent s'ils sont bien les ayants droit de cette enveloppe saisonnière : « Bonjours je voudrai savoir si la prime de noël a lieu cette année car je perçois 470 e de rsa et j'ai 1à peti enfants je ne pourrai pas leur faire de cadeau » (femme, 110 habitants). Car cette prime serait du plus grand secours : « Je suis une bonne citoyenne française qui paie ses factures malgré toutes les augmentations qu'on nous impose tous les jours. Comment vais-je pouvoir offrir un Noel décent à ma fille ? » (femme, AAH, quarante-cinq ans avec sa fille de neuf ans, banlieue de Metz). Il arrive que cette demande s'accompagne de considérations électorales et rappelle le président à des principes de don et contre-don qui fait de cette plainte une interpellation de nature politique : « J'ai voter pour vous et je vous admire, mais là je suis écrouler sous les impots donc encore une Noel raté » (homme, ville de 40 000 habitants, disant vouloir voter désormais FN). Mais la prime de Noël peut être également l'occasion de récriminations contre les « assistés », comme chez cette femme de la Réunion : « Jusqu'à quand allez vous continuer à étouffer les travailleurs français ? Notre foyer a 1 089 € d impôts jusqu'à décembre pendant que certain profiteront encore de primes de Noël grassement offerte avec mes impôts pendant que nous devrons faire attention encore et encore !!! Stop aidez les travailleurs arrêtez de nous asfixier. »

Le champ des ficelles argumentatives est vaste. On en veut pour preuve ce Lyonnais convoquant les catalogues de Noël dans une diatribe qui lâche un : « Vous n'aimez pas les sans-dents, POURQUOI ? » Restant dans un plaidoyer référencé politiquement, il conclut par une interrogation tendancieuse : « Pourquoi avoir fait enlever les mot Noël dans les catalogues de jouets ? Pour ne pas blesser vos musulmans ? C'est vraiment du n'importe quoi ».

L'État « au concret »

C'est un État pauvre et pour les pauvres que découvrent ceux qui sont confrontés aux engrenages de la misère. L'« État » est d'ailleurs peu souvent dénommé comme tel dans ces courriers de la misère. Comme pour les enquêtés de Yasmine Siblot (2006), pour qui le terme de « services publics » reste abstrait, ce sont ceux qui tiennent un discours plus général, ou en surplomb, qui peuvent s'en prendre plus explicitement « au train de vie de l'État » ou « au coût de fonctionnement de l'État », s'inquiéter « de rétablir la Chose Publique, l'intérêt général, La Res Publica », demander à son chef comment il entend « réformer l'État et les collectivités territoriales », parler de « nos obligations envers l'État », affirmer que « la diminution des dépenses de l'État est obligatoire », se préoccuper d'« assainir les comptes de l'État », ou soumettre au président « l'idée qui m'est parvenue en une après-midi en ce qui concerne la Dette de l'État Français ».

Une rare requérante (hébergée dans un « hôtel social », au chômage dans la banlieue parisienne) a recours à l'évocation de cette entité en entremêlant les divers services sociaux avec lesquels elle a affaire : « Or, au bout de 15 jours, le travailleur social de la Croix Rouge a estimé que je coûtais trop cher à l'État et a décidé de mettre fin à cet hébergement. » En écho au résumé des démarches qu'elle a tenté de faire, une femme, dans la même situation qu'elle, conclura par : « J'ai sonner à toute les portes. » L'« État » qu'ils mais plus souvent qu'elles rencontrent sont des services concrets qu'ils ou elles personnifient et font parler à côté des assistantes sociales, médecins, huissiers, agents des impôts, employés de banque, employés des CAF, bénévoles d'associations, etc., qui cadrent, encadrent et définissent le quotidien de ces populations. Parmi les protecteurs potentiels, les plus souvent cités sont bien sûr les services sociaux : « J'ai contacté mon assistante sociale, le 115 SAMU, l'association Abbés Pierre, le Palais de la Femme, croyais moi j'ai frappe a toutes les portes, je ne dors plus je ne mange plus, je ne sais pas quels autre démarche pourrais ressouder mon problème. »

L'« assistante sociale », bien souvent nommée personnellement (« j'ai vu Madame Lourdeix de Romorantin ») et la « CAF » reviennent dans nombre de requêtes ciblant les délais de traitement des dossiers, les décisions prises à l'issue de leur examen et leurs répercussions : « la CAF a mis 6 mois pour régulariser notre dossier », « la CAF de l'AUDE m a retiré l'AAH », « La caf qui vous dit on ne peux pas vous aider », « la caf ne réponds à aucune de mes question », « les assistantes sociales, le contrôleur de la CAF, et la mairie, ils me coupent les vivres ; c'est à dire ils suspendent mon RSA, mes primes de noël et mon APL », « j'essaies par tous les moyens de faire comprendre à la caf que je suis pas en couple », « les assistantes sociales sont très souvent en réunion ».

Certaines, sans doute lassées de ces expériences lourdes et répétitives ne veulent plus avoir affaire à des assistantes sociales : « Je vous demande de ne pas me répondre avec une réponse toute faite et m'envoyer voir une assistante social ou autre, sinon se n'est pas la peine de perdre votre temps à me répondre » (femme, nourrice « licenciée à l'amiable », banlieue lyonnaise) ; « Ne me parler pas des assistantes sociales, oh non car quand vous allez les voir vous n'êtes pas assez pauvres » (infirmière se disant dépressive, ville 23 000 habitants) ; « Il n'est pas questions d'aller voir une assistante sociale ou je ne sais quoi parce que sans sa je suis mort et je ne retournerai plus dehors » (homme, 24 ans ancien SDF).

D'autres s'en prennent directement et avec vivacité à leurs référentes, cet État « à portée d'engueulade[1] », et mettent en cause les formes insupportables de contrôle qu'elles reprochent aux services qui les « gèrent ». Comme cette femme de cinquante-trois ans habitant dans la banlieue de Marseille qui écrit et réécrit pour s'en prendre nommément à « Madame TRADIA » :

> Il sont jaloux et l'assistante sociale qui même tout ça, c'est Madame TRADIA Odette, elle est sans état d'âme face à mon âme en peine. Car je suis pacifiste, et je crève de faim à cause d'elle.
>
> Mais il viendra le jour ou ils le paierons vraiment très cher. ce n'est pas des menaces car je ne suis pas en force pour menacer qui que ce soit, mais l'assistante sociale et compagnie, je vais demander en prière avec force pour savoir si je dois me transformer en ASSASSIN car tampis pour moi.

Ou chez cette femme (250 habitants) : « Le services administratifs en particulier la caf sont particulièrement arrogant et se contrefoutent de la situation dans laquelle je suis. Je ne m'étonne pas que certains s'immolent devant les conseillers caf et j'avoue que l'idée d'utiliser la violence me passe parfois par la tête. »

Cette personnalisation du rapport de dépendance est aussi une manière de chercher une issue à une relation jugée néfaste et d'espérer trouver une autre interlocutrice qui s'occupera mieux de ses problèmes. Car, au nom d'un sens pratique

1. Cette formule classique a été reprise par Emmanuel Macron dans son discours sur les relations entre l'État et les collectivités locales et sur la cohésion des territoires, le 21 novembre 2018 : « L'élu, c'est celui ou celle qui a la capacité de faire, mais c'est aussi celui ou celle qui est [...] à portée d'engueulade. » Après la gifle qu'il a reçue à Tain-l'Hermitage le 9 juin 2021, il déclare qu'il veut « rester à portée d'engueulade des Français ».

aiguisé par les épreuves : « ça dépend sur qui on tombe »[1]. Dans certains cas, la douleur et les multiples avanies de la vie peuvent être vécues comme une persécution orchestrée par des complicités multiples. Ainsi la femme, visiblement en détresse psychiatrique, dénonçant Madame Tradia (« elle a due en baver étant petite cette pauvre femme, elle mérite que je la boxe ») pense-t-elle à un complot contre elle. Elle espère que, au moins, le président pourra l'écouter et l'entendre : « Monsieur le Président, ils n'ont pas le droit de vous mentir, de vous tromper, et j'ai besoin de vous Monsieur le Président, ne m'abandonner pas à un gang de voleurs à la petite semaine. »

Quelques cas existent où, très directement, les dysfonctionnements de tous ordres attribués aux services mis en cause sont imputés au président de la République, qui n'est plus simplement un recours mais le responsable ; aussi « la caf » devient-elle « votre caf » : « mais la caf votre caf ne me prend pas en compte (femme, quarante ans, banlieue parisienne).

On peut penser, comme le montrent les travaux d'Ana Perrin-Heredia (2010a et b ; voir aussi Deville, 2019), que les interventions des services sociaux, tout en permettant aux intéressés de ne pas sombrer, peuvent être aussi vécues comme des formes sévères de contrôle social qui produisent des « étiquetages », des jugements de déviance et donc d'orthopraxie en matière d'agencement de la vie quotidienne. En ce qui concerne l'accompagnement budgétaire, la chercheuse relève que : « Ces éléments permettent de comprendre comment, alors même que le cadre institutionnel de cette action publique laisse entièrement place à la prise en compte des singularités des individus et de leur situation tout autant qu'au pouvoir discrétionnaire des agents, la mise en ordre de l'économie domestique puisse se

1. Sur les marges de manœuvre dont peuvent disposer les agents directement en contact avec les populations concernées, voir notamment les travaux de Vincent Dubois (1999 ; 2021) et de Yasmine Siblot (2006).

fabriquer de façon aussi homogène et cohérente » (Perrin-Heredia, 2010b : 306).

Les écarts à la « norme économique », voire à d'autres normes sociales sont donc variables (dans des registres d'appréciation cependant délimités), et les rappels à l'ordre peuvent être considérés comme insupportables. Les lettres ne permettent pas de saisir, comme Ana Perrin-Heredia le fait, les nuances au sein de professions connexes auxquelles sont confrontés les requérants. Chacune induit des modalités différenciées de nommer et de traiter les cas « déviants » qui, à travers leurs courriers, sont désignés de manière indifférenciée. Le « gouvernement individualisé des conduites » fait reposer sur les épaules des « travailleurs du guichet », à partir de « bases incertaines », des politiques publiques qu'ils sont censés mettre en œuvre (Dubois 1999 ; 2009).

Faire parler son corps

L'un des pans importants des requêtes au président de la République concerne la question des maladies, sous toutes leurs formes. Cette question s'entremêle avec celle de la détresse financière et familiale puisque nombre de correspondances concernent des familles. En ce sens, nombreuses sont les lettres envoyées à l'Élysée dont l'écriture est collective et exprime l'angoisse ambiante d'une maisonnée. Elles concernent des familles qui sombrent bien souvent sous le cumul des problèmes (surendettement, chômage, inadaptation du logement, éloignement des centres de soin, etc.). Mais on s'aperçoit, notamment au travers de la maîtrise différentielle de l'orthographe, et du vocabulaire médical, que les plaintes ne proviennent pas sous ce registre d'une seule région de la société.

Les scripteurs évoquent ainsi leur propre maladie, mais aussi celle de leur conjoint ou de leur conjointe, de leurs parents et, de manière plus dramatisée encore, celle de leurs enfants. Il est question de revenus et de cette incapacité « à finir le mois », ainsi que d'un savoir-faire sanitaire parfois dérouté face aux maladies invalidantes ou aux handicaps lourds. Les lettres qui appellent au secours décrivent précisément les symptômes et les ravages déclenchés par la maladie :

> Bonjour, je suis atteinte d'une maladie rare et orpheline qui est la Malformation d'Arnold chiari de type 1 [malformation du cervelet]. J'ai bien sûr subie une craniectomie en 1999, traitement habituel dans ce cas. Mais voilà 1 an après environ les symptômes ont empirés… – Migraines – Mal de dos – Tremblement dans tout le corps – Paralysie partiel de tout mon côté gauche – Pique électrique – Spasme – Une gène respiratoire ect… Car il y a 150 symptômes. Pendant 14 ans on m'a laisser souffrir avant qu'on me dise au final que l'on pouvais plus rien faire pour moi et que je risquais de mourir, ou pour d'autres médecins tout simplement que j'allais mourir… Je n'ai que 32 ans. […] Une fois avoir eu l'accord du centre concerné j'ai dû faire un appel aux dons pour financer mon opération et les médicaments que je dois prendre pendant 1 an car notre belle sécurité sociale ne prend pas charge ce genre d'opération à l'étranger. Pendant ce temps là mon état de santé c'est très largement dégradé. J'ai été enfin opérée cette année en Espagne de ma Malformation de Chiari type 1 par le biais de la section du filum terminal comme bien nombre de malade français. Depuis le jour de mon opération mon corps est libre et je confirme et j'affirme que depuis je suis en parfaite santé.

Cette femme est parvenue à financer son opération et, visiblement, elle a acquis un « capital culturel de santé » (Shim, 2010). Elle ne demande donc rien, mais milite pour la prise en charge du traitement en Espagne par la Sécurité sociale française. Cette « requête » peut, là encore, être entendue comme un témoignage et un plaidoyer, ce qu'elle est aussi.

D'autres courriers entendent généraliser une expérience, comme ces militantes de l'Association pour le droit de mourir dans la dignité (ADMD) qui transmettent au président la lettre de leur amie Odette, dont elles ont accompagné la fin de vie, et terminent leur propre supplique par ces mots surlignés : « La loi française doit évoluer pour choisir sa mort dans l'apaisement et la dignité. » La lettre est signée par onze « amies d'Odette », principalement de Lyon et de sa région :

> Odette espérait qu'on l'accompagne dans son choix de mourir dans la dignité. Or la loi française n'en est pas là. Odette a vécu et affronté cette dégradation, cette impuissance, l'insupportable et permanente souffrance morale qui en découle [...] Pour exprimer sa colère, Odette a fait une grève de la faim débutée le 4 mai et terminée le 29 juin jour de son décès.

Lorsqu'elle n'est pas au centre de la requête, la maladie vient renforcer la description d'une situation par ailleurs dramatique :

> Mais voila j'ai 2 cancer et de la chimio 3 fois par semaine je suis à bout je fait tous cela pour mon épouse qui elle ne touche rien avant 65 ans allocation familiale au secour monsieur [...] JE VOUS EN PRIS AVANT DE MOURRIR JE VOUDRAI METTRE MA FEMME A L'HABRIS EXUSER MOI POUR LES FAUTE D ORTOGRAPHE JARRIVE A PEINE A ECRIRE. (Homme, commune de 1 200 habitants.)

En exposant la situation de son fils, cette femme, de la banlieue parisienne, livre son désarroi :

> Je suis la mère d'un jeune homme de 30 ans, Lucien LOUVET, réformé de l'armée de terre, en invalidité à plus de 80, qui souffre de troubles psychiques graves et d'alcoolisme. Il a de plus été très gravement brûlé et en porte les séquelles. J'essaie depuis des années d'obtenir que les services sociaux et les médecins s'occupent réellement de le soigner et de lui procurer un espace de vie, car il est incapable de vivre seul, il se laisse dépérir, n'est pas capable d'aller au moindre rendez-vous. Il a déjà fait plusieurs tentatives de suicide. Je ne peux pas l'héberger, car il devient rapidement agressif avec moi, et avec le reste de la famille. Voyant que personne ne voulait l'aider,

> j'ai pris le risque de lui louer un studio en me portant caution solidaire : il en a été expulsé pour de graves nuisances après avoir dévasté le logement. Il est de plus en obligation de soins pour une agresion au couteau en état d ivresse.

Ballottée de services administratifs en services sociaux et judiciaires (« toutes ces institutions attendent, pour intervenir et protéger mon fils [et protéger la société de mon fils], qu'il ait commis un acte plus grave, en somme qu'il tue quelqu'un, ou qu'il réussisse enfin à se tuer »), elle en appelle au président comme une sorte de juge suprême institutionnel, sans incriminer personne : « J'ai appelé partout, demandé, supplié, en vain, et c'est pourquoi je m'adresse à vous. Je tiens à votre disposition tous les documents justifiant sa situation et tous les efforts que j'ai fait pour tenter d'y remédier, et j'espère que vous voudrez bien me répondre. »

Alors que, sur d'autres dossiers, les « responsables » sont pris à parti, dans le domaine de la santé, ce sont davantage des dysfonctionnements du système qui sont pointés. Rares sont les mises en cause nominatives : « J'implique directement Douste-Blazy et Bertrand. Quand je vois Xavier Bertrand j'ai envie de vomir » (AN/2012/130/12), dénonce cette femme d'une commune de 17 000 habitants, dans une lettre manuscrite où, à partir de la lutte contre le cancer qu'elle mène, la politique de santé est visée. Toutefois, comme dans d'autres comparaisons sociales, l'inégalité devant les soins et les prises en charge peut être également pointée en référence à certaines catégories, qui peuvent varier selon les fluctuations de l'actualité mais renvoient sous une espèce ou une autre aux « profiteurs du système ».

Affaires familiales

Le président est également sollicité pour intervenir, apporter une aide, une médiation dans les affaires privées, pour intercéder auprès d'un notaire, d'un syndic de copropriété ou encore avec son propre avocat. Il peut être saisi expressément dans des affaires d'outrage et de querelles de voisinage pouvant donner lieu à des dénonciations. Les plus nombreuses et les plus intéressantes de ces tentatives d'enrôlement du président sur ces terrains sont celles qui ont trait aux conflits familiaux de toute nature. Cette rubrique peut trouver de larges développements au-delà des cas personnels évoqués (mobilisation contre toutes les formes de violences intrafamiliales). Les doléances peuvent aussi rester circonscrites, comme la majorité des cas analysés dans ce chapitre, aux problématiques individuelles qui sont parfois décrites avec de nombreux détails pour, ici encore, démontrer concrètement les violences des situations, la bonne foi et le bon droit du scripteur. Les courriers concernant les questions familiales sont sans doute les plus éprouvantes à lire et à « commenter ». Ils prolongent la plupart du temps les correspondances qui détaillent les itinéraires de la misère physique, sociale et économique et sont très souvent marqués du sceau d'une autre exclusion qui se manifeste encore dans la dépossession dysorthographique : graphies hésitantes lorsqu'il s'agit de lettres manuscrites parfois difficiles à déchiffrer, orthographes et grammaires approximatives, majuscules incontrôlées, incohérences multiples, et expressions souvent crues dans les descriptions. Ce sont la plupart du temps des courriers de femmes qui tentent d'obtenir écoute et secours de la part des services du président. Un assez grand flou préside à ces situations. Nous n'avons pas pu savoir si ces dénonciations donnaient lieu à signalement. Le service se méfie : « Il faut faire attention à ne pas être dans la délation pure. »

Ce sont d'abord des séparations douloureuses et vraisemblablement brutales, des pensions impayées, des violences sexuelles sur la conjointe ou sur les enfants, ce sont des ex-conjoints en prison, des femmes qui ont difficilement accès au dépôt de plainte. Dans cette lettre manuscrite difficilement lisible, une femme d'un village de 800 habitants proteste contre le verdict de l'« affaire Fiona[1] » : « Ses une

1. L'« affaire Fiona » est l'histoire d'une fillette de cinq ans victime d'un infanticide en 2013.

veritable honte. EnferMer la à vie ainsi que son concubin. » Elle poursuit, en introduisant sa propre histoire, en évoquant nommément son ancien gendre qui aurait maltraité ses enfants : « viol et attoucheMents ». Ce gendre est incarcéré pour trois ans mais elle est apeurée depuis qu'elle sait que cet homme a fait appel. « Mes enfants on peur qu'il sorte [...] Il faut plus les laisser sortir. »

Sous les deux présidences, on compte un nombre significatif de femmes battues menacées de mort qui ont tenté de porter plainte (« ça faisait rigoler les gendarmes »). Cette femme demeurant dans un bourg de 12 000 habitants développe ci-après une histoire « ordinaire » :

> Monsieur Le Président de La République, Je me permets de vous adresser la présente, en dernier recours, et surtout parce que je n'ai pas reçu l'écoute qui me semble être due. En effet, depuis OCTOBRE 2011, je me bas contre l'inconcevable, j'ai déclaré auprès des services de Police de X, des faits de violences de mon conjoint. J'ai donc déposé une première plainte le 22/10/2011, en quittant le domicile conjugal pour ma sécurité. Puis une deuxième plainte le 22/12/2011, toujours pour les mêmes faits. Des jugements ont eu lieu qui ont désignés mon conjoint responsable, sans pour autant l'empêcher de nuire. En date du 13/02/2012, j'ai dû encore porter plainte pour harcèlement. Puis deux autres plaintes les 24/04/2012 et 24/07/2012. LA SOCIETE ENGAGE LES FEMMES A PARLER, A REAGIR FACE A LA VIOLENCE MAIS FORCE EST DE CONSTATER QUE MEME EN PARLANT RIEN N'ARRETE CES INDIVIDUS VIOLENTS ET DENUES DE TOUT SENS MORAL. J'ai pourtant mis de longues années avant de me défendre : 27 ANS!!! J'ai encore dû me manifester auprès des services de la Gendarmerie de mon canton le 10/06/2013 suite à des appels malveillants et répétés de mon ex-conjoint. Ce dernier est même venu à mon domicile me harceler. [...] Le gendarme m'a d'ailleurs invité à ne plus les solliciter pour de tels faits, et de faire en sorte d'activer ma demande de divorce. Je vous ai relaté cette situation car je sais que je ne suis pas la seule dans ce cas dans notre

> Pays, mais je doute que l'on reçoive toute l attention indispensable.

Et cette femme vivant dans une ville de 130 000 habitants, maman de deux enfants, élargit considérablement son cas (« combien de femmes », « nos enfants ») :

> Je me bats pour recevoir mon indu de pensions allimentaire. Monsieur Grunberg et moi même avons trois enfants agés de 20 ans 17 ans et 14 ans. Nous sommes divorcé depuis 2004 car Monsieur faisait des exhibitions sexuels sur mes enfants et me rabaisssait sans cesse. Je ne comprends pas encore à ce jour comment ce père de famille qui a détruit ma vie et celle de nos enfants n'est pas été puni pour ses actes […] J'avais déposé plainte pour coup et blessure avec plus de 14 jours D ITT, menace de mort et j'en passe, il n'a eu que une garde à vu BRAVO la justice!!! Combien de femme sont dans ma situation et dont le gouvernement ce fou royal car sa seule préoccupation est de ruiner les travailleurs en pondant des taxes qui ruine la classe moyen. Donc à quand la révision des texte afin que ce ne soit plus le parents à charge de l'éducation des enfants à payer parce l'autre ce fou royalement de tout ? Il serait grand temps de revoir tout ça parce que là il y en à vraiment ras le bol. J'espère que vous ne zapperez pas ce mail car je ne suis pas la seule dans cette situation et nos enfants ont le droit de manger, de vivre correctement malgré la lâcheté et l'égoïsme des autres.

Parfois, ces courriers sortent de cette spirale de la détresse et se font plus revendicatifs ; ils peuvent aussi rejoindre d'autres mobilisations comme celle autour de la grâce de Jacqueline Sauvage.

Des hommes enfin peuvent tenter de se justifier comme ce grand-père qui habite un village de 3 500 habitants et qui a été convoqué à la gendarmerie voisine. Il écrit une lettre manuscrite sur une feuille de papier quadrillé. Il est accusé par son fils d'« atouchement sexuelle » sur son petit-fils : « alors que l'enfant c'ait salie il a falut que je le lave […] il fait des douches froid, ainsi il prend une éponge et le lave côtée grataire. »

Dénonciations

Quelques lettres, il est vrai peu nombreuses, constituent des dénonciations *ad hominem*, qui ressortissent principalement aux conflits de voisinage.

Une femme d'une ville de la banlieue parisienne dénonce la tante de son mari qui serait entrée en France avec de faux certificats et aurait bénéficié d'aides sociales : « Monsieur Sarkozy aidez-moi comment faire pour les faire repartir chez eux [...] Vous l'avez dit la France pour y rester il faut l'aimer et le mérité » (AN/ 2012/148/8). En 2011, cette femme d'une commune de 10 000 habitants écrit sur ordinateur une lettre d'une page dénonçant les aides, notamment aux étrangers, en citant des cas : « Les branleurs ont droits à tout grâce à ceux qui travaillent, rien [...] ils envoient dans leurs pays d'origine jusqu'à 2 000 euros pour leurs maisons ou entreprise. » Elle s'en prend ensuite aux pensions alimentaires qui ne bénéficient pas aux enfants : « je connais une femme qui la percois, fait des fraudes à la caf (d'ailleurs la caf enquête) déclare vivre dans un logement, ce qui est faux (elle est menacé d'expulsion pour impayé sel la caf payé) l'enfant à 16 ans est livrée à elle-même dans le domicile, les services sociaux enquêtent aussi et cette dame perçoit la pension pour une fille qu'elle n'élève pas. » Cet homme d'une commune de montagne de 7 000 habitants écrit sur une demi-feuille de papier quadrillé avec une graphie tourmentée et une orthographe approximative : « Il li a une Personne qui a apprise de moi elle m'a escroqué de 700e avec mon téphone Portable elle cendrine X elle habite a Y je sais quelle arrivais de Nice ou elle étais employée dans une Boite de nuit a Nice ou elle faisais des Plaque tournante autour d'un poteau et je sais q'elle couchais avec Plusieures homme Maitenant elle un gamin q'elle ne socupe Pas de le lui. Maitenant je tien a vous dénocé un Bar PMU à Y il à des Personnes qui travailles et qui ne sont Décraré. »

Il y a aussi d'autres types de dénonciations qui concernent, non sa famille ou le voisinage, mais des autorités avec lesquelles les requérants doivent interagir. Sont ainsi portés à la connaissance du président les noms du banquier, de l'assistante sociale, du médecin, de l'huissier, de l'employé de l'URSSAF de la CAF, des impôts ou du RSI qui sont à l'origine des tourments des requérants ou responsables de leur amplification et de leur perpétuation pour lui permettre de rétablir une justice bafouée par des personnes que les plaignants pensent placées sous sa tutelle.

Autour de la voiture

La voiture, le mouvement des Gilets jaunes l'a bien montré, est un sujet de préoccupation quotidien et vital pour une large partie de la population. Elle met en jeu une partie significative du budget des Français et de manière très inégalitaire selon les situations sociales et géographiques Voilà bien un domaine de savoirs profanes utilisés au quotidien sur des problèmes (coûts des carburants, des péages, des stationnements, des assurances des véhicules et de leur entretien, contraventions et radars, limitation de vitesse, état des routes…) à propos desquels tout un chacun, quand il est automobiliste, a son mot à dire et à redire. Nous reviendrons sur ces questions dans un autre chapitre, car, sous toutes les présidences, la lutte contre l'« insécurité routière », voire la « violence routière » et les politiques fiscales routières se heurtent à de solides résistances que l'on a pu voir se manifester sur les routes, aux péages et aux ronds-points de la part des usagers professionnels et de ceux qui utilisent leurs véhicules pour le travail ou leurs loisirs. Ces irritations, ces exaspérations et ces colères se manifestent, mais de manière très contrastée, dans les courriers au président. Dans des modalités rageuses et protestataires, et dans des modalités bien plus obliques lorsqu'il s'agit d'en appeler à la mansuétude du Prince.

Souvent, la question est « simple », l'obtention du permis est une nécessité pour obtenir un stage ou un emploi et le requérant ne connaît pas les aides dont il pourrait bénéficier ou ne dispose pas des fonds nécessaires pour enclencher le processus :

> Depuis un an et demi je cherche à me faire financer mon permis poids lourds pour pouvoir exercer le métier de chauffeur poids lourds. Personne ne trouve de solution ni pole emplois ni le conseil général de mon département qui est le maine et loire A nos jours on voit que le chômage et en progression c'est vrai mai si ya pas d'ouverture et de financement ca restera comme Mr le président je sollicite votre bon sens et votre pouvoir de faire bouger les chose. (Homme, ville de 54 000 habitants.)

Mais il y a des cas beaucoup plus complexes et difficiles où la question du permis s'entremêle à d'autres problématiques. Cette femme, qui déroule toute sa vie, tente d'expliquer que l'obtention du permis de conduire de son fils l'aiderait à conjurer toutes ses difficultés :

> Bonjour monsieur le président, je me permet de vous faire parvenir cette lettre car vous êtes mon dernier recours. Je suis une femme seule avec mes quatre enfant, don deux qui son incarcérer. Il me reste ma fille de 4 ans et mon fils de 18 ans. Aujourd'hui, je suis perdu, je vis avec 750 euros d'allocation familiales et je travaille en intérim je fait que seize heures par semaine. J'ai des dette de loyer, des dettes du trésors public pour le centre aérè de ma fille. on m'a fait arrêt sur mon salaire et mes allocations, je sais plus comment faire pour m'en sortir. mon fils et en train de passer son permis de conduire, il a obtenu une aide financières de 696 euros auprès de la mission locale, sa datte d'examen et le 18 novembre, il lui reste 500 euros à donner avant cette date.je sais pas comment faire pour l'aider ni a qui m'adresser.je pense aussi à noël qui approche, comment passer un bon noël avec si peu d'argent ? J'ai perdu mon père il y a un ans c'était le seule qui pouvais m'aider). (Ville de 45 000 habitants.)

Reste l'autre volet de la question du permis de conduire, celle de son retrait. De nombreuses lettres viennent demander la bienveillance, la compréhension, la grâce du chef de l'État, en mettant en relation la perte de permis et la perte d'emploi, et en plaidant avec retenue soit la responsabilité et le remords, soit les circonstances imprévues. Cet homme d'une très grande ville française reconnaît et accepte la sanction :

> L'an dernier, le 18 Mars 2012, j'ai été contrôlé positif à l'alcool en rentrant de soirée. Je n'aurais pas du prendre la volant, mais j'ai eu la mauvaise idée de le faire malgré tout. J'ai donc écopé de 4 mois de suspension. Je suis passé devant le tribunal en décembre 2012, et à l'issue de ce jugement, j'ai du passer un stage de sensibilisation, et m'acquitter pour celui-ci d'un paiement de 230 euros. Je trouve normal de devoir faire ce genre de formalités quand on a commis un excès et/ou enfreint la loi. Et je peux vous assurer que cette expérience m'a fait grandir.

Il sollicite l'Élysée pour « débloquer la situation » car il n'a pas été convoqué pour passer la visite médicale et faire une prise de sang : « Dans moins de 6 semaines, ma compagne va mettre au monde notre fille, et il devient réellement urgent que je puisse récupérer mon permis afin de pouvoir la conduire à la maternité. »

Si la plupart des lettres demandent la levée de la sanction, les réponses sont toujours négatives en la matière, sous Hollande comme sous Sarkozy. Nicolas Sarkozy est ainsi interpellé en vain par un père vivant dans une commune de 500 habitants. Son fils, après avoir récupéré son permis (perdu du fait d'un accident dû à l'alcool), s'est vu à nouveau pénalisé à l'occasion d'un contrôle de gendarmerie qui le découvre au volant sous l'emprise de marijuana. Il demande la clémence en terminant sa lettre : « Vous êtes un président Très jeune, Pour pouvoir comprendre les jeunes » (AN/2012/148/34).

La rhétorique est la même pour les autres contraventions, comme en témoigne ce courrier très léché typographiquement et étalant avec virtuosité la conformité citoyenne de son auteur. Prenant sa voiture un jour de neige, à 6 h 20 pour arriver à l'heure, car il craint des retards dans les bus, cet habitant de l'Essonne n'a pas vu, du fait de la neige, qu'il stationnait sur une place réservée aux handicapés. Intitulant son courrier par « Objet : Demande de compréhension », il le termine en regrettant cette erreur qui « aurait pu gêner une personne invalide ». Et argumente :

> Conducteur depuis près de 40 ans, c'est la première fois que je me retrouve dans cette position délicate. Je n'ai pas de casier judiciaire, je paie mes impôts de façon ponctuelle, je n'ai pas de contraventions impayées, je n'ai jamais été verbalisé pour outrage aux forces de l'ordre, je ne suis pas multi-récidiviste, mais simplement un citoyen ordinaire qui a commis une maladresse, certes regrettable mais de façon non intentionnelle.

Ces démarches, même lorsque la demande de levée de la sanction est accompagnée d'une lettre d'appui d'un élu, se heurtent aux mêmes refus que les affaires plus graves. Un maire honoraire intervient, avec les armes de son village de 1 400 habitants en en-tête, au profit d'un de ses amis (« qui mérite qu'on l'aide lui qui a tout fait pour les autres »), qui a perdu son permis « suite à un délit de fuite qu'il ne s'explique même pas lui-même ». Après deux visas « À voir » c'est un « NON » qui tranche l'affaire. Mais rares sont les lettres véhémentes, en tous les cas lorsqu'il s'agit d'une première correspondance. Celle-ci pourtant prend à partie les forces de l'ordre et met en relation, à nouveau, leur action avec une préférence pour les étrangers en France :

> Ma fille s'est fait arrêter par la police alors qu'elle était hors de son véhicule et qu'elle appelait sa sœur pour venir la chercher car elle avait bu un verre de trop. Le policier s'est permis de l'insulter de conne et de pute lui à l'enlever son permis !! Ma fille bonne citoyenne française elle fait trois boulots en même temps pour s'en sortir. Je joins la presse qu'il faut mieux être étranger en france grace à vous ou alors vous faites ce qu'il faut et ce charmant policier va lui rendre son permis. (Femme, village de 700 habitants.)

Les gyrophares des voitures ministérielles et présidentielle et les excès de vitesse commis par les chauffeurs peuvent aussi donner matière à cette rhétorique du sentiment d'injustice qui est l'un des principes de comparaison égalitaire entre ceux du bas, les simples citoyens lambda, et ceux qui ne sortent que précipitamment de leurs palais.

Mais la voiture, ce sont aussi les chauffards, contre lesquels protestent des parents de victimes. Tout en décrivant son cas personnel particulièrement dramatique, cette femme entend dénoncer les circonstances de la mort d'une partie de sa famille :

> Cet homme [le prénom et le nom sont cités] qui savait qu'il allait devoir conduire la voiture familiale, à bu l'équivalent d'UNE BOUTEILLE DE VIN et un ou deux APÉROS. Cet homme à également choisi la vitesse plutôt que la sécurité de ses enfants. Il nous a percuté de plein fouet tuant sur le coup ma marraine Madeleine, 45 ans ! Ma fille Mariette, 6 ans, ma cousine Lucie, 16 ans, ma cousine Ariane, à l'aube de ses 14 ans, n'ont pas survécu. J'ai eu un traumatisme crânien grave et 5 jours de coma. Après trois longues années de combat quotidien, le procès est enfin arrivé. Mais lui n'a pas eu la prise de conscience escomptée. Après avoir fait traîner l'enquête par tout moyen (par exemple, en indiquant que sa béance du cardia aurait augmenté son taux d'alcoolémie...), c 'st avec un aplomb sans faille que cet homme a continué à nier sa responsabilité ou encore l'altération de son jugement par l'alcool. Il a bénéficié d'un jugement qui lui a rendu le sourire. Oui, face à nos larmes et à notre peine, lui et sa femme ont souri. C'est pourquoi je vais me battre pour que ce type d'homicide ne soit plus qualifié d'homicide involontaire. Nous connaissons tous les dangers de l'alcool et de la vitesse. La volonté de ne pas respecter ces règles de base est manifeste. Il s'agit donc d un homicide volontaire. Je souhaiterais donc vous rencontrer pour vous parler du combat que j'entreprends. Pour que ce combat soit entendu. Pour qu'un délinquant routier ne récupère pas le sourire devant la famille des victimes. De toute évidence, 18 mois à devoir porter un bracelet électronique auprès des siens n'est pas suffisant. J'ai honte d'être française ! La justice doit rebasculer du bon côté. Je ne demande pas la perpétuité. Juste une peine qui ne rende pas le sourire à ces chauffards. J'ai survécu le 26 septembre 2010 pour ce combat. Aidez-moi s'il-vous-

plaît, pour que les prochaines familles de victimes ne connaissent pas cette injustice[1].

En revanche, tout ce qui a trait aux autres facettes du rapport à l'automobile (taxes, vitesse, et aussi violence routière) est l'objet de prises de position générales dont on peut se demander quelle place elles occupent dans le jugement porté sur les hommes politiques et sur tel président en particulier. Le conducteur qui se considère comme une vache à lait fiscale (« les français ne sont pas des pompes à fric ») au travers de son automobile revendique une sorte de libéralisme du pauvre sur la route. Nous y reviendrons car le traitement de tous ces courriers afférents à la voiture a varié. Les agents du Bureau d'analyse, ceux chargés de traiter les opinions, ont compris que ce qui avait été décidé par le nouveau président, comme le changement de réglementation du contrôle technique, la limitation de vitesse à 80 kilomètres/heure et, bien sûr, la taxe sur l'essence, avait non seulement provoqué des interpellations épistolaires massives, mais que peu à peu ces dernières devaient être lues par son ultime destinataire comme des lettres politiques[2].

Des lettres aux ronds-points ?

La participation de plusieurs milliers de personnes[3] au Grand Débat national au début de l'année 2019, sous la forme de cahiers de doléances citoyennes disponibles dans les mairies françaises (courriers, courriels ou écrits laissés sur un cahier dans les mairies), est d'un intérêt évident pour notre

1. Elle a en effet enregistré en 2013 une vidéo disponible sur Internet, et lancé une pétition.

2. Nous avons limité nos exemples à quelques grandes thématiques. La demande d'emploi au Palais de l'Élysée ou de soutien pour obtenir un poste avec envoi de CV, évoquées dans le précédent chapitre, ne sont pas rares, et là aussi renvoient à des tactiques de présentation de soi très différenciées. Nicolas Sarkozy est ainsi apostrophé en écho de son « Travailler plus pour gagner plus ».

3. Selon les chiffres gouvernementaux, il y aurait eu 27 374 courriers et courriels (<https://granddebat.fr>).

étude. Ce qu'on peut à ce stade en connaître grâce aux toutes premières publications[1] présente de grandes similitudes avec ce que nous avons lu des courriers à la Présidence lors de la période Gilets jaunes. L'essence, la limitation de vitesse sur les routes, le pouvoir d'achat des retraités, la CSG et l'emploi reviennent principalement comme problèmes évoqués. Mais, également, le ton et les arguments employés font largement écho à la façon dont les scripteurs d'Emmanuel Macron l'ont interpellé : colère, mise en cause des élites, appel à « revenir à la réalité », sentiment de représenter une catégorie de Français méprisés – rien pour surprendre un exécutif déjà saturé de ces appels au secours reçus dès novembre 2018.

Nous avions en effet été frappés, lors d'un premier dépouillement de ces plaintes, appels et suppliques, combien le mouvement des Gilets jaunes était une sorte de mobilisation de ces invisibles qui, sous plusieurs quinquennats, n'avaient cessé de protester individuellement et, pour beaucoup, à partir et à l'horizon de leur cas personnel, et leur parole avait été renvoyée au traitement des agences et des agents sociaux.

En contrepoint des revendications chorales des Gilets jaunes, les courriers nous sont apparus comme la période antérieure de cette coalition des causes individuelles qui avaient été clamées et hurlées dans des lettres au président. Zakaria Bendali (2019) a parfaitement illustré cette inter-reconnaissance au rond-point qui constitue entre ses protagonistes l'émergence d'un « nous » jusque-là interdit :

1. Le site *Les Jours* met en ligne depuis le 18 juillet 2021 des extraits des cahiers de doléances rédigés au printemps 2019 sous le titre « À la recherche des doléances perdues » (<https://lesjours.fr/obsessions/cahiers-doleances-grand-debat/ep1-gilets-jaunes/>). À l'heure où nous écrivons, les divers groupes qui ont travaillé sur les Gilets jaunes n'ont pas encore publié de travaux sur les cahiers de doléances qui pourraient être une source comparable à « nos » courriers. Merci à Magali Della Sudda pour les informations qu'elle a bien voulu nous donner. Stéphane Baciocchi, Simona Cerutti, Simon Castanie, Benoît Romain-Lévy, Pierre-Louis Sanchez et Emilia Schijman doivent faire paraître des textes sur la base de leur communication : « Les cahiers de doléances de 2019. Enjeux et limites d'un questionnement interdisciplinaire », séminaire du CMH, juin 2021. Merci à Emilia Schijman pour cette référence.

> Les personnes mobilisées se rendent compte qu'elles ne sont pas seules dans leur situation, simplement du fait de se raconter leurs « galères ». Les gens racontent que quand ils arrivent sur les ronds-points, ils se demandent les uns aux autres : « Pourquoi vous êtes là ? » S'engage ensuite un dialogue : « Bah, moi je suis là parce que je gagne tant. Le 15 du mois, j'ai plus d'argent. » « Ah ben tiens moi aussi ! » [...] « J'ai commencé à discuter avec une dame. On s'est retrouvées à pleurer dans les bras l'une de l'autre. Quand on a compris ça, on a éclaté en sanglots. On n'avait plus cette honte de parler, de dire qu'on n'arrivait pas à finir nos fins de mois. Il y a eu un déclenchement. » Cette personne parle aussi beaucoup de « réveil » dans cet entretien. [...] Tu vas n'importe où en France c'est la même chose. Les gens te disent pareil "On est dans la merde", et c'est con mais ça fait du bien quelque part de se dire qu'on n'est plus tout seuls... » (Bendali, 2019 : 165-166.)

Cette récurrence de l'expression d'une dignité revendiquée, conquise par le travail, l'honnêteté et les épreuves va de pair avec la construction de figures repoussoirs, les « assistés », « ceux qui restent sur le canapé », qui sont une des clés de la construction du monde social à partir de ce qu'Olivier Schwartz (2006) a appelé une « conscience triangulaire » où ceux d'en bas sont tout aussi condamnables que ceux d'en haut. Cette nécessité de distinction avait été bien comprise, déjà, par Richard Hoggart (1970 [1957]) quand celui-ci parlait du travail de distanciation des « classes populaires honorables » vis-à-vis de celles et de ceux à la pauvreté douteuse.

> On pourrait dire que c'est un schéma non pas dichotomique mais triangulaire. C'est l'idée qu'il y a le haut, le bas, et « nous », coincés entre les deux. Le haut, ce sont les mêmes que tout à l'heure [les dirigeants, les gouvernants, les puissants]. Le bas, ce sont les familles pauvres qui profitent de l'assistance, les immigrés qui ne veulent pas « s'intégrer », les jeunes qui font partie de la « racaille ». Et « nous », finalement, on est lésés à la fois par rapport aux uns et par rapport aux autres. [...] Ceux qui

> se positionnent comme étant au milieu ont le sentiment d'être moins bien traités non seulement que ceux du haut, ça on le comprend facilement, mais aussi que ceux du bas : « ils » ont les allocations sans travailler et sans payer d'impôts, « ils » commettent des délits en toute impunité, et dès qu'« ils » bougent et qu'« ils » brûlent des voitures, on s'occupe de leurs problèmes. Et « nous », coincés entre les uns et les autres, on est finalement les moins entendus, les moins écoutés, les moins bien traités. (Schwartz, *in* Collovald et Schwartz, 2006 : 55)

Cette vision du monde court explicitement ou en pointillés dans nombre de courriers dans lesquels l'abandon ou l'ignorance de ceux d'en haut trouve une explication dans un proche entourage, palpable, visible et/ou fantasmé des profiteurs d'une assistance sociale qui ne bénéficie pas aux plus méritants. Toutefois, comme le montrent les travaux sur les Gilets jaunes, dans de nombreux endroits, les populations stigmatisées comme « assistées » ou « cassos » ont bien été intégrées dans le mouvement.

On voit donc que ce type de courriers oscille constamment entre une adresse à une institution que l'on essaie d'apprivoiser, de rendre plus proche et plus matérielle, notamment en usant des ficelles rhétoriques que nous avons relevées dans le chapitre précédent, et des confidences adressées à une personne physique et une personne politique avec laquelle on peut avoir un lien, même ténu, qui est celui du vote, parfois rappelé comme indicateur de proximité, comme rappel à l'envoyeur (« vous me devez bien ça ») ou bien tu, pour neutraliser la « politique » qui doit pouvoir s'effacer devant une commune humanité.

Il faudrait faire une comparaison systématique, à profils sociologiques identiques, avec les autres correspondances et vérifications qui parsèment le chemin de tous ceux qui doivent « remplir des dossiers » pour faire valoir leurs droits, pour rechercher du travail ou pour être soumis à un contrôle biographique comme c'est le cas dans de plus en plus d'institutions. Paradoxalement, alors que le récit de soi est un « genre » qui s'est beaucoup développé comme expression dite et dicible de la souffrance et de l'intime, dans des dialogues radiophoniques (Cardon, 1995), dans des émissions de téléréalité (Pasquier, 1999) et dans la littérature (Sapiro, 2021), les courriers, quand ils manifestent de la détresse, restent cantonnés à un traitement beaucoup plus restrictif. Les permanences et les courriers des autres élus qui ont sans doute (depuis quand[1] ?) une teneur assez semblable, certes avec probablement des tonalités plus variées et inventives eu égard à l'institution à laquelle ils sont confrontés, jouissent d'une meilleure réception.

Plus généralement, quand on lit ces courriers acheminés vers le service requête, on est frappé par le traitement très latéral, à la fois administratif et analytique, qu'ils reçoivent. Les rapporter comme cela est fait à des dimensions socio-administratives uniquement, sous le titre presque suspicieux de « requête », dérobe à toutes ces mobilisations scripturaires un sens politique. Qu'ils soient racistes, homophobes, islamophobes[2], qu'ils désignent les étrangers et les pauvres oisifs comme une catégorie par trop privilégiée ou qu'ils identifient les « gros » comme coupables de monopoliser l'abondance, ces courriers parlent de la société, de son système politique et des rapports sociaux, comme les Gilets jaunes l'ont fait en 2018. On peut se demander, à lire sur plusieurs décennies ces « requêtes », si leur lecture n'a pas manqué d'anticipation vis-à-vis des sentiments d'injustice et des colères populaires.

1. Voir par exemple Monier (2007), Le Lidec (2008), Bour (2012), Mattina (2016) et Rozier (2016).

2. Lors de nos lectures des courriers et des courriels présidentiels, si des expressions islamophobes ont été maintes fois repérées, nous n'avons pas trouvé trace de propos antisémites.

4

Écrire son opinion

Monsieur le Président, Je me mets aujourd'hui devant mon clavier pour vous faire part de ma déception face à ce que devient votre politique et la façon de gérer les intérêts de la Nation. Pour me présenter et clarifier mon propos, je dois vous signaler que je me revendique depuis toujours comme socialiste [...] J'ai voté pour vous et ai incité à voter pour vous car votre programme me semblait porteur d'espoir. Mais aujourd'hui, à un an des prochaines élections, quelle déception ! J'ai le sentiment d'avoir été trahi, dupé, abusé. Vous n'avez pas mené la politique pour laquelle je vous ai donné mandat. Lorsque je fais le bilan, vous n'avez atteint aucun de vos objectifs, vous n'avez respecté aucun de vos engagements, pire encore vous les avez dévoyés [...] Aujourd'hui, vous mettez à mal les idéaux de Gauche en vous attaquant au Code du Travail. Il y a une vive opposition à cette loi, opposition à laquelle vous restez sourd et sortez la menace du 49-3 si elle n'est pas votée. Vous ne vous êtes pas posé la question que si elle est tant contestée par la Rue, c'est peut-être que votre loi est tout simplement mauvaise, inadaptée, répondant à côté du problème ? Non, vous préférez pensez avec votre Cour que ce sont les autres qui ne comprennent pas [...] Je sais que la probabilité que vous lisiez ce courrier est quasi inexistante, puisque quelqu'un de votre service courrier le lira, le transmettra peut-être à l'un de vos conseillers qui me répondra que vous en avez pris connaissance et y porter un grand intérêt. Inutile de transmettre au Préfet pour réponse qui transmettrait à son tour au Président du Département qui transmettrait à son tour à une assis-

> tante sociale de secteur, je connais le circuit pour avoir dû répondre à plusieurs demandes d'interventions du cabinet dans ma carrière. Non, j'avais juste envie de partager mon ras le bol avec le principal intéressé […] Enfin, si le cœur vous en dit et si vous voulez vous rappeler à quoi ressemble un électeur et ce qu'il pense et échanger nos points de vue, je serais heureux de converser et vous rappeler c'est quoi être de gauche. Veuillez recevoir, Monsieur le Président, mes respectueuses salutations. (Frédéric Janvier, assistant social, commune de 110 000 habitants, 8 avril 2016[1].)

Ce courriel, pour les politistes que nous sommes, a tout d'une « belle lettre », pour reprendre une formule employée par les agents du SCP quand il s'agit pour ces derniers de sélectionner des courriers que le président de la République pourrait lire. Elle est relativement « bien écrite », selon les canons épistolaires : orthographiquement, syntaxiquement, argumentativement parlant. Elle contient en effet à peu près tous les éléments saillants et structurants que nous avons repérés dans certains des milliers de courriers et courriels consultés à l'Alma.

En premier lieu, elle informe des dispositions dans lesquelles le scripteur s'est attelé à cette tâche peu ordinaire, écrire au président de la République française. Cela ne va pas de soi de se mettre devant son clavier pour oser s'adresser à la plus haute des personnalités politiques. En deuxième lieu, elle est un énième rappel à l'ordre envoyé à l'attention du plus éminent professionnel de la représentation, coupable ici d'avoir joué, comme ses prédécesseurs et son successeur, avec

1. Avec l'autorisation de François Hollande, nous avons pu nous entretenir avec l'auteur au mois de juin 2021, en visioconférence, bien après avoir lu sa lettre. Il a également écrit à Emmanuel Macron pour l'interpeller sur le risque d'arrêt des études de son fils en se faisant passer pour lui. Cette dimension collective qui se cache dans l'acte apparemment individuel d'écrire en nom propre et en personne au président n'est pas rare. On reste alors dans ce répertoire qui se réclame des « autres », de ses « semblables », ceux qui « n'osent pas le dire ». Le 23 juin 2021, Frédéric Janvier a envoyé à l'Élysée sa troisième lettre. Cette dernière portait sur les résultats du premier tour des élections régionales de juin 2021.

des promesses de campagne. En l'espèce, cet homme, qui décline son identité politique en tant que « socialiste », estime que rien ou si peu, dans la mise en œuvre du programme de François Hollande, n'a correspondu à une politique de gauche. En troisième lieu, l'écrivant précise savoir qu'il n'a aucune chance d'être lu par le destinataire de son message. Étrange motivation, mais si fréquente de la part de celles et ceux qui envoient leurs pensées politiques à l'Élysée, que celle d'engager un dialogue de sourds. Néanmoins, et c'est le sens à moitié caché de cette motivation quelque peu désespérée, il fallait que cela soit écrit, que ce soit mis en page, en forme, plaidé, ne fût-ce que pour soi-même.

Prendre contact de la sorte, et c'est sans doute tautologique que de le dire ainsi, peut être interprété sociologiquement comme une façon explicitement *politique* d'écrire au président. Qu'entend-on indiquer, définir et circonscrire par là ? Quand il est question d'un problème public, d'une petite phrase particulièrement politicienne entendue de la bouche du chef de l'État ou d'une décision prise pour redéployer des forces militaires à l'autre bout du monde, on comprend que les scripteurs inscrivent leur réflexion et leur démarche épistolaire dans les mêmes termes que ceux ayant cours au sein de la compétition politique[1].

Ensuite, ce peut être une façon plus décalée, plus sourde, plus indifférente dans une certaine mesure à la grammaire en vigueur dans le champ politique, où le registre adopté est certes marqué par la volonté de dire quelque chose de politique, *a minima*, mais avec des mots et des problèmes que les spécialistes de la politique n'emploient pas ou ignorent. Tout ne se laisse pas décoder par les catégories de l'entendement politique (voir chapitres 2 et 3). Mais, dans la mesure où ce qui nous intéresse est la relation entre des citoyens ordinaires et le chef de l'État, nous sommes pour partie redevables des catégorisations élyséennes lorsqu'elles imposent de tels classements.

---

1. En ce sens-là, nous nous inscrivons dans les définitions de ce qui est « politique » (Lagroye, 2003).

Ce que n'est pas un courrier d'opinion

Tout au long de cet ouvrage, les hésitations quant au fait de savoir si ce qui est envoyé au président de la République relève de l'opinion ou non est en réalité davantage un problème et un enjeu pour l'institution présidentielle elle-même – moins, en réalité, pour le président qui semble s'en remettre à ses services ainsi qu'aux agents du SCP sommés de mettre de l'ordre, de filtrer et de sélectionner – qu'une question de science politique. Nous n'avons pas, en somme, à trancher. Ce qui relève alors d'une question de sociologie est de savoir ce qui est ou n'est pas politique ou qui renvoie ou non à une « opinion » pour les agents chargés de gérer les courriers du président. Et il n'y a sans doute pas meilleure réponse théorique qu'un cas pratique comme ce courrier qui est arrivé à l'Élysée, qui a d'abord été compris, si l'on se fie au dossier dans lequel il a été classé, comme une prise de position politique pour, finalement, repartir vers le service requêtes et recevoir une réponse signée de la cheffe de cabinet et transmise à la préfecture du département de la scripteuse : « Monsieur le président de la République. J'ai beaucoup de respect pour vous. Je vous écris ce message pour vous dire que je suis très déçue par tout ce que je vois et j'entends. Toutes ces fraudes fiscales, tous ces VIP qui doivent de l'argent à l'état mais ils ont des supers avocats !!! Moi j'ai 52 ans. Mère de 2 enfants, je suis en surendettement. Pouvez-vous effacer ma dette ? Je pense que ce message sera sans réponse mais cela m'a fait du bien de l'écrire. Cordialement » (courriel, Paris, avril 2016).

Ce qui nous intéresse, c'est ce que leurs interpellations plus ou moins argumentées, structurées et appliquées nous disent principalement du rapport que des citoyens ordinaires ont avec l'institution présidentielle et la politique, de manière incarnée et identifiée avec son principal représentant. Quel président s'imaginent-ils, quels pouvoirs et quels rôles lui prêtent-ils, pourquoi certains lui déclarent leur flamme quand d'autres le vouent aux gémonies ? Comment réagissent-ils à l'actualité politique ? Plus globalement, quel lien de représentation avec le chef de l'État, au-delà ou en deçà des règles constitutionnelles légitimement établies, entendent-ils établir, restaurer ou, en certains cas, répudier *en toutes lettres* ? Seront donc abordés successivement ce que ces masses d'opinions écrites nous disent de la fonction présidentielle, comment cette dernière est « tutoyée » et quels rappels à l'ordre et jugements, selon un calendrier donné, sont émis en direction de l'Élysée.

Le fétichisme de la fonction

Que les courriers soient laudateurs ou critiques, ils attestent dans de très nombreux cas d'une reconnaissance de la grandeur et de l'« infaillibilité », quasiment, de la fonction présidentielle. Dans ces lettres, il est souvent question de s'adresser au représentant suprême, au mandataire qui, du haut de sa fonction présidentielle, fait exister les mandants, les Français en l'occurrence. Dans bien des cas, écrire en marquant une telle déférence (nous montrons que cette déférence est plurielle) ne paraît pas avoir d'autres fins que celles que cherchent ordinairement à atteindre les marques de politesse et de reconnaissance. Ce fétichisme politique-là parsème les lettres en différents actes d'écriture.

On l'a déjà souligné, les introductions sont le plus fréquemment des inscriptions qui non seulement reconnaissent le statut et la stature du destinataire mais aussi l'érigent en être doté de la toute-puissance face à laquelle il convient sinon de s'incliner, du moins de la reconnaître. Ces courriers parviennent presque systématiquement en début de mandat, sous forme de consécration et d'encouragement. C'est ce que d'aucuns appellent l'état de grâce. Ils déclinent par la suite et sont dépassés par ceux qui contestent l'exercice du pouvoir présidentiel, sans pour autant lui dénier sa légitimité. Ils se poursuivent donc avec des variations, et de plus en plus sous forme de rappels à l'ordre. De François Mitterrand à Emmanuel Macron, les usages, les analyses et les retours attachés aux milliers de lettres reçues ont varié. Il n'en reste pas moins que, dans les courriers des Français écrivant au président de la République, s'énoncent très fréquemment des jugements, des remarques, des reproches ou des satisfecit assimilables à des prescriptions de rôle.

Les scripteurs s'instituent en « gardiens du temple » et le font savoir au président. Ils veillent à ce que le locataire de l'Élysée se conforme aux définitions légitimes de la fonction et des missions qui doivent être assurées pour garantir la bonne marche de l'institution présidentielle, en protégeant ses frontières, en accroissant son prestige, en s'assurant que le chef suprême respecte les us et coutumes qui font la valeur de sa charge. Ces rappels à la conformité de la fonction présidentielle parvenant à l'Élysée sont pléthore. Cela commence au lendemain de l'élection avec les hommages et les congratulations de rigueur qui véhiculent des conceptions de ce que doit être un président, de son inévitable rendez-vous avec l'histoire et de son inscription dans le sillage des hommes illustres qui l'ont précédé. S'ensuivent les courriers saluant la façon dont le chef de l'État a plus ou moins bien su commémorer telle fête nationale, tel moment dramatique de l'histoire, avec dignité, grandeur et sens du symbole. Ces satisfecit cohabitent avec des critiques qui, dans le fond, disent à peu près la même chose au sujet de la valeur hautement symbolique de la fonction que des scripteurs entendent voir préserver.

> Monsieur le Président de la République française, Petit-fils du sergent du 43ème bataillon de chasseurs à pied ayant combattu à Verdun et ayant eu la chance d'en repartir vivant, je vous fais part de mon indignation devant le spectacle dégradant des cérémonies de commémoration dans le cimetière de Douaumont : entre les enfants courant sur les restes des soldats tués par les boches, et le type sur les échasses évoquant plus Halloween qu'autre chose, moi,

Français, me suis senti humilié et trahi et je pèse mes mots et modère mon propos par respect pour votre fonction. Si vous comptez persévérer dans cette voie, je vous suggère qu'au prochain 11 novembre, soit organisé un barbecue sur la flamme du soldat inconnu ; ainsi la boucle sera bouclée ». (Homme, Bouches-du-Rhône, 2016, commune de 15 300 habitants.)

Monsieur le président de la République. Je tenais à vous remercier sincèrement pour votre venue à la 73ème commémoration du massacre d'Oradour-sur-Glane en Limousin. J'ai apprécié cette belle cérémonie où vous avez su vous effacer parfois devant des enfants, participer comme un modeste visiteur et assister à cette passation intense de la mémoire entre Monsieur Robert Hebras et tous ses enfants. Merci pour votre présence, pour votre regard et pour votre écoute, pour votre discours et pour votre comportement à la fois très présidentiel et très humain. C'était une très belle journée de juin. Je vous souhaite beaucoup de réussite dans votre mission. Merci Monsieur le Président de la République. Très cordialement. (Courriel, homme, commune de 12 500 habitants, juin 2017.)

J'ai vu que ce matin pendant la descente des Champs-Élysées, vous passiez votre temps à saluer à droite et à gauche avec des grands signes de main. Je crois savoir que la chose militaire vous est totalement étrangère puisque vous n'avez pas fait votre service militaire et que vos conseillers sont probablement aussi inexpérimentés que vous [...] Vous n'êtes pas un coureur du tour de France en train de saluer les badauds après avoir franchi la ligne d'arrivée, vous n'êtes pas non plus une rock star saluant son fan club. Vous êtes le président de la République qui passe en revue ses armées. Devant vous les étendards des régiments s'abaissent à votre passage. Vous n'êtes pas habilité à faire le salut militaire, vous devez saluer les drapeaux d'un simple geste de tête, ce que les militaires appellent « coup de bouc » et que faisait très bien votre prédécesseur Jacques Chirac. (Courriel, homme, commune de 48 000 habitants, 25 juillet 2017.)

Ces considérations sur ce qu'un président se doit de respecter au regard de sa mission s'attachent parfois à des points apparemment de détail. Par exemple, ces rappels à l'ordre, au risque de se présenter comme dénués d'argumentation proprement politique, sont nombreux à aborder la tenue à la fois vestimentaire et corporelle du président de la République :

> Bonjour, je m'appelle Mme X, j'ai une petite boutique de couture sur mesure et retouches dans le Vaucluse. Je voulais juste faire une remarque à mon président, sur le fait que les manches de sa chemise dépassent trop des manches de son costume. Pour un bon équilibre visuel, la manche de chemise ne doit dépasser que de 2 cm. Je me permets de vous le dire, car chaque fois que je vois mon président, mes yeux se portent directement sur ses manches. Cordialement à vous. (Courriel, femme, commune de 11 000 habitants, 2012.)

> Monsieur le Président, je ne porterai pas d'appréciation sur la curieuse vie gouvernementale de ces deux jours. Les vraies gens auxquels j'appartiens sont fatigués, lassés et cela ne nous excite plus, malgré la pression médiatique, ni ne nous fait rire. Juste ce petit mot pour vous dire que je ne comprends pas que le protocole n'ait pas un parapluie sous la main. Quelle image de la présidence de la République est donnée ! En quoi serait-ce déshonorant d'avoir un parapluie sous la tête, ou un petit auvent ? Au lieu de montrer un homme d'âge mûr (comme nous sommes devenus et devenues hélas), les cheveux collés, les lunettes embuées, l'imperméable à essorer ! Il y a deux ans, on brocardait le Président pluvieux, aujourd'hui il est vulnérable et votre image détrempée ne peut inspirer confiance. (Courriel, femme, universitaire, sans domicile indiqué, CR[1], août 2014).

Il en va des problèmes de gestion de la pluie en temps de cérémonie officielle comme des montures de lunettes d'ori-

1. CR : courrier inclus dans les courriers représentatifs mensuels porté à la connaissance du président de la République.

gine danoise que des scripteurs ont perçues, à l'été 2014, comme un choix assez peu patriotique de la part de François Hollande. Pour ce qui concerne celui qui a occupé la fonction de 2012 à 2017, il semble que son mantra de « président normal » et le peu de soin qu'il aurait mis dans la dimension la plus sacralisée et ritualisée de la fonction lui aient été régulièrement reprochés. L'une des interrogations qu'on peut avoir, par conséquent, et ce, dans la continuité de ce que nous avons montré dans le chapitre 3, est de savoir si les scripteurs les plus attentifs aux manières de tenir son rôle et son rang à l'Élysée n'appartiennent pas aux franges les plus conservatrices, relativement parlant, de l'espace politique français tant ces derniers scrutent avec constance et force jugements de valeur les faits et gestes d'un président à qui il est reproché de s'être séparé de sa femme, de consacrer peu d'efforts à ses prestations publiques et de promouvoir un libéralisme culturel au travers de l'instauration du mariage pour tous.

« Tutoyer » le président de la République

Il est des scripteurs pour qui il importe, par le courrier qu'ils adressent à l'Élysée, d'entretenir un lien direct avec le président. Plus qu'une interpellation semblable à un devoir – ou à un droit – citoyen d'interroger les responsables politiques en vue de les contrôler démocratiquement, c'est davantage à une volonté de parler de politique de manière exclusive, confidentielle, pour ne pas dire « confessionnelle », hors de toute médiation et *a fortiori* de quelque truchement médiatique que ce soit, à laquelle des écrivants paraissent obéir. Ce lien sans intermédiaire apparaît comme une volonté d'échanger son opinion politique, de la tester aussi, sans espérer pour autant établir un véritable dialogue. Il y a comme un besoin d'adresser dans tous les sens du terme une réflexion à la figure abstraite que représente le chef de l'État de la part d'un individu pour qui les chances de recevoir une réponse, un commentaire, bref un retour du véritable destinataire sont quasiment nulles. On écrit alors au président comme on dirait une prière (Christin, 2009)[1] dans un lieu de culte ou, d'une certaine façon, comme on se parle à soi-même à voix basse, quand on couche sur le papier une pensée uniquement dans le but de la mettre en mots et de la visualiser *per se*. En ce sens, pour reprendre l'une des hypothèses de Jack Goody (1977), l'écrit est un support à la réflexivité, à ceci près, pour ce qui concerne le fait d'écrire au président, que le destinataire n'est ni neutre ni abstrait, loin s'en faut.

Ainsi écrit-on la politique pour en parler de façon discrète et, aussi paradoxal que cela puisse paraître, pour prendre pour témoin et confident de ses cogitations le personnage politique sans doute le plus averti mais aussi le plus éloigné et le plus inaccessible. L'exemple suivant illustre bien le caractère complexe de ce geste épistolaire qui traduit plus ou autre chose qu'un simple intérêt pour la politique.

Le 6 juin 2016, arrive au SCP un courriel qui va retenir l'attention des agents du Bureau d'analyse, au point qu'il sera sélectionné parmi les courriers représentatifs. François Hollande l'aura donc à lire. Long de trois pages une fois imprimé, il est écrit par une médecin urgentiste de Marseille, Aurélie B. :

> Je vous écris suite à votre discours du 10ème congrès de la SFMU [Société française de médecine d'urgence] qui m'a beaucoup touchée. En effet, selon votre souhait de nous entendre parler de la société et dans l'imaginaire le plus flou, je vous aurais raconté cette société telle que nous la vivons au quotidien. Bien sûr, nous y voyons les souffrances, mais c'est loin de tout misérabilisme que nous approchons toutes les misères. Les urgences pédiatriques de [l'hôpital de] la Timone sont un petit couloir totalement sous-dimensionné, où les salles d'examen font face aux salles d'attente et salles de soins, induisant pour les 40 000 passages annuels une promiscuité entre soignants

1. La comparaison avec la prière, pour distendue qu'elle puisse apparaître, rappelle qu'il est des actes engagés de manière très individuelle, voire très intime, tout en appartenant à un univers inaperçu de normes et de contraintes.

> et patients riches de beaucoup d'anecdotes. Je vous aurais parlé avant tout de ce vivre ensemble et de ces rencontres improbables qui se dégagent de ce couloir. Comment une mère Rom allaite à moitié déshabillée son nouveau-né en face d'une mère asiatique dont la pudeur millénaire s'en retrouve choquée ; comment des parents anonymes viennent en aide pour tenter de traduire l'arabe dialectal des parents d'un petit garçon réfugié syrien et gazé ; comment des familles du Maghreb viennent tenter leur chance pour leur enfant atteint de pathologie chronique sévère, abandonnant tour à tour leur famille restée sur place ou leur enfant malade espérant une guérison incertaine ; comment nous aurions tous fait pareil s'il s'était agi de nos propres enfants, comment ces mères comoriennes s'endorment partout et en tout temps, confiant leurs enfants au « village » qu'est notre couloir, se moquant totalement de tous les indicateurs institutionnels sur le temps d'attente des urgences […] Je vous aurais aussi raconté comment autour de l'enfant, l'intelligence de vie fait des miracles. Comment une équipe de soignants composés du juif, de l'arabe, de l'homo (moi-même), du « musicos », du « bobo », du sarkozyste et du « manif pour tous », arrivent à rire d'eux-mêmes et de leur propre caricature. Comment il est possible d'être réellement en désaccord sur certains sujets sans exclure ce rire, ni la communication ou l'intelligence […] Voilà, je vous aurais présenté notre petit village gaulois, mon petit couloir, ou ce vivre ensemble ne saurait être qu'une parenthèse […] et j'aurai fini en vous parlant de toute notre fierté d'appartenir au service public. Très respectueusement.

Contactée plus de cinq ans après[1], Aurélie B. se souvient de ce moment :

> J'étais là, dans ce bureau, chez moi. C'est très personnel, ça ; ce courrier, je n'en ai pas fait part à mes collègues, c'était une démarche très personnelle, très intime, ça ne se voulait pas très collectif […]. C'était en journée, en lendemain de garde, c'est venu d'une traite, je n'ai pas

1. Entretien réalisé en juin 2021, par visioconférence.

> eu besoin de beaucoup réfléchir car c'est mon quotidien et puis [...], à ce moment-là, se mélangeaient chez mes internes, des internes militaires, des juifs, des gens très de droite, des Arabes, etc., et on vivait un moment génial, génial, et on débattait en toute sérénité.

Aurélie a trente-sept ans à l'époque. Depuis l'élection de François Hollande, plusieurs faits l'ont profondément marquée. D'abord, le vote en faveur du mariage pour tous, qui lui a permis de se marier et de devenir maman. Et puis les attentats contre le Bataclan et *Charlie Hebdo*. L'urgentiste qu'elle est a, plus que quiconque, imaginé ces jours d'horreur à Paris, elle a pensé aux victimes, elle a pensé à ses confrères des hôpitaux parisiens. Quelques jours après, d'ailleurs, avec le déclenchement du « plan blanc » conçu pour répondre à l'afflux de patients ou de victimes dans les situations de crise, elle sera nommée coordinatrice dans son établissement.

Aurélie est une femme de gauche, issue d'une famille peu politisée – sa mère était avocate en droit de la famille et de la maltraitance, son père, quant à lui, a multiplié les emplois non sans lien avec le « social ». Le choix de la pédiatrie dans le service public trouve une partie de ses origines dans cette histoire familiale : « J'ai toujours voulu faire médecine, mais je ne voulais pas faire docteur tout court, n'importe quel docteur. Et ce que j'aime en pédiatrie, c'est que l'enfant s'en fout de qui on est, le grade ou autre, qu'on soit médecin ou la femme de ménage, il s'intéresse à qui on est dans le fond. » Son engagement professionnel, son homosexualité, le besoin de se montrer tolérante et ouverte à toutes les différences ont déterminé son positionnement à gauche. Cette définition s'est encore affirmée un peu plus tard, contre une figure repoussoir, celle de Nicolas Sarkozy, qui l'a « fait sortir d'[elle] – même et se dire que ça, c'est pas possible ».

Eu égard à l'abondance de courriers écrits par des électrices et des électeurs exprimant leur regret, leur colère ou le sentiment d'avoir été trahis par le candidat socialiste, la démarche d'Aurélie, à contre-courant, peut surprendre. Mais, dans sa décision d'envoyer un mail à l'Élysée, Aurélie fait prévaloir autre chose qu'un point de vue purement idéologique. Écrire au président, en effet, procède chez elle d'un rapport d'identification et d'incarnation qui tolère la faiblesse et les errements éventuels d'un président comme François Hollande :

> Je ne vais pas vous mentir, c'est l'homme, c'est François Hollande, je ne l'aurais pas écrit à aucun autre président, ce n'est pas mon kiffe d'écrire à un président, et de cette lettre, je n'en attendais mais rien. J'imaginais bien… Je l'ai presque plus fait pour moi. […] Je lui accorde beaucoup de valeur humaine en vrai, on va pas refaire la politique de François Hollande, on est d'accord, on n'est pas d'accord, c'est pas la question […]. C'est à l'homme que j'ai eu envie d'écrire, qu'il fût président ou pas. Il se trouve que peut-être qu'il soit président rend les choses faciles pour lui écrire, puisqu'on fait deux clics pour lui écrire. Je savais pas ça, c'est la première fois et la dernière fois que je l'ai fait […]. François Hollande a côtoyé suffisamment de gens, un peu comme nous dans notre couloir, pour avoir un peu de recul sur les gens et ne pas avoir un jugement immédiat. J'adore son humour. C'est un vrai type intelligent, un mec qu'on donne perdant depuis le début, mais non, non. C'est une sorte d'outsider permanent, en politique, dans la profession, en amour, en tout ce que vous voulez, mais qui en fait… juste parce qu'il a une cravate de travers…, mais qui en fait a une profonde intelligence humaine.

Aurélie semble vivre son métier de la même façon que sa vie en général. Tout la porte à comprendre, à mettre de l'empathie et, avec ses proches comme avec ses patients, à chercher à défendre un monde bigarré. « Après, j'adore écrire, je ne vous le cache pas, j'écris pour moi, des nouvelles, pour les autres, un livre aussi, mais ça, c'est d'une prétention absolue. » Écrire, précise-t-elle, est une pratique qu'elle effectue fréquemment. Écrire au président, par conséquent, même si ce fut pour la première et la dernière fois, pour reprendre ses propos, est un geste nécessaire, évident. Quelque temps après son envoi, Aurélie a eu le privilège de recevoir une réponse signée de la main du président de la République. Plus longue qu'à l'accoutumée, très différente des réponses types adressées généralement, écrite sans aucun doute de bout en bout par un agent du SCP ayant pris son temps, François Hollande a apposé à l'encre bleue, en conclusion, un « Bien à vous » : « J'étais très heureuse d'avoir une réponse, très touchée, et cette réponse, elle est chez moi, parce que quand même je suis un peu fière ! » Cette lettre du président est maintenant accrochée au mur de son bureau, à son domicile.

Le cas des polyscripteurs

Ce besoin d'établir un lien personnel avec le chef de l'État, de lui parler de politique, de sa politique, dans un rapport exclusif, est encore plus manifeste de la part de scripteurs itératifs désireux d'entretenir des liens relativement réguliers avec le président en lui écrivant tout au long de son mandat. À l'instar des agents sociaux habitués à écrire des lettres à leurs parents, à leurs proches ou à leurs amants sur un mode épistolaire relevant du lien étroit et caché, comme le présuppose le modèle du journal intime, ils suivent, commentent, conseillent, grondent, félicitent ou encouragent le chef de l'État. Ils feuilletonnisent en quelque sorte le lien qu'ils se sont autorisés à établir avec le chef de l'État.

C'est le cas d'Adèle Chardonne, une électrice attentive, une plume du quinquennat de Nicolas Sarkozy. Elle a soixante-dix ans et habite une ville préfecture de 170 000 habitants, quand elle écrit sa première lettre sur ordinateur dès le début du mois de juin 2007 : « Je ne manquerai pas de vous écrire lorsque je ne serai pas d'accord avec vous ou votre gouvernement. » Elle dit avoir voté pour lui au second tour. Elle termine ses quatorze lettres (entre juin 2007 et août 2011) par des formules choisies (« haute considération et profond respect »). Elle alterne dans son courrier les considérations sur sa vie privée (son âge, son catholicisme laïque, son appartenance syndicale passée – elle a été déléguée FO –, ses deux grands-pères et les préoccupations générales sur l'action du président qu'elle critique d'emblée sur la question de la Sécurité sociale et sur ses vacances aux États-

Unis (« j'aurais du voter blanc »). Elle pointe tout autant la faiblesse des retraites, que telle « phrase intempestive » ; elle commente positivement les interventions télévisuelles de Sarkozy ou le défilé du 14-Juillet 2011 (« empreint de tristesse, toujours très beau et toujours impeccable ») ; elle dit son soutien à Éric Woerth lors de ses démêlés judiciaires dans l'affaire Bettencourt et évoque le « regretté Bigeard ». Elle pointe ici telle faute ou relève une « mesure qui ne va pas du tout ». Elle évoque la future maternité de « Carla ». Elle envoie des poèmes, l'un pour le 14-Juillet 2007 :

J'ai cueilli ce matin
Parmi la moisson blonde
Un précieux butin
Qui dans les blés abondent
Le trop rare bleuet
La blanche marguerite
Sympathique bouquet
De notre République

Il manquait cependant
Oubli impardonnable
Le rouge triomphant
Couleur incomparable
Un coquelicot fin
Arrogant et superbe
Dans son corps de satin
Rejoignit cette gerbe

Quelques épis barbus
Glanés à la sauvette
Furent les bienvenus
Pour célébrer la fête[1].

---

1. Nous avons retrouvé plus de « lettres à poème » dans le courrier de Nicolas Sarkozy que dans celui de François Hollande. Il s'agit soit d'hommages désintéressés, soit de façons d'amorcer une relation pouvant permettre d'espérer une faveur : invitation à l'Élysée, appui pour publication. Il s'agit généralement de femmes, sauf dans ce poème déjanté « Un clope, un café, le cheveu hirsute, la toiture décoiffée… ». Le genre « nouvelles paroles pour la *Marseillaise* » est en revanche uniquement réservé à Nicolas Sarkozy.

Mais la basse continue de ses lettres, c'est la « burqua », et elle dénonce les « cortèges de Belphégor » (AN/2012/148/12).

Si cette femme a droit à des réponses, notamment lorsqu'il s'agit de lui expliquer les vacances du président mises en relation avec l'entretien de l'amitié franco-américaine, ce colonel à la retraite (se disant décoré de la Légion d'honneur et ancien de l'Institut des hautes études de la Défense nationale [IHEDN]), qui réside dans une ville de 52 000 habitants et affirme être le porte-parole d'un groupe d'anciens militaires, a moins de succès dans ses récriminations contre les « migrations » (AN/2012/148/71).

La série de courriers de cet officier en retraite, « venu du rang », « chevalier de la Légion d'honneur », habitant un village de 1 400 habitants, propose de prendre la parole au nom d'un groupe de retraités (65-75 ans), tous sans doute militaires (il parle un moment de ses « camarades paras, troupes de marine »), s'étale sur l'ensemble du quinquennat Sarkozy au travers de dix envois dont le plus nourri contient dix pages de texte. Ils ont voté pour lui et entendent se comporter comme un « équipage » qui n'abandonne pas le « capitaine à la première grosse vague » et qui soutient son président (« Parfois un réconfort et des idées venues de la France profonde, loin des salons parisiens peuvent être utiles [...] Ne lâchez rien »). Les principales grandes mesures et faits sont commentés : retraites, impôts locaux, commission Attali, sécurité et justice, défense nationale, crise financière, insécurité, Europe, Cour des comptes, fonction publique, rapports Sarkozy-Villepin, inégalités de revenus. Tout cela prend place sur des feuilles de papier quadrillé chargées de lignes écrites au Bic bleu. Il se veut, il le redit souvent, le porte-parole des « anonymes », des « petits » de la « France profonde tenue à l'écart de tous les sondages parisiens ». L'ensemble démontre un haut niveau d'information et un intérêt pour les sujets les plus variés de l'actualité et du débat politique, mais aussi la reprise des grandes thématiques de la masculinité blanche et de droite extrême comme la classique stigmatisation des « assistés », l'homophobie (« Qu'on cesse de nous faire croire que l'homosexualité est une attitude normale [...]. D'où viennent la plupart des pédophiles ? »). Après s'être défendu d'être raciste (« j'ai de très bons amis »), il s'en prend à la composition de l'équipe de France de football et élargit sa critique à l'ensemble du sport (« Mais enfin ce ne sont pas Zidane, Noah et consorts qui ont fait la France [...] Nous le disons net et cela sans racisme aucun, les "Bamboulas » et autres métèques ça suffit » (AN/2012/148/48).

Ce contact régulier – qui ne peut nous autoriser d'autre inférence sociologique que l'hypothèse d'une nécessité d'écrire sur la politique et, pour ce faire, de se choisir cet illustre destinataire qu'est le chef de l'État, supposé tout régir et tout commander dans le pays – fait se distinguer des expéditeurs dotés d'un sentiment de compétence en matière d'expertise. Ceux-là ne font donc pas que commenter les faits et gestes du locataire de l'Élysée, le gratifier ou l'admonester, ils s'enhardissent à préconiser des mesures et à conseiller de manière appuyée des actions, allant quelquefois jusqu'à demander une audience, quand ce n'est pas offrir leurs services :

> Monsieur le Président. Je me permets Monsieur le Président de vous faire savoir que la réponse visée en référence, laquelle faisait suite à mon courrier du 9 juillet ne m'a pas donné satisfaction [...] Je crois savoir que le train de vie de nos élus est nettement supérieur à celui de nos amis allemands, pourquoi ne pas s'y référer, logement, transport, primes et autres avantages divers, les citoyens comprendraient alors que les français sont impliqués dans la résolution de la crise actuelle. Vous aviez demandé aux députés cet été de réfléchir aux mesures à prendre pour améliorer le fonctionnement de nos institutions, objectif 2025. Il semblerait que ces derniers se complaisent dans leur situation actuelle et désirant rester sur le statuquo, n'aient pas été intéressé par cette réflexion. C'est pourtant l'occasion de réfléchir à une diminution drastique du nombre de députés, sénateurs, parlementaires européens, suppression des départements conseillers généraux, préfecture, etc. (Homme, ville de 78 300 habitants, juillet 2013.)

Il n'est donc pas rare que le chef de l'État reçoive des rapports, des mémoires, des synthèses parfois accompagnés de revues de presse ou de littérature, qui imposent un travail harassant de lecture et de résumé aux agents du Bureau d'analyse. Ces scripteurs cherchant à s'inscrire dans une démarche d'expertise nous font pénétrer dans une zone grise où se mélangent des spécialistes profanes d'une question, des lobbyistes bénévoles promouvant une cause, des communicants effectuant un véritable travail d'influenceur et, enfin, des candidats plus ou moins sérieux et convaincus aux fonctions de conseiller du président. Si ces documents sont trop denses pour être présentés, la plupart d'entre eux sont des propositions pour résoudre le chômage, pour stimuler la croissance ou pour encourager la production de nouvelles énergies.

Se faire le représentant des (non-)représentés

> *Cela ne me donnera rien de plus, mais comme beaucoup de personnes sont dans mon cas j'écris pour nous tous.* Vous avez surement eu d'autres courriers dans le même cas que moi. Nous en avons raz le bol ont vous avaient fait confiance lais c'est toujours les petits salaires qui paient [...] Je sais très bien que cette lettre n'aura pas d'importance pour vous et vos ministres mais j'espère que d'autres personne comme moi ferons un meilleur choix aux prochaines élections et ne voterons plus. Dans l'attente de vous lire Veuillez recevoir mes salutations. PS : Si c'est pour avoir comme réponse une lettre type, cela ne vaut pas la peine de répondre. (Femme, commune de 28 200 habitants, mai 2013.)

Nous avons déjà rencontré ces scripteurs qui, après avoir exposé leur cas personnel, entendent parler au nom du plus grand nombre. Ils emploient des termes visant à montrer que derrière leur « je » se trouvent des « nous » ou des « ils » qui leur ressemblent, qui se massent à leurs côtés beaucoup plus nombreux que la classe politique ne l'imagine. Pour construire cette forme de représentativité déclarative et gagner leur rang d'écrivants emblématiques, ils insistent très souvent sur deux ressorts : d'une part, ils détaillent leurs conditions de vie pour indiquer que celles-ci s'inscrivent dans la norme des existences courantes ; d'autre part, pour donner plus de poids à leur plaidoyer mais aussi pour tenter d'obliger celui qui est aux commandes de l'État et des politiques publiques à se consacrer plus exclusivement à eux, ils se rattachent à cette classe sociale modale que serait la « classe moyenne[1] » :

> Alors voilà, on nous asphyxie dans des postes que l'on se contraint d'accepter pour gagner sa dignité, avec des salaires miséreux (ne riez pas) qui sont de 1 300 € net/mois : le maigre prix de la reconnaissance et de l'expérience, vous ne trouvez pas ? [...] *Je représente cette classe moyenne qui ne parvient plus à vivre, qui est sans cesse contrainte de faire des concessions*... comme tout le monde allez vous dire !! Et pourtant, non ! Oserez-je me retrouver face à vous pour échanger davantage sur tout cela... Mais quel intérêt y auriez-vous ?.... Un tracas de plus, dont vous vous passerez aisément bien-sûr dans notre conjoncture actuelle et sans y avoir d'autre intérêt que les futures élections ? Je pourrais vous relater des situations similaires tant il y en a. (Courriel, femme, en CDD, ville de 486 800 habitants, 2016.)

Bien plus nombreux à tancer de la sorte le président de la République et à l'exhorter à se mettre au chevet de leurs besoins et de leurs difficultés, comparés aux scripteurs présentant des revendications et des écritures beaucoup plus hautaines qui confinent à l'expertise, les auteurs de ces interpellations tendent tous ou presque à verticaliser la relation qu'ils cherchent à établir avec le chef de l'État. Reviennent donc ces expressions faisant des signataires

1. Nous avons vu dans le chapitre 2 ce que pouvait recouvrir cet « appel à la moyenne ». Certains auteurs américains ayant étudié le « *contacting* » considèrent que ces interpellations en direction des institutions politiques, administratives ou publiques sont spécifiques aux « classes moyennes », qui disposeraient, à l'opposé des classes inférieures qui sont pourtant davantage dans le besoin, des moyens de leur expression (voir Braconnier, 2008).

de ces courriers des citoyens, des « petits citoyens » de la « France d'en bas ». Cette France « d'en bas » qui écrit au président de la République, qui estime n'être ni représentée ni suffisamment considérée, expose alors dans le détail ce qu'elle subit, faute de politiques économiques bénéficiant au plus grand nombre. Sous la plume de ces représentants « moyens », l'État favoriserait principalement les riches et les pauvres et, pour ces derniers, préférerait l'assistanat au travail. Cet espace social des scripteurs constitué vraisemblablement de « petits-moyens » paraît, à longueur de lettres, des plus sensibles à la question du pouvoir d'achat. Exposer dans le détail leurs comptes mensuels, marteler la cherté de la vie, affirmer être au centime d'euro près pour apporter la preuve que ce qu'ils avancent est bien « vrai » constituent les éléments d'un plaidoyer constant en faveur non seulement d'un relèvement du pouvoir d'achat des salariés au revenu modeste ou médian, mais aussi d'une meilleure prise en compte des « moyens » par les politiques économiques et sociales du gouvernement. Cette rhétorique sociale est l'une des armes employées par les individus qui écrivent au président pour lui parler de sa politique.

Dans cette perspective, les deux derniers présidents de la République ont été l'objet d'une sorte de « retour à l'envoyeur » à chaque fois qu'ils avaient commis des dérapages verbaux révélant de leur part sinon un mépris de classe, du moins un acte locutoire entendu comme par trop condescendant pour celles et ceux se considérant comme de condition modeste. Les signatures de « sans-dents » n'ont pas cessé dès la parution de l'ouvrage de Valérie Trierweiler et sont devenues une griffe profane au bas des courriers qui demeure encore aujourd'hui :

> Je vous interpelle encore une fois, car il nous est difficile, nous les français d'en bas, les sans dents (et c'est le cas puisque nous ne pouvons même plus nous soigner) de pouvoir vivre dignement, mais le temps où vous brandissiez la menace de la finance est déjà parti depuis mai 2012 !!! (Homme, invalide, ayant deux enfants dont

l'un porteur d'une maladie orpheline, commune de 5 400 habitants, 2016.)

Nous verrons qu'Emmanuel Macron, sans conteste le plus prolixe en la matière, a reçu nombre de courriers de la part de citoyens ordinaires bien décidés à tancer sèchement ce qu'ils ont vu comme une lutte de classe déclarée.

Non seulement ces expéditeurs se font les représentants de celles et ceux qu'ils estiment aussi nombreux que mal représentés, mais ils se donnent également pour mission de ramener un président de la République à la réalité. Ils font œuvre de pédagogie. Le procédé employé est souvent le même d'un scripteur à l'autre, celui qui consiste à se donner pour exemple et montrer à quel point il est difficile de vivre avec un pouvoir d'achat qu'un chef de l'État ne parviendrait pas à imaginer. Pour ce faire, à l'instar des requérants s'adressant à l'Élysée comme on écrirait à un organisme de Sécurité sociale, ils envoient un argumentaire étayé et détaillé où l'extrait des comptes du mois vient livrer une vérité aussi crue que cruelle.

Ces courriels doivent s'ajouter à ceux qui, sous la forme d'une critique quasiment sociologique reprochant au chef de l'État de ne pas connaître la « réalité », lui intiment l'ordre de « sortir de sa tour d'ivoire », de se méfier de ses collaborateurs, des journalistes mondains qui gravitent autour de lui, bref des conforts que lui confère sa fonction et qui le rendent sourd et incapable de comprendre ce qui se passe dans son pays. Les effets de ces « petites phrases » sur les scripteurs sont particulièrement forts. La réaction par courrier à l'actualité médiatique et polémique est constante.

Il semblerait qu'il y ait comme un jeu avec les mots de classe de la part de certaines personnes interpellant le président de la République. Ce jeu est joué certes sérieusement, mais il est une stratégie d'écriture faite de bonne foi qui peut s'apparenter à un registre de justification. Les écrivants ne prétendent pas faire de la sociologie et encore moins de la sociographie quand ils se revendiquent des classes laborieuses, populaires ou moyennes. Ils cherchent à dire quels sont les écarts ou les distances à la fois sociaux et politiques entre le représentant présidentiel et eux-mêmes. Ainsi, Frédéric Janvier, l'assistant social avec lequel nous avons ouvert ce chapitre, avait-il lui aussi mentionné cet aspect catégoriel : « Moi, je ne suis qu'un simple fonctionnaire, assistant social, père célibataire de 3 enfants étudiants (pas assez pauvre pour être aidé mais pas assez riche pour pouvoir m'en sortir). Je suis dans cette classe moyenne basse, celle qui contribue beaucoup mais en profite peu. » Quand nous l'avons interrogé à ce sujet, il nous a expliqué qu'il ne se sentait ni précaire ni si « moyen » que cela :

> Économiquement, non, ça allait. Pourquoi j'ai dit « classe moyenne basse » ? Parce que j'avais qu'un seul salaire, voilà. Mais après, mon salaire, je ne vais surtout pas me plaindre, il y a plein de gens plus à plaindre que moi. Je voulais dire que je travaillais principalement pour le quotidien parce qu'avec trois enfants il n'y a pas trop d'extras.

Cette précision, ou plutôt cette interprétation des effets d'écriture qu'apporte notre enquêté, ne doit surtout pas être prise pour une manière de décrédibiliser les scripteurs dans leur ensemble, loin s'en faut. Les représentés, dont certains connaissent des situations plus que dramatiques, soulignent avec leurs mots leur perception des démarcations sociales qu'opèrent les professionnels de la politique.

Juger la politique

Les courriers d'opinion affluent la plupart du temps en fonction de l'actualité. En ce sens, ils peuvent être entendus comme des réactions. Quand surgit un événement – une intervention militaire des forces françaises à l'étranger, un attentat, un scandale faisant les unes des journaux, une affaire judiciaire ayant suffisamment d'écho pour galvaniser le sens moral ou la fibre politique de nombreux Français –, le service de la correspondance est plus sollicité que jamais. D'ailleurs, les agents chargés de traiter les courriers d'opinion ne s'y trompent pas. Quand une polémique vient à occuper l'espace médiatique, quand les éditoriaux commencent à faire bruisser une information à même de troubler le jeu politique, ils surveillent les lettres qui pourraient avoir un lien et se préparent à affronter un volume de courrier plus important que d'ordinaire. Sur à peu près tous les sujets construits journalistiquement, quoique dans des proportions variables, les écrivants donnent leur sentiment, livrent leur analyse et enjoignent ou recommandent au président de la République soit de défendre sa ligne, soit d'en changer, ou encore de s'abstraire d'un sujet quand ce dernier est jugé futile et inapproprié à la grandeur de la fonction présidentielle.

Quel que soit le thème, y compris quand la mise en branle médiatique porte sur une « petite phrase » imputée au chef de l'État, transparaît presque à chaque fois un jugement sur la politique telle qu'elle est incarnée et pratiquée par les professionnels de la représentation en général, et par le président de la République en particulier. Sans doute ce jugement assez peu laudateur porté sur la politique et les « politiques » n'a-t-il jamais été aussi éloquent et abondant qu'au moment de l'affaire dite « Cahuzac ». Les révélations du site Mediapart sur les comptes cachés du ministre du Budget en 2013 non seulement ont marqué un tournant scripturaire lors du quinquennat de François Hollande, qui est allé dans le sens de désapprobations croissantes jusqu'à la fin du mandat, mais ont aussi comme révélé une tonalité générale particulièrement critique qui, quels que soient les sujets ultérieurs, s'est retrouvée dans la plupart des lettres. Très souvent, un vent de réaction souffle sur le SCP quand, comme dans l'affaire Cahuzac, un cas de mensonge, de fraude ou d'enrichissement survient. Un phénomène de scandalisation atteint alors des scripteurs qui font état de leur écœurement :

> Affaire Cahuzac : nos néolibéraux de gauche et de droite savent imposer les sacrifices aux plus faibles de ce pays ; mais ils savent soigner leur intérêt.. Une véritable société

> d'Ancien Régime. PS : er ce Monsieur en tant que ministre du Budget était chargé de combattre la fraude fiscale ? Quelle tarfufferie !!!
>
> Affaire Cahuzac, une grosse nausée et une énorme envie de voter… Et pitié ne parlez plus de populisme ! Divisez le nombre de ministres par deux avant de nous parler de sacrifices. Montrez l'exemple car pour le moment vous nous donnez l'envie de vomir.
>
> Monsieur le président, je sus désepérée par le comportement de Mr Cahuzac ! Mais comment peut-on se prétendre socialiste ? Quelles valeurs défend ce monsieur à part sont porte monnaie ?
>
> Monsieur le président, merci de cocher la bonne case : ☒ Je ne savais pas et je ne suis pas responsable de mon gouvernement ☒ Je suis complice du mensonge de M Cahuzac
>
> Avec Cahuzac, il est temps de faire le ménage chez les députés et les sénateurs. Comment peut-on épargner ces castes après ce que le PS assène lui-même aux français ? C'est honteux, où sont les promesses d'équité et d'honnêteté ?

Cet état de choc et de vive déception que communiquent les scripteurs peut être associé, si l'on cherche à catégoriser, aux courriers et courriels faisant un procès pour trahison. Sous François Hollande, cela a été récurrent. Trahison en raison de promesses de campagne non tenues, trahison par rapport aux valeurs que prône la gauche de gouvernement et trahison enfin face à un personnel politique qui est souvent vu comme producteur de discours appelant à la modération budgétaire et la réalisation tous azimuts d'économies. Les électeurs de gauche, durant tout le quinquennat de François Hollande, n'ont pas cessé d'exprimer leur incompréhension face aux mesures prises par le gouvernement, au point que le Bureau d'analyse en a fait une rubrique implicite. En effet, chaque fin de semaine figurait presque systématiquement un courrier représentatif d'un « électeur socialiste déçu ».

Glissée dans le paquet des courriers représentatifs du 26 février 2016, cette lettre avait été intitulée sur la page de garde « Critiques et inquiétudes d'une jeune électrice de gauche », sans doute parce qu'elle commence ainsi :

> Monsieur le Président, J'ai eu trente ans en juin 2015. J'ai grandi au milieu des corons lensois dans une famille d'ouvriers [...] Mon père je l'ai vu partir travailler de nuit un 24 décembre ; reprendre ses études en cours du soir pour améliorer ses conditions de vie et celles de sa famille. Je l'ai vu faire grève devant son usine pendant des semaines pour conserver ses droits ou en obtenir de nouveaux qu'il pensait légitimes.

Quelques paragraphes plus loin sont exposés des regrets et une grande déception :

> Je croyais en vous. Je me disais « Enfin ! On va se débarrasser de Nicolas Sarkozy. On va avoir un président sympathique, qui nous promet déjà une belle réforme du mariage pour tous » [...] Aujourd'hui, en ce 25 février 2016 – au risque d'être triviale – j'ai envie de me cogner la tête contre le mur ! [...] Vous imaginez ma peine, ma douleur lorsque je vois notre gouvernement, VOTRE gouvernement, brandir des décisions plus ridicules les unes que les autres. Comment même défendre ses idées de gauche avec des représentants pareils ? Je martèle toujours : « Je suis profondément de gauche, mais je ne me lie à aucun parti. Je suis allée dans une université publique, bien loin des grandes écoles que vous avez tous côtoyées. J'ai eu mon Master, je ne trouve pas de travail. Actuellement, j'approche de ma 31ème année et passe 7h par jour en tant qu'intérimaire à remplir des tableaux excel pour lesquels AUCUNE réflexion ne m'est demandée. Tout ça pour un SMIC, bien entendu.

Blandine D. a écrit il y a de cela cinq ans, en février 2016. Fille d'un ouvrier devenu informaticien à l'URSSAF à force de cours du soir, elle a fait des études de littérature anglaise. Diplômée d'un Master 2, elle souhaitait faire une thèse. Elle est devenue cependant *partner* dans une entreprise de réservation d'hôtels. Elle en a été licenciée. Recrutée depuis dans une caisse primaire d'assurance maladie en CDD comme conseillère covid, elle prépare le concours de greffière. C'est une électrice socialiste continue, de 2007 à 2021. Se souvient-elle de ce moment où elle s'est mise à écrire, à passer à l'acte en somme[1] ?

> J'avais accumulé beaucoup de déception, d'agacement. Je me souviens de l'élection de François Hollande à Lille, et c'était retombé. On avait beaucoup d'espoir, on pensait qu'il y allait avoir des choses bien qui allaient se passer, plus de justice sociale et, en fait, non. Et, d'ailleurs, on a eu M. Macron comme ministre et on voit ce que ça donne [...]. Et je m'étais dit : bon, c'est le Président, ça ne sert à rien, et en même temps on essaye. Et je lui ai donné ma voix et je considère qu'il a quand même des comptes à me rendre. Et je me suis dit : j'ai plein de choses en tête, faut que je le sorte et, pour moi, c'était vraiment une bouteille à la mer. Je l'avais fait le soir et je me souviens que c'était un jour où il n'avait pas fait très, très beau, j'avais l'humeur qui n'était pas géniale et j'ai dû entendre quelque chose aux infos qui a dû être la goutte d'eau qui a fait déborder le vase. J'ai mis beaucoup de temps à l'écrire, mais ça, c'est parce que j'ai fait des études littéraires et je suis un peu du genre à lire et à réécrire. Il m'a bien fallu une heure ou deux, j'étais chez moi et je crois que j'ai fait un premier jet sur papier. Avant de le mettre sur Internet. Je suis passée par le courriel, car je crois que je me suis dit que je ne dépenserais pas 1 euro pour envoyer cette lettre ! Je suis déjà en colère, je ne veux pas que cela me coûte le prix d'un timbre [...]. On sait que ça ne sera pas lu, à 99 %, mais on se dit que peut-être qu'à 0,99 % il y a une infime chance que ce sera pris en compte, qu'il y aura une réflexion, mais on sait qu'ils ne vont pas changer leur politique. Et je pars du principe qu'il vaut mieux faire les choses et, si ça ne marche pas, ce n'est pas grave. J'avais de la colère et, plutôt que d'embêter mes amis avec ça, il vaut mieux que ça aille vers la personne qui me met en colère. Et, après, ça fait du bien. Moi, j'aime bien écrire

1. Entretien en visioconférence avec Blandine D., le 4 juin 2021.

> les choses sur papier, que ça sorte de ma tête et ça me libère. À l'époque, je n'en ai pas parlé à mes amis, qui sont aussi de gauche, car ils m'auraient sans doute dit que j'étais naïve [...]. Plusieurs temps après, j'ai reçu une réponse, un PDF, mais quand je l'ai lue, j'ai levé les yeux au ciel, ce devait être assez convenu.

L'infidélité idéologique du président de la République est donc souvent dénoncée. Et ce qui affleure et se remarque constamment dans de très nombreux courriers qui ne se focalisent pas spécialement sur l'impéritie du pouvoir, c'est la critique des responsables politiques, campés dans une bulle hermétique à la situation des Français, en contradiction avec les principes qu'ils mettent en avant lorsqu'ils cherchent à rendre légitimes les mesures qu'ils mettent en œuvre. Aussi nombre de scripteurs, pour dénoncer ce personnel jugé ignorant des réalités sociales, articulent-ils leurs situations dramatiques et les privilèges supposés de la classe politique :

> Il y a plusieurs mois, je me permettais d'attirer votre attention sur notre situation. Problèmes avec EDF (régularisés depuis car nous avons trouvé une personne attentive à notre situation et un plan d'apurement à été mis en place). Pour nos soucis avec le Trésor Public, nous demandions une exonération partielle si cela était possible et vous avez transmis notre dossier au Trésor Public d'Agen. Nous avons reçu un courrier de Mr CAHUZAC MICHEL et rien ne sera fait pour nous aider, seulement une saisie sur retraite, super. Pas moyen de discuter, le sujet est clos. (Courriel, homme, commune de 700 habitants, avril 2016.)

Chaque fois, quand un thème a été porté à l'agenda médiatique et que l'Élysée s'est vu assigner un rôle de chambre d'enregistrement de la colère populaire, des menaces de révolte ont été brandies. L'affaire Cahuzac en est encore un exemple emblématique :

> Monsieur le Président, Démission de M. Cahuzac, mise en examen de l'Agence du médicament, raid de petits malfrats sur un RER à Grigny, etc... décidément, la France de 2013 se décompose à grande vitesse et sa puanteur nous

> donne envie de vomir. Bien sûr, bien planquées dans leurs Palais, engraissées par l'argent public qu'elles gaspillent allègrement pour leur confort et leurs caprices (comme, jadis, une certaine Marie-Antoinette), nos élites (les guillemets s'imposent) ferment les yeux et veulent se persuader que tout continuera comme avant. L'austérité, c'est pour les autres ! Mais les Français ne sont pas idiots : ils étaient déjà convaincus de l'incompétence, de l'impuissance et de la corruption de leurs élus ; Ils commencent à comprendre, en outre, que lesdits élus ne contrôlent plus rien, et que la France est désormais gouvernée, comme toute la zone euro, par Mme Merkel. Mais l'heure des comptes approche à grands pas. Seuls un aveugle ou un autiste refuserait de sentir la violence de la tempête qui s'apprête à se lever dans notre pays. Vous prenez les Français pour un peuple résigné et passif, à qui vous pouvez tout faire avaler. Vous vous trompez, et le proche avenir vous le rappellera cruellement. (Courriel, femme, Paris, 2013.)

La politique, dit-on, intéresse de moins en moins les Français. Celles et ceux qui écrivent, lorsqu'ils expriment une colère, une déception ou quand ils indiquent qu'ils cessent de soutenir le président, qu'ils s'en séparent, paraissent plus qu'affectés. Nombre d'entre eux, d'ailleurs, disent leur douleur, confessent qu'ils ont « mal » :

> Je vous écris car je pleure car je ne comprends pas, je ne comprends pas car je suis perdue, je suis perdue car je suis de gauche et que je ne comprends pas votre ligne de conduite [...]. Vous savez, je viens d'aller sur votre page Facebook et ce qui m'a fait vraiment très mal c'est que j'ai vu que mon patron avait « likez » votre page ! Oui mon patron !! C'est pour cela que je pleure, Monsieur le Président, je pleure car je ne comprends pas. (Courriel, femme, commune de 1 500 habitants, 2016.)

C'est ce que nous a fait comprendre Frédéric Janvier quand il nous a dit qu'il avait écrit à François Hollande pour lui dire le mal que cela lui avait fait au plus profond de lui-même quand la loi El Khomri a été votée : « Je veux lui rendre le mal qu'il m'a fait. » La déception politique se somatise et demande réparation. On comprend mieux alors pourquoi de nombreux écrivants ponctuent leurs lettres d'un « cela m'a fait du bien de vous le dire » !

L'agenda des opinions

Des Français écrivent au président. Et, chronologiquement, cette activité, en dépit de la crise de la représentation et de la politique, ne faiblit pas, loin s'en faut.

Ils écrivent parce qu'ils estiment que la présidence de la République est le lieu d'où se décident la plupart des mesures affectant leur vie personnelle ou familiale. Dans une certaine mesure, bien qu'ils aient pu souligner le fait qu'ils ne croyaient pas ou plus qu'un président puisse faire leur bonheur, ils en attendent encore quelque chose, ou plutôt ils croient savoir que les maux qui atteignent leur existence prennent leur source dans le bon ou le mauvais vouloir du chef de l'État.

En l'état, la courbe du volume des courriers n'est pas corrélée avec la désaffection des urnes par les Français ou l'indifférentisme politique. Mais, au risque de surestimer le rôle des médias et d'oublier les enseignements de Paul Lazarsfeld quand celui-ci montrait que les médias ne faisaient pas l'élection, ni non plus, ajouterions-nous, l'intérêt pour la politique, il ressort clairement que les scripteurs sont particulièrement sensibles aux faits d'actualité et que leurs courriers, généralement, suivent les variations et les événements de l'agenda médiatique. Aussi, sans surprise, plus le fait d'actualité est mis en branle médiatiquement parlant, et plus le volume de courriers d'opinion acheminés vers l'Élysée est élevé.

On en veut pour preuve ce qui s'est passé au lendemain des attentats contre la rédaction de *Charlie Hebdo* en janvier 2015 et au Bataclan en novembre de la même année. Selon nos données, ce sont probablement les moments au cours desquels, sous le quinquennat Hollande, le SCP a été le plus débordé. Dans le mois qui a suivi le premier événement,

5 000 « opinions » ont été répertoriées ; après la tuerie du Bataclan, en une semaine, plus de 4 000 courriers et courriels ont été envoyés au chef de l'État, alors que la moyenne reçue, généralement, oscillait autour de 750 courriers d'opinion hebdomadaires, hors pétitions[1].

Les réactions ont été de plusieurs ordres. D'abord, de nombreux scripteurs ont adressé leurs condoléances et exprimé leur tristesse (15 % de l'ensemble des courriers) :

> Monsieur le président, il ne nous reste plus qu'à décréter le deuil national. L'attentat contre notre Charlie est la pire agression que notre République pouvait subir en ces temps où elle est menacée de toute part (FN, islamisme, sarkozysme). Merci Monsieur le Président de prendre la parole ce soir. J'ai besoin que notre président soit avec nous dans ce deuil terrible de notre liberté d'expression. J'ai grandi dans la république avec notre Charlie Hebdo, ils ont tué le grand duduche, soyez sans pitié. Ils ont assassiné ma France. Vive Charlie Hebdo, vive la République. (Courriel, homme, commune de 6 500 habitants, 8 janvier 2015, CR.)

Après les événements du Bataclan, dans une proportion légèrement moindre, ces mêmes lettres de condoléances et d'hommage sont arrivées. De manière inédite, un volume sans précédent de courriers et de dessins est venu de la part d'enfants. Beaucoup ont écrit depuis leur classe d'école sous une signature collective et le patronage de leur maîtresse :

> Monsieur le Président. Ma classe de CM1 a tenu à vous écrire cette lettre, après avoir parlé avec eux des évènements tragiques de la semaine dernière. Je leur ai demandé comment nous pourrions agir sans violence. Leur réponse a été rapide : « Par le pouvoir des mots, on peut écrire une lettre au président ? » Je leur ai bien expliqué qu'il y avait peu de chance qu'elle soit lue mais ils ont insisté en disant qu'au moins « ils essayaient » [...]. Je n'ai que 24 ans, c'est ma première classe. Ils m'ont rendu tellement fière,

1. Ces données sont calculées par nos soins sur la base des synthèses que le Bureau d'analyse adresse au président de la République.

> fière d'eux, fière de ce métier, fière d'avoir eu une leçon de citoyenneté de la part d'enfants de 9 ans[1]. (Courrier, femme, ville de 284 000 habitants, Alsace, 20 novembre 2015.)

D'autres l'ont fait depuis chez eux, plus ou moins aidés, voire incités par leurs parents :

> Nous sommes parents d'une petite fille, Cléa, 7 ans […] Notre enfant est très sensible et a été très peinée par les attentats de Paris. Nous avons dû l'emmener consulter un pédopsychiatre. Cléa a besoin de s'exprimer mais c'est par le dessin qu'on a compris son angoisse. Son anniversaire approche et Cléa a demandé comme cadeau que son dessin soit déposé par M. le Président de la République sur le lieu du recueillement. (Couple, commune de 700 habitants, Auvergne, 6 décembre 2015.)

Tous ces hommages, malgré une baisse très nette après les premières semaines, ne cesseront pas de parvenir à l'Élysée jusqu'au moins l'été 2016. Cette période dramatique a été faste pour François Hollande. Il a en effet reçu plus de courriers que d'habitude et la plupart de ces envois ont salué la manière qu'il a eue de gérer ces événements :

> Monsieur le Président. Je ne partage pas toutes vos idées et d'ailleurs je n'ai pas voté pour vous. Cependant, je tiens à saluer la manière dont vous avez géré ces terribles attentats. Vous avez contribué à faire en sorte que de nombreux citoyens soient fiers d'être français et retrouvent une forme de motivation dans l'avenir de leur pays. Vous avez été le président de tous les français, exprimant votre émotion et votre détermination, je me suis reconnu en vous Monsieur le Président ! » (Courriel, homme, ville de 120 000 habitants, 30 novembre 2015, CR.)

1. Cette enseignante nous a expliqué depuis que cette lettre avait été exclusivement à l'initiative de ses élèves : « Nous ne savions pas vraiment comment aborder ce thème avec les enfants, ce sont eux qui m'ont dit que nous pourrions écrire au président. » Par ailleurs, selon elle, « c'était une bonne façon d'aborder la notion de lettre et de langage soutenu » avec eux : « Ça a été un petit coup de tête, ce n'était pas prévu ! » (Échanges par messagerie instantanée, le 12 juin 2021.)

Mais une proportion plus importante de courriels et courriers a porté sur les causes de ces actes terroristes. Pléthore de lettres ont questionné la place de l'islam en France, la démission de l'État face au « communautarisme » et au « multiculturalisme ». Si on prend les jours qui ont suivi l'attentat contre *Charlie Hebdo*, 1 600 courriers, environ, sur 5 000 mettent en cause l'efficacité des politiques sécuritaires, pénales et migratoires. Sont dénoncés le « laxisme » et l'« angélisme » de la police. Un appel à davantage de fermeté revient dans la plupart des conclusions. Un nombre important d'interpellations, enfin, font état d'une vive colère contre les frères Kouachi : « Ces hommes étaient fichés, interdits de séjour aux États-Unis ! Après l'affaire Merah, comment cela est-il encore possible ? » Peu de temps après, des scripteurs ont réagi aux frappes en Syrie. À parts à peu près égales, soit l'intervention était saluée (45 % selon les comptages du SCP), avec souvent des encouragements adressés aux soldats Français, soit on suppliait le chef de l'État d'empêcher des bombardements qui allaient tuer des civils :

> Les frappes ont été intensifiées. Pourquoi ? Est-ce utile de prendre la vie de 50 innocents pour tuer quelques Djihadistes, aussi mauvais soient ses monstres ? La vie n'a pourtant pas de prix, la vie d'un syrien, d'un français ou toute autre origine devrait avoir la même valeur. Est-ce cela ou ma vision du monde est trop utopiste [...] Donnez-moi un espoir je vous en prie, que je ne suis pas la seule à vous rédiger ces quelques mots, un espoir pour l'avenir [...] Monsieur le Président, je ne vous remercierait jamais assez d'avoir pris le temps de lire cette lettre [...] En vous souhaitant un avenir serein et une vie digne de vos envies ainsi qu'à toutes les personnes qui liront cette lettre avant vous. (Courriel, femme, commune de 15 000 habitants, 20 novembre 2015, CR.)

Cette longue séquence thématique qu'a connue le SCP a été une période au cours de laquelle les scripteurs, dans une large majorité, ont exprimé leur patriotisme, leur attachement à la France et leur adhésion aux valeurs de la République. Les citoyens ayant eu une autre lecture et prenant des positions divergentes ne se sont quasiment pas manifestés. En cela, le geste consistant à écrire au président suppose une adhésion à la République et un consentement au principe de la démocratie représentative. Cela implique en effet de reconnaître le bien-fondé de ce jeu politique et la place centrale qu'y occupe la fonction présidentielle, y compris quand on a sept ans : « Monsieur le président. Faites en sorte de protéger la France des terroristes. Ils m'ont fait très peur depuis le 13 novembre. J'espère que cela ne se passera plus. J'ai confiance en vous. Clothilde M. 7 ans » (enfant, commune de 21 000 habitants, 1er décembre 2015).

La minute de silence que les élèves devaient observer au lendemain des attentats du Bataclan a également fait écrire, à un âge relativement précoce, non sans trace de positionnement politique[1] :

> Monsieur le président de la République je vous fais part de ma réflexion. Je pense qu'il serait préférable pour la France de renvoyer les immigrants chez eux et de s'occuper des pauvres du nôtre […] En classe, la maîtresse nous a demandé de faire un dessin pour soutenir les proches des morts et des blessés et j'ai constaté que certains enfants de religion musulman n'étaient pas très enthousiastes. Cela m'a fait bizarre et peur. Merci de votre compréhension, bonne fin de journée. Johanna 10 ans. (Lettre, enfant, adresse non précisée, 19 novembre 2015.)

En règle générale, les réactions par courriers et courriels collent et succèdent aux événements ayant un écho dans

1. Il est difficile, sur la base de nos matériaux, de savoir avec quelle part d'initiative personnelle des enfants écrivent au président de la République. Certains courriers émanant de ces scripteurs juvéniles sont accompagnés d'un petit mot de l'un des parents pour préciser qu'il n'y a eu aucune pression parentale préalable. Dans tous les cas, l'ouvrage de Wilfried Lignier et de Julie Pagis (2017) portant sur le rapport des élèves de l'école maternelle et primaire à la politique montre que les jeunes enfants, s'ils répugnent souvent à parler de politique (« c'est caca », selon les termes de certains de leurs enquêtés), connaissent d'abord et avant tout le nom du président de la République et parviennent à parler de sa fonction (un homme qui écrit tout le temps, qui est riche et qui fait quelque chose d'ennuyeux).

l'espace public. Dans des cas plus rares, l'agenda des scripteurs soit précède le cadrage médiatique de tel ou tel problème public, soit ouvre des séquences autonomes où la médiatisation est, hors la presse spécialisée, quasiment absente. Nous ne pouvons pas aborder tous les faits d'actualité qui ont fait réagir les Français qui écrivent au président. Nos plongées dans les archives des courriers de Nicolas Sarkozy ont permis de constater qu'une vingtaine de faits avaient fait écrire plus qu'à l'accoutumée : la loi relative aux libertés et responsabilités des universités (LRU), la loi en faveur du travail, de l'emploi et du pouvoir d'achat (TEPA), l'immigration clandestine, la vie privée du président, la loi sur la récidive, la réforme des régimes spéciaux, la loi sur le service minimum, le fameux « Casse-toi, pauv'con ! », la loi Chatel pour le développement de la concurrence au service des consommateurs, le discours de Dakar, la dette, la révision générale des politiques publiques (RGPP), la crise financière de 2008, le projet de relance, le revenu de solidarité active (RSA), les retraites des combattants d'outre-mer, le Grenelle de l'environnement, le discours de Grenoble, le traité de Lisbonne, la Libye.

Sous le quinquennat de François Hollande, une dizaine d'événements ont fait fortement varier la volumétrie des courriers : le tweet de Valérie Trierweiler, le mariage pour tous, les affaires Cahuzac et Leonarda, la une de *Closer* montrant le chef de l'État sur son scooter en bas du domicile de Julie Gayet, la loi Macron adoptée par la procédure du 49-3, les attentats de l'année 2015, la loi travail dite loi El Khomri, les attentats de Nice et de Saint-Étienne-du-Rouvray et, enfin, l'annonce par François Hollande de son renoncement à se présenter à l'élection présidentielle de 2017 ont été les moments les plus saillants des courriers d'opinion qu'on peut analyser comme une réaction à l'actualité. Ce qu'on peut ajouter, c'est que, durant ce même quinquennat, et ce avant même que François Hollande n'annonce qu'il ne serait pas à nouveau candidat à l'élection présidentielle, la tendance générale entre 2012 et 2017 a été à la baisse tendancielle du nombre de courriers d'opinion, comme si les attentes de la part des personnes qui écrivent s'amenuisaient à mesure que le temps de l'exercice du pouvoir se réduisait. Ce qui veut dire qu'on écrit son opinion en pensant plus ou moins consciemment que celle-ci peut avoir quelque effet sur la politique menée par l'hôte de l'Élysée et sur l'état d'esprit de ce dernier. Les courriers auraient en quelque sorte leur quinquennat.

Pour ce qui concerne le mandat commencé par Emmanuel Macron, faute de disposer du bilan que le SCP rend à chaque fin de mandature, nous ne pouvons que nous baser sur les trois premières années que sont 2017, 2018 et 2019. À l'instar de ce qui s'est produit sous le quinquennat de François Hollande, la première forte variation surgit au moment des affaires Bayrou et Ferrand, à savoir la perspective de la mise en examen du nouveau garde des Sceaux au sujet de l'emploi des collaborateurs parlementaires européens par le Modem pour le premier et la suspicion de prise illégale d'intérêt pour le second. Puis l'affaire Benalla, la baisse des aides personnalisées au logement (APL), l'augmentation de la contribution sociale généralisée (CSG), la limitation de la vitesse à 80 kilomètres/heure, la hausse du prix du carburant, les Gilets jaunes et le Grand Débat national ont constitué autant de problèmes publics faisant réagir plus qu'à l'accoutumée les scripteurs. Nous y reviendrons dans le dernier chapitre.

Ce qu'on perçoit à la lecture de ces courriers d'opinion et d'actualité, si l'on cherche à dégager une tendance, c'est d'abord une critique des élites, de leurs privilèges et de leur relative impunité face à la justice. Les représentés-scripteurs mettent en cause un défaut d'exemplarité en somme. En cela, ils ont des tonalités très proches des critiques récurrentes qui sont adressées au SCP en temps normal. Ensuite s'exprime l'exaspération fiscale. Ici, on retrouve ces questions de consentement à l'impôt de la part de catégories de scripteurs prétendant relever soit des classes populaires, soit des classes moyennes qui, comme cela est dit à longueur de commentaires plus ou moins savants et d'analyses journalistiques, seraient les grandes oubliées des politiques de justice fiscale et sociale. À ces scripteurs appelant le chef de l'État à ne plus s'occuper seulement des assistés d'un côté et des très riches de l'autre, il faut ajouter les retraités. Ces derniers n'ont en effet pas cessé d'interpeller les présidents de la République depuis au moins 2012. Ils constituent une catégorie active et centrale dans l'espace social des scripteurs. Enfin, dans l'analyse des courriers d'opinion relatifs aux questions de société telles que le mariage pour tous et, plus généralement, l'évolution des mœurs et des droits afférents aux nouvelles identités (de genre) et aux problématiques environnementales, il ressort que ce sont majoritairement des scripteurs relativement conservateurs qui saisissent le plus fréquemment et le plus massivement les présidents de la République.

L'actualité façonne, voire déclenche pour partie, la décision d'écrire ainsi que, logiquement, le sujet des prises de position. L'agenda médiatique et politique, qui ne dicte pas aux écrivants quoi penser, se limite à une fonction de cadrage des sujets à l'ordre du jour (Le Grignou, 2003). Notre lecture des courriers d'opinion nous a néanmoins conduits à repérer des cas d'interpellations répétées et progressivement amplifiées d'un tout autre genre. Il arrive en effet que l'écriture à l'adresse de l'hôte de l'Élysée, lorsqu'elle produit un mouvement collectif de revendication au point d'obliger les services du SCP à alerter la Présidence, au contraire, précède l'actualité.

Ainsi les courriers atteignent-ils parfois leur cible, plus ou moins indépendamment de ce qui fait l'opinion au sein de l'espace public. Ils produisent alors une « manifestation de papier » d'un genre particulier[1]. Cela peut être encore plus vrai à propos de questions très localisées uniquement relayées par la presse quotidienne régionale, comme lorsqu'une petite centaine de courriers électroniques, en novembre et décembre 2017, sont venus dénoncer l'achat par le fonds de

1. Nous faisons ici référence à cette notion de « manifestation de papier », non sans un détournement de sens, qu'avait utilisée Patrick Champagne (1990) lorsqu'il montrait que le succès d'une action collective avait partie liée avec la couverture médiatique dont elle bénéficiait ou non.

gestion chinois Hongyang de 900 hectares de terres arables dans l'Allier. En février 2018, Emmanuel Macron annoncera vouloir mettre des verrous réglementaires dans ce domaine ; comme nous l'a confié un membre du Bureau d'analyse, les courriels indignés contre l'« impuissance de la SAFER [Société d'aménagement foncier et d'établissement rural] à encadrer le marché », l'absence de « souveraineté alimentaire », l'« avenir bouché pour les jeunes agriculteurs de l'Allier » et la « dépossession généralisée des terres » ont joué un rôle clé : « On a renvoyé tout ça au Préfet de l'Allier qui n'avait sans doute pas vu l'importance de l'affaire, et très vite ça a été pris en charge. Tous ces courriers sont arrivés, enfin les plus représentatifs, sur le bureau du Pr. »

Les courriers dits d'opinion, ceux considérés comme tels par l'Élysée et ceux qui, sous les espèces du témoignage, de la supplique ou de l'insulte, peuvent s'y apparenter, sont un matériau particulièrement riche pour analyser le rapport à la politique des Français en général et le rapport à l'institution présidentielle en particulier. Nous aurons l'occasion de développer plus avant ce que nous dit cette « présidentialisation en actes écrits » quand elle émane de citoyens ordinaires. Comme le dit Simona Cerruti, « lues à contre-jour, les suppliques contiennent des quantités extraordinaires d'informations autour des pratiques de leurs auteurs » (Blum et Cerutti, 2018). Ces actes d'écriture doivent donc être compris à l'aune du dialogue – et donc de la configuration sociale et institutionnelle – qui l'encadre. Écrire au président d'un régime politique qui le place au centre du jeu, pour exercer son droit d'être entendu, sans savoir si on va être lu, ni par qui, dramatiser suffisamment le geste pour attirer l'attention sans perdre de vue le statut vénérable du destinataire, tels sont les quelques paramètres qu'ont en tête les scripteurs ressentant ce besoin de « tutoyer » la fonction présidentielle. Resterait à mettre au jour les socialisations politiques qui prédisposent à interpeller le président, comme le tropisme épistolaire dont le capital scolaire doit être l'une des composantes.

5

Comment (se) compte l'opinion

Le service traitant des courriers d'opinion est celui qui, avec le service des affaires réservées[1], jouit du plus grand prestige relatif.

Plus un courrier est jugé important, à savoir au plus près de ce qui est « politique », plus il semble contenir une sorte de puissance argumentative et une hauteur de point de vue prêtant au scripteur de l'importance, voire un rôle de relai d'opinion, et plus la proposition de réponse nécessite l'aval du « Palais ».

L'identité du scripteur, quand les services parviennent à la connaître avec précision et certitude, fonctionne également comme un critère permettant d'évaluer le poids de l'opinion ainsi exprimée. La sélection des courriers importants qui se fonde de toute évidence sur l'identité de celle ou de celui qui écrit au président de la République et la nature du courrier envoyé a, semble-t-il, été institutionnalisée au travers de catégorisations routinières et d'appréciations relativement personnelles des agents. Implicitement, une missive a d'autant plus de chances d'être considérée comme une opinion et traitée par le service idoine que le scripteur manifeste qu'il (re)connaît la valeur des attributions présidentielles, alors que

1. Les courriers des personnalités françaises et étrangères, des élus, des patrons de grandes entreprises, d'intellectuels ou de groupes d'intérêt n'étant pas dans nos priorités de terrain compte tenu du temps dont nous disposions, nous ne traiterons pas dans cet ouvrage le cas du service des affaires réservées.

l'immense majorité des courriers requêtes qui échouent à l'Élysée révèlent par là même la maladresse institutionnelle de leurs auteurs. Le respect de la fonction conditionne en quelque sorte la considération de l'opinion.

Le SCP ne se contente cependant pas de faire le départ entre requêtes et opinions. Il traite, analyse, accommode et mesure ces « opinions » afin de les acheminer vers le Palais, vers les collaborateurs du président, voire vers le président lui-même[1].

Sonder les courriers d'opinion

Au moment de notre enquête, en 2017, l'opinion, depuis l'automne 2012, n'est plus traitée comme elle l'a été jusqu'à la fin du mandat de Nicolas Sarkozy. Sous François Hollande, un changement majeur a lieu en matière de gestion de l'opinion. En effet, quelques mois après l'arrivée d'une nouvelle cheffe de service au SCP en septembre 2012 se constitue une petite équipe de cinq personnes dont la mission sera uniquement d'analyser l'opinion : le Bureau d'analyse (voir chapitre 1). La fabrique de cette opinion épistolaire par les services de l'Élysée n'occupe pas une place comparable à celle d'autres instruments mieux connus de mesure de l'opinion publique (Blondiaux, 1996). Les agents du Bureau d'analyse s'inspirent néanmoins de certaines techniques dédiées à l'estimation des convictions politiques, ils produisent des statistiques, élaborent des notes destinées au président, qu'ils entremêlent parfois aux sondages du moment, ils sélectionnent des courriers dits « représentatifs » et les donnent à lire au chef de l'État. Désormais, le président de la République française ainsi que les membres de son cabinet reçoivent des notes d'analyse du SCP. De surcroît, le président part en week-end avec une sélection de dix à quinze courriers représentatifs.

1. Cette présentation se focalisera principalement sur le quinquennat Hollande. Nous n'avons pas pu recueillir un matériau suffisamment dense pour le mandat Sarkozy.

Répartition des thématiques des courriers d'opinion

Pôle vie politique	Pôle intérieur	Pôle politiques publiques	Pôle économique	Pôle diplomatique
Vie politique	Sécurité	Éducation nationale	Fiscalité	Affaires internationales
Élection	Sécurité civile	Enseignement supérieur	Économie	Politique étrangère de la France
Vie parlementaire	Laïcité	Environnement	Entreprise	Affaires européennes
PR (communication-discours)	Cultes	Écologie	Commerce-artisanat	Défense
Partis politiques	Discrimination	Agriculture-chasse-pêche	Industrie	Anciens combattants
	Immigration	Aménagement du territoire	Énergie	COP 21
	Justice	Transport	Finances publiques	G8-G20
	État-fonction publique	Santé	Évasion fiscale	ONU
	Mémoire Harkis	Recherche	Budget de la France	Commerce extérieur
	Élysée (site internet, etc.)	Handicap	Déficit-dette	
	Réforme territoriale	Dépendance		
	Sécurité routière	Retraite		
	outre-mer	Social		
		Logement		
		Exclusion		
		Travail		
		Emploi		
		Sport		
		Jeunesse-politique de la ville		
		Fin de vie (opinion)		
		Culture		
		Médias-communication		
		Grand Paris		
		Égalité hommes-femmes		

Document fourni par le SCP.

Progressivement, cette nouvelle équipe au sein du SCP a donc imaginé des manières de sonder les opinions contenues dans les courriers. De façon artisanale d'abord, puis, après avoir sollicité un prestataire spécialisé dans le traitement des données, de façon plus rationalisée au moyen d'un tableur Excel à plusieurs entrées. Le classement thématique mis en œuvre reprend les catégories habituelles de l'action publique et de la vie politique, telles que l'éducation, l'économie, les relations internationales, la fiscalité, le handicap, etc.

Ces catégorisations ont trois finalités : d'une part, classer le courrier pour le référer à des réponses types ; d'autre part, évaluer sur quoi portent majoritairement ou tendanciellement les sujets abordés par les scripteurs ; enfin, constituer des stocks de lettres portant sur le même sujet afin de proposer des synthèses thématiques au Palais. Ces notes de quelques pages comportent un chapeau écrit par les agents du Bureau d'analyse pour résumer de quelle façon le thème a été soulevé et commenté par les correspondants du président, puis les arguments de ces derniers sont précisés, accompagnés d'extraits de lettres et de courriels[1]. La fréquence statistique avec laquelle les sujets sont mentionnés par les courriers est également exposée.

Il peut arriver, selon l'actualité, que de nouvelles catégories soient créées tant les courriers se focalisent sur une question jugée alors prioritaire pour les « Français ». Aux côtés de thèmes politiques récurrents, des sujets peuvent ainsi s'ajouter quand s'observent des réactions d'une certaine intensité aux politiques publiques nouvellement mises en œuvre, à des scandales (comme les affaires Cahuzac, Leonarda ou Benalla déjà évoquées) ou à des événements dramatiques d'ampleur nationale (à l'image des attentats terroristes), mais aussi quand

1. Certains agents avaient proposé de livrer les extraits exactement tels qu'ils avaient été écrits – ce qu'ils appelaient les « *sic* » –, pensant que le style et l'orthographe pourraient renseigner sociologiquement le président ou les membres de son cabinet sur l'identité de la personne écrivant. Mais cette proposition a été rejetée sous prétexte que cela rallongerait et compliquerait la lecture.

des « signaux faibles » semblent annoncer l'apparition d'un nouveau problème public.

Sélectionner des opinions « représentatives »

Après les années Sarkozy durant lesquelles les sondages ont été particulièrement mobilisés (avec les problèmes judiciaires qui se sont ensuivis), François Hollande s'est engagé à ce que l'Élysée n'en commande plus et a souhaité que les courriers soient mieux mobilisés dans le pilotage élyséen de l'opinion. Si cette décision, qui a abouti à la création du Bureau d'analyse, n'a pas donné lieu à une circulaire interne, elle a été parfaitement entendue par les agents du SCP. Les agents avec qui nous nous sommes entretenus à bâtons rompus lors de notre travail de terrain ont insisté sur l'intérêt que François Hollande portait aux courriers : « Je sais que ce n'était pas du tout la même ambiance sous Sarkozy et, surtout, Sarkozy ne s'intéressait qu'aux courriers de soutien ; Hollande, lui, voulait savoir, et aimait les courriers » (entretien avec un ancien agent du SCP, février 2021).

Les explications que nous a données François Hollande au sujet de son rapport au courrier présidentiel, ainsi que nos investigations préalables au sein du SCP, nous portent sinon à nuancer, du moins à mettre en regard son intérêt pour les lettres avec d'autres façons présidentielles de l'exprimer. Notre impression est que l'ancien élu de Corrèze a davantage été happé par d'autres logiques d'opinion que celles que véhiculaient les lettres réputées politiques que traitait le Bureau d'analyse. Et si le SCP faisait office de substitut aux sondages que le président s'était interdit de commander, les témoignages publics et les écrits de ses conseillers, les ouvrages de journalistes et François Hollande lui-même à l'occasion de l'entretien qu'il nous a accordé convergent vers une autre réalité. D'ailleurs, quand nous lui avons demandé s'il avait eu l'occasion de modifier même à la marge l'une des mesures qu'il avait entendu prendre en matière économique et sociale sur la foi de courriers, sa réponse a été des plus catégoriques : « Non, jamais, mais j'y faisais attention. »

Ainsi les agents du Bureau d'analyse avaient-ils à préparer hebdomadairement et mensuellement les « courriers représentatifs ». Chaque fin de semaine et chaque fin de mois, parmi l'ensemble des courriers reçus au sein du Bureau d'analyse, une sélection était faite d'environ dix à vingt courriers. Il nous a été difficile de saisir par quelle opération cognitive et au travers de quel choix éditorial ce tri emblématique était effectué, à partir de tout ce qui a été reçu comme courrier d'opinion durant une période donnée. Les agents que nous avons interrogés à ce propos ont certes mis en avant leur esprit de synthèse, leur capacité à mémoriser ce qui se distinguait de la masse de lettres lues, commentées, échangées entre eux, parfois placardées au mur quand il y avait matière à rire ou à contempler ce qu'un destinataire avait récemment adressé – autant de savoir-faire et de savoir-lire échappant aux directives ou routines bureaucratisées.

L'on sait cependant que chaque courrier d'opinion reçu et donc classé se voit associé à un jeu de mentions qui l'inscrit dans l'une des trois catégories suivantes : « soutien », « critique » et « sans positionnement ». Le « sans positionnement » renvoie aux courriers où le contenu n'implique ni positivement ni négativement l'image du chef de l'État. Par conséquent, au terme d'une semaine ou d'un mois, la liste des courriers représentatifs qui est communiquée au président suit les proportions dans lesquelles les trois types de classements se distribuent. D'ailleurs, la comptabilité régulière des courriers selon leur nature critique est objet d'une communication statistique permanente vers le cabinet de la présidence de la République. Nous y reviendrons en fin de chapitre.

Au vu des nombreuses synthèses que nous avons pu lire, de la plupart des feuilles de garde des courriers représentatifs donnés à lire au chef de l'État et de plusieurs milliers de lettres figurant dans ces lots en partance pour l'Élysée entre 2012 et 2018[1], nous pouvons dégager les critères de sélection

1. *Grosso modo*, un président comme François Hollande a lu quelque 3 500 courriers et courriels représentatifs sur le temps de son mandat.

Exemples de courriers d'opinion du 26 février 2016

1. Soutien au PR et encouragement à poursuivre son action
2. Soutien à la visite du PR en Argentine
3. Commentaire anonyme sur les derniers déplacements du PR à l'étranger
4. Renouvellement du parc automobile à l'Élysée
5. Soutien d'un élu au projet de réforme du Code du travail
6. Critique du projet de réforme du Code du travail trop favorable au patronat
7. Militant déçu par les orientations du projet de réforme du Code du travail
8. Tribune de Martine Aubry : réponse d'une militante à Manuel Valls
9. Tribune de Martine Aubry : réaction anonyme de soutien et critique du PR
10. Critique du remaniement
11. Sympathisant socialiste exprime sa déception et ses doutes pour 2017
12. Critique générale de la politique menée
13. Critiques et inquiétudes pour l'avenir d'une jeune électrice de gauche
14. Témoignage critique du service civique
15. Prime d'activité : incompréhension d'une famille non éligible
16. Demi-part fiscale pour les personnes seules
17. Demande de régulation des activités bancaires
18. Dénonce les négociations du traité CETA (Canada-UE) en cours
19. Brexit : critique de l'accord négocié du Conseil de l'Europe

les plus saillants. À quelques exceptions près, l'ensemble des courriers représentatifs se présente assez systématiquement sous une forme qui se veut pluraliste – c'est sans doute cela, pour partie, qui est entendu comme « représentatif » –, où se succèdent les témoignages de soutien, les lettres critiques et celles devisant sur des questions politiques sans satisfecit ni acrimonie à l'endroit du chef de l'État.

À chaque fois, la sélection remise au président de la République, déposée sur son bureau par sa secrétaire particulière, commence par des lettres de soutien. Défense de l'institution et noblesse obligent, il s'agit de mettre en avant des scripteurs qui remercient, encouragent, soutiennent et honorent la manière dont le président de la République décide et endosse sa fonction :

> Ce n'est pas mon genre de passer la brosse à reluire (militant CFDT depuis 1961) mais aujourd'hui je tiens à vous encourager à tenir bon et à vous apporter mon soutien pour votre action en général. Les sondages vous sont défavorables certes mais c'est l'histoire qui vous jugera positivement, j'en suis sûr. (Courrier, homme, grande métropole, 2014.)

> Monsieur le Président. C'est un français représentatif de la Droite « gaulliste » (orpheline de son créateur) qui vous écrit pour vous dire son admiration et son respect. Je retrouve en vous la stature de celui qui a conduit le redressement de la France après-guerre […] Quelle que soit l'humeur des électeurs, l'histoire vous rendra certainement justice […] Je ne pourrai jamais être socialiste (je n'ai toujours pas compris ce que c'était), mais désormais je suis un « hollandiste » convaincu. (Courrier tapuscrit, homme, chirurgien-dentiste, commune de 34 200 habitants, 2014.)

À la lecture de ces quelques extraits, on comprend que le SCP entend produire plusieurs effets sur le lecteur final en la personne du président de la République. Montrer qu'il y a des citoyens satisfaits, bien sûr, satisfaits de l'action du gouvernement et du chef de l'État. Mais aussi indiquer qu'il existe des scripteurs non seulement acquis à la cause du président, mais également méfiants à l'égard des courants d'opinion du moment. Ces scripteurs laudateurs sont généralement suivis par des écrivants plus critiques, égrenant les mises en garde, les conseils appuyés et les oppositions :

> Je reste un de vos soutiens malgré tout ce qui est mis en place pour vous discréditer aussi bien dans votre propre parti, quand dans l'opposition et les médias […] Les français sont plus axés sur leur quotidien économique. Il serait bien aussi de leur rappeler toutes les « petites choses » en leur faveur que ce soit par ex, le plafonnement des honoraires de location, l'élargissement du prêt à taux zéro, la généralisation du tiers payant […] Il serait bien aussi d'expliquer clairement le pourquoi de vos actions que ce soit le CICE [crédit d'impôt pour la compétitivité et l'emploi], le pacte de responsabilité, la loi travail… Il faut aussi faire comprendre aux français combien les programmes de droite seront bien plus difficiles à vivre en reprenant point par point leur idées […] Je me pose donc la question sur des cellules ripostes en place par vos opposants. Je sais que vous ne lirez pas personnellement ce message, mais j'espère que les personnes le recevant pourront y réfléchir et en parler aux membres de votre cabinet. (Courriel, femme, commune de 10 800 habitants, 2016.)

Les scripteurs mécontents ont été nombreux, y compris dans les rangs des sympathisants et militants socialistes, à se dire trahis après avoir voté pour François Hollande en 2012[1] :

> Monsieur le président de la République, aidez-nous à croire en vous. Je vous ai apporté mon soutien en 2012, lors des deux tours de l'élection présidentielle. Puis je vous ai écrit en 2013 pour vous encourager encore. Je ne suis pas de ceux qui vous jettent la pierre avec irrespect et amertume, ils sont nombreux. Mais j'aimerais encore recevoir de vous des signes qui permettent d'y croire. De croire en un changement réel, un changement de cap, de politique et d'idéal […] J'aimerais pouvoir dire fièrement que vous serez à nouveau mon candidat pour 2017. Soyez fidèle à ce que vous étiez. Cessez de servir la

1. L'un des agents du Bureau d'analyse nous a affirmé avoir plusieurs fois reçu, accompagné de ces lettres de socialistes déçus, des cartes d'adhésion souvent déchirées. Il nous a raconté d'ailleurs qu'est parvenu un jour un petit cercueil rempli de cartes d'adhérents du Parti socialiste.

> « finance » telle que vous la fustigiez. (Courriel, étudiant, Paris, 2016.)

> Monsieur le président, je me permets de vous écrire pour vous exprimer, moi pur produit de la génération Mitterrand, ma profonde déception et désillusion sur la politique menée par votre gouvernement. Le changement c'est maintenant : votre slogan de campagne n'a tenu que le temps de celle-ci. Depuis les choses n'ont pas changé et, surtout, par rapport à la politique menée par votre prédécesseur, je dirais même qu'elles ont empiré [...] Les élections municipales approchent et pour la première fois de ma vie, je vais hésiter à aller voter. Les politiciens ont oublié qu'il était indispensable d'être compris par leurs concitoyens [...] Merci d'avoir pris le temps de me lire. Très respectueusement. (Courriel, homme, commune de 25 000 habitants, 2014.)

Se sont constamment ajoutés à ces plaignants de gauche des mécontents plus radicaux dont les écrits indiquent clairement leur positionnement à la droite de l'échiquier politique. Cela a été très net à propos des questions d'immigration, de terrorisme – une fois passé le temps des hommages –, de fiscalité et de libertés individuelles. La séquence du mariage pour tous, à cet égard, est un très bon révélateur de la mobilisation régulière des écrivants conservateurs, lesquels, au passage, ont été plus nombreux à écrire sur ce sujet que celles et ceux défendant cette nouvelle loi.

Enfin, cinq à six lettres sont des expressions sinon plus neutres, du moins relativement indifférentes à la situation politique du chef de l'État. Ce sont des prises de position sur des sujets d'actualité. Elles sont données à lire pour permettre apparemment au président de prendre le « pouls » du pays au sujet d'un des thèmes mis récemment à l'agenda :

> Monsieur le Président de la République, je souhaite vous écrire car je suis préoccupé par les mesures sur la pénibilité au travail ? Vous êtes en train de créer une nouvelle contrainte forte sur le travail, ce qui pousse une nouvelle fois les employeurs à penser à délocaliser les usines restantes

> en France vers l'étranger […] Libérez les entreprises, libérez les emplois ! Merci de supprimer cette loi. Je vous prie de bien vouloir agréer, Monsieur le Président de la République, l'expression de mes sentiments distingués. (Courriel, homme, chef de projet dans l'automobile, 2014.)

L'éventail des réactions suscitées par les mesures prises par François Hollande sous son quinquennat – mesures fiscales, réorientations en matière de politique économique, loi travail, mariage pour tous, etc. – a ainsi été couvert au travers de l'une de ces lettres représentatives.

Parallèlement à cette volonté de produire une représentativité, non pas statistique mais chorale, dans le but d'appréhender l'ensemble des perceptions possibles de l'action du chef de l'État, une attention particulière a été réservée au courrier des électeurs, sympathisants ou militants du Front national. Et s'il ne nous a pas été permis de quantifier les correspondants relevant de cette catégorie qui ne peut que préoccuper un pouvoir de gauche, une veille a été d'autant plus intense à ce sujet que plusieurs agents du Bureau d'analyse, en raison de leur culture universitaire mais aussi de leur culture politique, de gauche, y étaient des plus sensibles. Ainsi une sélection régulière a-t-elle été faite soit d'électeurs socialistes menaçant de donner leurs futurs suffrages à Marine Le Pen, soit de scripteurs s'autodéfinissant comme frontistes pour constituer la quinzaine de courriers destinés au président de la République :

> M Le Président. Je vous interpelle encore une fois, car il nous est difficile nous les français d'en bas, les sans dents (et c'est le cas puisque nous ne pouvons plus nous soigner) de pouvoir vivre dignement, mais le temps où vous brandissiez la menace sur la finance est déjà parti depuis mai 2012 !!! Maintenant est venu le temps ou l'on va changer le code du travail au détriment des salariés pour revenir au XIX siècle […] Vous m'avez déçu, je ne voterais plus pour les socialistes, je ne voterais pas pour les Républicains, par contre il est fort probable que je vote FN car j'en ai marre de tous vos mensonges !!! […] Je ne vous

salut pas M le Président, j'ai trop de colère contre vous et votre politique de droite !!!! (Courriel, homme, 2016.)

Les sélections opérées par les agents du Bureau d'analyse peuvent s'interpréter de différentes manières. D'abord, chez ces personnels formés à la science politique et, pour certains à la recherche en sciences sociales, il y a le souci de retraduire les interventions et les expressions plurielles des citoyens ordinaires. Certes, ils disposent pour ce faire d'un logiciel de traitement de données, mais la plupart d'entre eux ont à cœur de n'oublier personne parmi les scripteurs, en quelque sorte, et de chercher à donner à entendre au président de la République, surtout quand il est un ancien énarque passé par Sciences Po Paris, une parole émanant du peuple français. Leur collecte et leur tri traduisent alors une volonté de « faire remonter en haut de la pile » les courriers apparemment rédigés par de simples citoyens sachant exprimer une opinion jugée juste, sincère, argumentée et démontrant que l'expéditeur sait de quoi il parle tant il semble être au plus près du problème qu'il dénonce. En ce sens, il se voit accorder le droit d'être représentatif. L'une des conditions pour retenir son courrier, cependant, c'est que son écriture soit lisible et que sa lettre ne soit pas trop longue : « Je me souviens d'une lettre de sept pages d'une infirmière. Pour moi, c'est l'un des plus beaux souvenirs tellement elle était bien tournée, juste et poignante. J'ai voulu la mettre dans les courriers représentatifs, j'ai même voulu que le PR la signe de sa main, mais elle était trop longue – sept pages, ce n'est pas possible » (ancien agent du Bureau d'analyse).

Dans la mesure où la constitution des « courriers représentatifs » par le Bureau d'analyse n'a, à notre connaissance, jamais reçu ni de retour argumenté ni de consignes explicites visant à modifier les critères de cette sélection de la part du chef de l'État, les agents concernés par la production de ces documents hebdomadaires et mensuels ne disposaient que de quelques indices ténus pour poursuivre leur mission. D'une part, tant que l'Élysée ne protestait pas, cela signifiait que leur travail était validé. D'autre part, imaginant ce que souhaiterait lire un président de gauche, il leur semblait logique de lui proposer, à côté d'appréciations sur sa politique et ses déclarations publiques ou médiatiques, des lettres interpellant ou nourrissant ses convictions. Les sensibilités des agents, à en croire l'un d'entre eux, faisaient le reste :

> Il est vrai qu'il y avait des règles. Par exemple, commencer par des soutiens, ensuite des critiques, etc. Je sais d'ailleurs qu'on a dû me dire cela quand j'ai commencé à travailler à l'Élysée, mais je ne peux pas dire qui m'a dit cela. Je n'en ai pas le souvenir. Mais, aussi, il y avait nos centres d'intérêt. Moi, par exemple, j'allais être plus sensible aux questions sociales, aux questions d'éducation, de santé, de racisme, quand mon collègue, lui, était plus intéressé par les questions de relations internationales. Alors on « dealait » en quelque sorte. Je mettais par exemple une institutrice et lui me mettait quelqu'un qui allait parler de la Palestine ou de la Russie. (Entretien, février 2021.)

Quant aux courriers jugés inexploitables – le terme fréquemment employé par les agents est « véhéments » –, ils ne remontaient pas au président. La vulgarité, les mots injurieux, le tutoiement, la condescendance manifeste ou les jugements sur les relations sexuelles du chef de l'État sont des motifs d'exclusion des sélections. Si le président n'a donc pas à connaître ces centaines de courriers et courriels qui affluent chaque année, il n'en reste pas moins que les services du SCP ont à décider de les traiter d'une façon ou d'une autre. Soit en les classant comme sans suite à donner, soit en leur apportant une réponse de principe.

Sélectionner les bons scripteurs

Nous avons codé systématiquement les assortiments mensuels qui remontent au Palais. Nous avons pu exploiter 263 courriers retenus pour les années pour lesquelles nous disposions de l'intégralité des sélections des douze mois, 2014 et 2015. Ces échantillons suivent pour la plupart l'agenda politico-médiatique et ne comportent qu'exceptionnellement des requêtes individuelles (sauf lorsqu'il s'agit de plaintes concernant le niveau des « petites retraites »). Ils peuvent contenir des interpellations, plus rares, pour des scripteurs intéressés par des enjeux très spécifiques. Nous avons retenu un certain nombre d'items concernant la caractérisation des correspondants et nous avons codé quatre critères (qualité de l'orthographe, forme de l'argumentation, longueur et type de support) importants, selon nous, pour comprendre les logiques de la sélection opérée par les membres du service soucieux de saisir les « opinants ». La correction formelle a sans doute aussi été un critère de choix. Les correspondants appellent le plus souvent le président « Monsieur le Président de la République ou « Monsieur le Président » et terminent leur lettre par unc formule de politesse recherchée. Cela en 2014. En 2015, quelques formules d'entrée et de sortie de lettre montrent un certain relâchement. Vraisemblablement, les lettres d'opinion les plus longues, celles qui développent une question de manière experte ou obsessionnelle, ne peuvent être incluses dans cet outil qui doit permettre un feuilletage et une lecture rapide. Elles ont suivi un autre cheminement. Ici, aucun courrier sélectionné ne dépasse les deux pages.

La plupart de ces courriers ne fournissent que très peu d'informations sociodémographiques exploitables. L'âge est très peu renseigné (en 2014, seuls 33 âges sur 118 sont indiqués, souvent avec imprécision, et 27 sur 145 en 2015). Dans de nombreux cas, la profession ou le statut ne sont pas mentionnés : pour 2014, 82 professions sont inconnues, et 23 correspondants font figurer (car cela est en rapport avec leur intérêt et leur qualité à écrire) leur fonction (notaire, urbaniste, cadre, ingénieur, médecin, sage-femme, chef d'entreprise, etc.) ; seuls 4 de ces derniers se désignent comme « classe moyenne » et un seul comme « travailleur du bas de l'échelle ». La situation des sélectionnés de 2015 n'est guère différente : 112 professions inconnues, 33 documentées (artiste, médecin, universitaire, DRH, professeur de lettres, des retraités, un sans-emploi diplômé, un allocataire du RSA et un chômeur).

L'orthographe des scripteurs sélectionnés est sans faute dans plus de 98 % des cas (seul un sur 118 montre un niveau orthographique non « conforme » en 2014, 6 commettent quelques fautes, et, en 2015, sur 145, seuls 3 ont des défaillances orthographiques). Cela se retrouve dans le niveau argumentatif : 81 sur 118 en 2014 et 112 sur 145 en 2015 exposent leurs idées sur la thématique qu'ils ont choisie. Quelques-uns seulement développent des démonstrations maîtrisées quand la plupart reprennent (parfois en les citant ou en les décalquant) des scripts courants que diffusent les médias et tous les producteurs d'interprétations et de cadrages politiques. La maîtrise est parfois très cursive lorsqu'il s'agit d'approbation, de dégoût ou d'émotion (notamment lors des attentats de 2015).

Il est intéressant de noter que, parmi les trois catégories de supports possibles (courrier manuscrit, courrier tapuscrit et courriel), ce sont les lettres dactylographiées, les plus rares (7 sur 118 en 2014 et 27 sur 145 en 2015), qui présentent les caractéristiques qualitatives les plus conformes pour entrer dans la sélection (orthographe, argumentaire, longueur). Le style courriel (94 sur 118 en 2014, 99 sur 145 en 2015) appelle des lettres plus courtes, parfois uniquement émotionnelles. Quant aux lettres manuscrites, elles sont fortement sous-représentées par rapport à leur poids dans le flux de la correspondance totale envoyée au SCP et émanent surtout de retraités.

De même que la volonté de « panacher » les courriers approbateurs et critiques, l'attention accordée à la correction orthographique et au respect des formes argumentatives sur-sélectionne les « bons » scripteurs, c'est-à-dire ceux disposant d'un niveau de maîtrise de la langue qui les place objectivement parmi les populations dotées d'un capital culturel relativement plus important. Cette sous-population contraste fortement avec les « opinants » exclus de la sélection, et plus encore avec les requérants dont les courriers sont acheminés vers le service requêtes.

Notre constat n'indique pas que les agents du SCP fassent une sélection sociale de principe. Faute de consignes précises en la matière, ils recherchent plutôt les lettres aisées à lire qui donnent de l'information et surtout qui adressent au président de la République une argumentation susceptible de le convaincre de leur intérêt.

Les notes au président

François Hollande partait donc chaque fin de semaine et chaque fin de mois avec les courriers représentatifs. La sélection mensuelle n'était pas une synthèse des sélections hebdomadaires. Là encore, la répartition entre les courriers choisis de la semaine et ceux du mois relevait d'arbitrages et de délibérations entre les agents du Bureau d'analyse : « En fait, chaque fois, on hésitait sur ce qu'on mettait. Et quand à la fin de la semaine on avait exclu un courrier qu'on trouvait pourtant intéressant, on le réservait pour les courriers représentatifs du mois » (entretien avec un agent du SCP).

En plus de ces sélections, le président et son cabinet se voyaient régulièrement adresser par le service opinion du SCP des notes d'analyse. Il est difficile de déterminer dans quelle mesure l'un et l'autre en prenaient connaissance, autant que François Hollande disait l'avoir fait pour les courriers représentatifs. Le choix de produire ces documents répondait à plusieurs logiques. D'abord, les sélections étaient accompagnées d'une synthèse de type volumétrique précisant le nombre de courriers reçus et, parmi eux, la proportion de soutiens, de critiques et de messages sans positionnement. Sur la base des courriers d'opinion reçus, les agents du Bureau d'analyse présentaient en quelque sorte au président sa « cote de popularité » parmi les scripteurs.

Excepté la période des attentats, les situations les plus fréquentes furent celles où le taux de lettres critiques était supérieur au taux de lettres de soutien. Ainsi cette note de novembre 2015 indique-t-elle, dans un style très semblable à celui des sondeurs, l'état de l'opinion « lettrée » que le président peut entendre comme un niveau de popularité :

> 14 749 correspondances, hors pétitions, vous ont été adressées au cours du mois de novembre, soit une augmentation de 33 % par rapport au mois dernier (11 105 courriers). Les réactions aux attentats de Paris, qui ont éclipsé le reste de l'actualité depuis vendredi 13, expliquent cette tendance haussière. La moitié des courriers reçus expriment une opinion sur votre politique ou votre personnalité. Ils font l'objet de cette note. La part des soutiens bondit de 18 points en novembre pour atteindre 28 %. Elle est alimentée par l'accueil favorable de la réponse politique aux attaques terroristes qui constitue 92 % de ces messages. La proportion de courriers critiques enregistre une baisse de 20 points et s'élève à 21 %. Outre les mécontentements récurrents portant sur le pouvoir d'achat, ces correspondances mettent parfois en cause rétroactivement l'action sécuritaire du gouvernement, s'agissant notamment de la surveillance des individus faisant l'objet d'une fiche S[1].

Ensuite, les principaux thèmes abordés durant la semaine étaient mis en regard avec l'actualité, fragments de courriers à l'appui en guise d'illustrations, si bien que le président savait si l'agenda des scripteurs suivait celui des médias et si, éventuellement, ces deux agendas pouvaient se déconnecter l'un de l'autre. Quand un nombre important de courriers

1. Note au président de la République, 3 décembre 2015. Dans cette même note, pour exemple, on indique au président, dans les mêmes termes, quel est le niveau de satisfecit au sujet de son engagement pour le climat : « L'ouverture de la COP 21 a mobilisé plus de 160 personnes appelant de leurs vœux la réussite de l'événement sans pour autant entrer dans les considérations techniques : "Je compte sur vous. Ayez le courage d'aller à l'encontre des pressions des multinationales, l'avenir de l'humanité en dépend et rien n'est plus important." 23 % d'entre elles soutiennent votre engagement et vous remercient pour le maintien de la conférence dans le contexte actuel. Les 15 % d'interventions critiques portent sur les conditions d'organisation, telles que la fermeture des voies de circulation ou l'interdiction de la grande marche pour le climat, mais remettent également en cause la politique environnementale nationale du gouvernement. Elles dénoncent notamment une "absence de cohérence entre vos discours et votre action écologique", comme l'illustreraient le projet d'aéroport à Notre-Dame-des-Landes, la ferme des mille vaches ou la centrale de Gardanne, mentionnés comme autant de preuves d'une absence d'ambition environnementale. »

s'attachaient à l'un des thèmes répertoriés par le Bureau d'analyse, une note de synthèse plus spécifique en faisait état.

Comme mentionné dans la note adressée au chef de l'État le 7 avril 2017, le « droit de mourir dans la dignité » avait été l'engagement n° 21 du candidat François Hollande. Cette note, d'emblée critique, fait la synthèse de tous les courriers reçus à ce sujet. « 1 050 Français » se sont ainsi exprimés sur le sujet. Et, pour donner le ton des messages reçus, elle commence par un extrait pour le moins provocateur : « Faut-il que je demande la nationalité belge pour bénéficier du droit de mourir dans la dignité ? » 1 050 courriers auxquels le Bureau d'analyse entend ajouter « 1 000 correspondances reçues à la suite d'un appel posté sur le site internet des parents de Vincent Lambert au mois de juillet 2015 ».

Cette note d'analyse, en premier lieu, insiste sur l'engagement du candidat président en faveur du droit de choisir les conditions de sa propre fin de vie. Il est souligné que de nombreux courriers étaient parvenus lors de la première année de son quinquennat pour exprimer cette attente. L'extrait suivant est alors inséré : « Votre promesse est belle : être celui qui abolira la peine de vie. Cela a fortement orienté mon vote, je compte sur vous. » Invoquant les notions de « liberté » et de « choix personnel » ces Français affirment ne pas avoir été convaincus par l'action du président de la République, en dépit de la loi Claeys-Leonetti de janvier 2016 qui consacre le droit de chaque personne, dans certaines conditions, à demander une sédation profonde et continue jusqu'à son décès.

Comme pour montrer sa totale impartialité, cette note se termine sur la mention de courriers anti-euthanasie qui constituent 15 % de l'échantillon construit autour de l'affaire Vincent Lambert. « "Sincère plaidoyer pour le maintien en vie de Vincent Lambert" […] ces messages assimilent cet acte à "une condamnation à la peine de mort" ou encore à un "meurtre avec préméditation". »

La conclusion que les rédacteurs proposent d'envoyer au chef de l'État est cependant sans ambiguïté : « L'euthanasie active, dans une démarche de réappropriation de soi, de sa mort, de sa dignité, représente une véritable requête d'ultime liberté pour des Français convaincus qu'il s'agit simplement d'un "droit fondamental pour chaque individu" : "un droit n'est pas une obligation, libre à chacun de l'utiliser ou non." »

On ne sait pas si le lecteur ultime de la note d'analyse s'est interrogé sur les conditions dans lesquelles les rédacteurs du SCP ont construit leur plaidoyer. Car pour sincère et assurément méthodique qu'il soit, il est une synthèse habile faisant ressortir tout ce que les scripteurs ont écrit de convaincant, de « beau », comme le disent eux-mêmes les agents, pour exiger en toute « impartialité » que le président tienne ses promesses.

Que valent ces calculs ? Qu'en fait le président de la République ? Aident-ils à gouverner ? Il est douteux, selon nous, que cela ait été un outil propice à la prise de décision. Tout nous conduit à penser effectivement que François Hollande, à la différence, comme nous le verrons, d'Emmanuel Macron, n'a pas cru bon de puiser dans ces matériaux pour effectuer ses choix[1]. De plus, la chaîne de commandement qui va du président au Bureau d'analyse est plus complexe et comporte des intermédiaires que sont les membres et chefs du cabinet de l'Élysée. Du temps de François Hollande, comme nous l'a confié celui-ci, un conseiller opinion a été l'un de ces passeurs entre le SCP et le président :

> Il y avait un conseiller, Adrien Abécassis. Au départ, il était au service international, car il est diplomate. Puis il s'ennuyait. C'est un élément passionné et intéressé par l'opinion. Donc, lui, il me faisait, à travers toutes les sources qu'il trouvait, y compris du qualitatif – parce que

1. Quand bien même un président souhaiterait gouverner non plus par les sondages mais par les courriers, il n'est pas sûr qu'à ce stade du traitement à la fois statistique et technologique de ces données, il soit aisé de savoir ce que vaut cet échantillonnage. Pour nous en convaincre, nous avons pris le cas de la décision de François Hollande de réformer la Constitution pour modifier les conditions de déchéance de la nationalité. Ce qui a été perçu dans l'opinion comme une mauvaise décision de la part du chef de l'État a été, dans la première semaine qui a suivi l'annonce, approuvé par 47 % des scripteurs contre 48 %.

> les courriers, c'est du qualitatif en fait ce que disent les gens –, il me faisait une analyse de l'opinion très régulièrement. Alors ce n'était pas toujours favorable (*rires*), mais c'était très intéressant. Et je crois qu'il prenait quelques lettres. Mais il faisait un très, très bon travail, qualitatif.

Adrien Abécassis, comme nous l'ont confirmé les agents du SCP, a été très investi dans cette tâche consistant à puiser dans la matière que représentent les lettres au président pour traiter de l'opinion publique en général et des opinions exprimées par courrier en particulier. Venant fréquemment à l'Alma, adressant des demandes spécifiques et lisant chaque fois les courriers représentatifs et les synthèses, il a été en réalité la figure présidentielle qui, par procuration, a été la plus présente[1]. Sans conteste, ce conseiller a considéré que ce qu'écrivent les Français au président est une matière des plus riches. Et, en effet, sur la base des enquêtes d'opinion que le service d'information du gouvernement (SIG) commandait et des sondages publiés dans les médias qu'il recoupait avec les courriers du Bureau d'analyse, il rédigeait régulièrement des notes destinées à informer le président de la République sur son image dans l'opinion ainsi que sur les tendances et les mouvements d'humeur au gré de l'actualité. Pour ce faire, il puisait dans les courriers pour apporter des exemples concrets à ces mouvements d'opinion :

> L'outil principal, pour moi, c'étaient les sondages qualitatifs et quantitatifs. Je les récupérais au SIG, dans les verbatims. L'IFOP, à l'époque, avait le marché. C'était du très classique. Les courriers des particuliers résonnaient énormément avec ce qu'on voyait dans les sondages, mais de façon plus détaillée, plus dense et plus consistante. C'étaient du mini-quali. J'ai commencé à regarder cela de plus près.

1. On l'a dit, d'autres conseillers ou chefs de cabinet pouvaient solliciter ces services. On sait que Jean-Pierre Jouyet en était un coutumier et notamment pour rassembler des courriers critiques qu'il adressait ensuite à son ami François Hollande pour mieux le convaincre. Cela a été le cas, pour ne donner que ce seul exemple qui est certes très anecdotique, quand le secrétaire général de l'Élysée a voulu intimer au président de la République de mieux porter ses cravates.

> J'allais très souvent au SCP. J'ai dû commencer par les appeler. Assez vite, j'ai trouvé ça super intéressant. Et on a commencé à monter quelque chose avec le Bureau d'analyse [...]. Une source unique qui ne se retrouve nulle part ailleurs dans l'appareil d'État [...]. Et puis la plupart des courriers des particuliers venaient souvent de portions du pays assez peu représentées par les institutions politiques classiques et assez peu présentes dans les médias[1].

Nous le verrons dans le chapitre suivant, Adrien Abécassis, vers la fin du mandat, fera des préconisations au chef de l'État pour que ce dernier accentue et élargisse l'utilisation des courriers à des fins qui dépassent la seule lecture de l'opinion, notamment en essayant de mieux cerner les scripteurs, de les solliciter éventuellement sur des questions spécifiques et, enfin, de les rencontrer autrement que de façon protocolaire. Les notes de ce conseiller, que ce dernier a bien voulu nous communiquer, parce qu'elles associent des sondages d'opinion parus dans la presse, des verbatim d'enquêtes d'opinion recueillis ici ou là et notamment auprès du SIG, ont néanmoins eu tendance à faire du courrier une substance qualitative sinon dissoute par la production sondagière, du moins assez illustrative, au point où verbatim et extraits de lettres pouvaient être rassemblés sans que l'on en précise les sources. En d'autres termes, si le président de la République a pu s'inspirer des conseils de son spécialiste de l'opinion pour conduire sa politique et élaborer sa communication, il n'a pas pu tout à fait s'appuyer sur ce que lui écrivaient les scripteurs.

Quand les lettres deviennent des chiffres

L'analyse des courriers au moyen d'outils tels que des logiciels de traitement des données conduit logiquement à transformer les lettres adressées au chef de l'État en chiffres. Il semblerait que la quantification des courriers, et donc aussi la mesure de l'efficacité du SCP, soit une innovation de 1983, quand le

1. Entretien avec Adrien Abécassis en visioconférence, le 2 avril 2021.

chef de service nouvellement désigné propose d'adresser chaque année un bilan intitulé « Les événements marquants de la vie politique et leur incidence sur le courrier adressé à Monsieur le Président de la République » et, tous les mois, une « Analyse du courrier adressé à Monsieur le Président de la République ». Des notes spécifiques sont également produites comme celle du 15 mars 1991 relative aux réactions depuis la fin du conflit du Golfe (156 lettres et 9 communications téléphoniques).

Le bilan annuel chronique alors mois par mois, à la manière de *L'Année politique*, les principaux événements de politique extérieure, puis de politique intérieure, et donne en regard de chaque fait retenu le nombre et la tonalité des lettres reçues. Ainsi, en janvier et février 1986, la chute du président Marcos aux Philippines, la libération du dissident Anatoli Chtcharanski et l'assassinat du Premier ministre suédois Olof Palme ne suscitent aucune réaction, alors que la venue en France de Jean-Claude Duvalier entraîne 300 protestations. En politique intérieure, le décompte des réactions aux décès de plusieurs personnalités sont comptabilisées et portées à la connaissance de François Mitterrand. Daniel Balavoine a droit à quelques messages de condoléances, Simone de Beauvoir à « une dizaine de messages de sympathie », Marcel Dassault ne suscite aucune réaction et la mort de Gaston Defferre donne lieu à 67 messages – « chiffre inhabituellement élevé pour la disparition d'une personnalité », est-il noté. Pour Coluche, c'est une dizaine de correspondants émus ; quant à l'assassinat de Georges Besse (7 lettres) et celui de Malik Oussekine, moins que des condoléances, ce sont des courriers d'indignation qui sont adressés à l'Élysée. Certains événements très médiatisés suscitent aussi un nombre significatif de courriers, comme les attentats de septembre 1986 (214 messages de condoléances aux familles des victimes et de soutien et de solidarité à l'égard de l'action du président et du gouvernement), les incendies de forêt d'août (50 déplorant le manque de moyens), alors que d'autres, comme l'entrée de l'Espagne et du Portugal dans la CEE, la privatisation de Saint-Gobain ou l'affaire Carrefour du développement semblent indifférer les scripteurs. En revanche, l'accord franco-britannique concernant la construction de deux tunnels suscite l'envoi d'une soixantaine de demandes d'emploi.

Ce passé lointain de la comptabilité des envois au président appelle une remarque sur laquelle nous revenons souvent dans cet ouvrage quand nous questionnons cette césure entre « opinions » et « requêtes ». Sous François Hollande, les notes et synthèses portent exclusivement sur les opinions. Du temps de François Mitterrand, même si « opinions » et « requêtes » sont dissociées et concernent des services parallèles, le chef du service de la correspondance présidentielle s'accorde la possibilité d'ajouter un paragraphe de plus d'une page consacré aux requêtes[1] : « Le Président de la République cristallise toujours l'espoir des correspondants qui lui demandent en dernier ressort de *corriger les injustices* dont ils sont victimes ou de les sortir d'une situation désespérée. » Ils sont très nombreux, écrit le chef de service « à lui reprocher son action en faveur des Roumains, du Bangladesh ("pensez d'abord aux Français sinistrés") ». Il relève qu'il semble qu'on remercie plus fréquemment le président d'être intervenu sur des causes très précises comme « la remise partielle de la taxe d'habitation, l'impôt sur le revenu, l'octroi d'un logement, la régularisation de dossiers administratifs ». Une note datée de mai 1987, très brève, mentionne à nouveau ce qu'écrivent les requérants : « Peu d'éléments marquants », mais, signale-t-il, les recours en grâce à l'approche du 1er juillet, les difficultés de renégociation des prêts d'accession à la propriété, les lettres très nombreuses d'étrangers sans papiers en situation irrégulière qui « écrivent en toute confiance », qu'ils « appréhendent un contrôle de police et qu'ils comptent sur lui pour pouvoir continuer à vivre en France »[2].

---

1. Ce chef de service, en raison sans doute de sa trajectoire et de son militantisme, s'est parfois lancé dans des analyses de type sociologique de scripteurs spécifiques, comme cette fois où il a rédigé une analyse très intéressante consacrée aux courriers provenant du Nord-Pas-de-Calais et de la Seine-Maritime. Il y présente un regard assez fin sur le sexe des scripteurs et leur combativité pour défendre leur honneur.

2. Michel Hénocq, chef du Service du courrier, « Analyse du courrier adressé à Monsieur le Président de la République », février 1990.

Cette quantification a connu une accentuation au cours de la période 2012-2017. Ce qui est désormais comptabilisé, comme on l'a déjà partiellement indiqué, ce sont des taux de critiques, de soutiens et de réactions sans prise de position vis-à-vis du chef de l'État. D'après nos sources, des camemberts apparaissent en 2014 pour aider le président à mieux visualiser et détecter les tendances, et ce pas seulement pour évaluer sa popularité, mais aussi pour présenter une répartition des courriers d'opinion par thèmes. Tout ou presque est désormais inscrit dans des tableurs et peut faire l'objet de statistiques plus affinées que jamais. C'est particulièrement le cas pour ce qui porte sur les pétitions reçues à l'Élysée. Notons que le SCP, devenu pour partie un service de production statistique, a progressivement diversifié ses activités de synthèse et de dénombrement. Il y a certes la synthèse hebdomadaire et mensuelle pour le chef de l'État, principalement axée sur sa popularité et les thèmes généraux d'actualité, mais il y a aussi nombre de notes thématiques et statistiques faites à l'intention des membres de cabinet et des conseillers techniques où l'emploi, les relations extérieures, le handicap et la fiscalité, entre autres, sont passés au crible.

Chaque année, le chef de l'État peut, de plus, consulter la synthèse annuelle des courriers d'opinion grâce à une mise en perspective statistique d'ensemble. Nous avons pu consulter la synthèse de 2015.

Y figurent le volume et le flux annuels du courrier d'opinion (46 129 lettres et courriers électroniques représentant 31 % de la correspondance totale hors pétitions, avec une moyenne par mois de 3 844). Cette année 2015, qui a été marquée par les attentats en janvier et novembre, a été traversée par des courriers répétés abordant la question fiscale (une moyenne de 170 courriers par mois). Vient ensuite une liste quantifiée des principales thématiques faisant apparaître les sujets plus ou moins récurrents que des Français ont voulu porter à l'attention du président (4 500 messages au lendemain des attentats de janvier, 200 réactions aux élections départementales, 1 000 oppositions à l'euthanasie de Vincent Lambert,

Répartition des courriers d'opinion par grandes thématiques (janvier 2014)

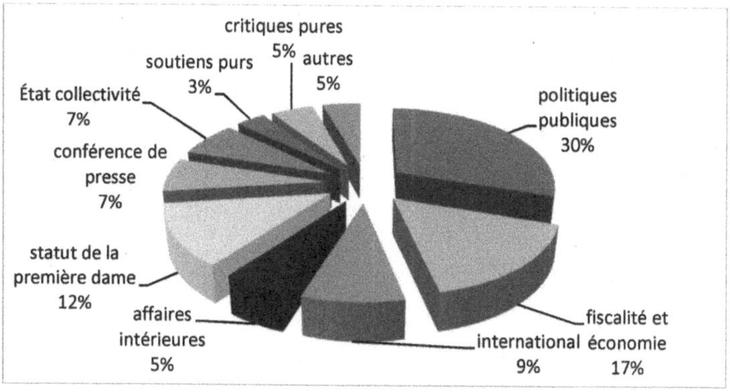

Lecture du graphique : 7 % des courriers d'opinion reçus au mois de janvier 2014 portent sur la conférence de presse.

500 messages relatifs à la COP 21, 4 700 courriers après les attentats de novembre, 621 interventions sur l'état d'urgence et le projet de déchéance de la nationalité). Enfin sont détaillés et chiffrés en valeur absolue les motifs de soutien (la part des soutiens sur l'année s'élève à 18 % avec 8 220 courriers, soit 5 points de plus qu'en 2014). Il est indiqué que ces soutiens portent « davantage sur la personnalité du président, jugé honnête, humain, déterminé et courageux que sur ses politiques publiques mises en œuvre ». Le président dispose également du détail des courriers critiques (30 % du total avec 13 950 courriers, soit 11 points de moins qu'en 2014 ; « ces critiques pointent des questions liées au pouvoir d'achat, à la fiscalité et de retraites » ; « le nombre d'électeurs de gauche déçus par l'action du gouvernement qu'ils jugent trop à droite s'est également accru »). Concoctée par tous les membres du Bureau d'analyse, cette note, lorsqu'elle est adressée au président de la République, est signée par Adrien Abécassis.

Dès la création du Bureau d'analyse, François Hollande, en plus de suivre les cotes de popularité qui concernent sa personne dans la presse, sondage après sondage, reçoit sa cote

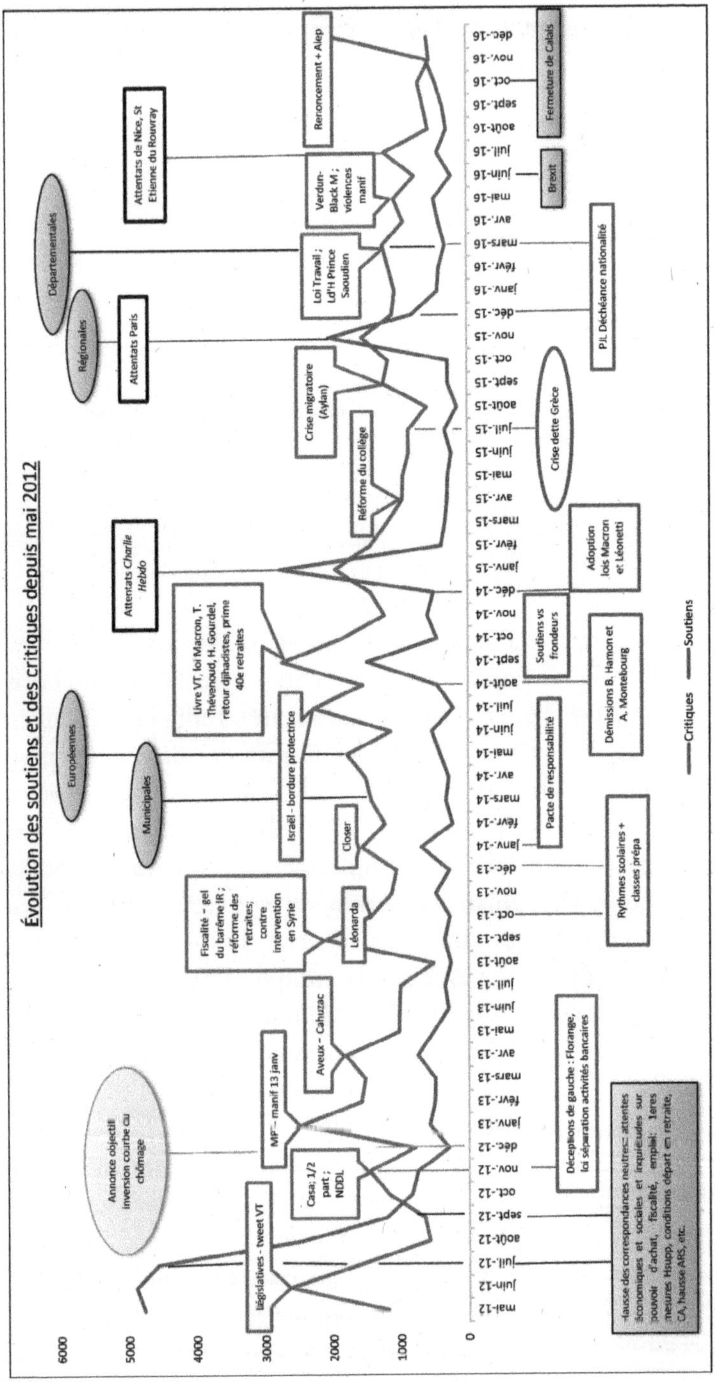
Évolution des soutiens et des critiques depuis mai 2012
0
1000
2000
3000
4000
5000
6000
mai-12
juin-12
juil.-12
août-12
sept.-12
oct.-12
nov.-12
déc.-12
janv.-13
févr.-13
mars-13
avr.-13
mai-13
juin-13
juil.-13
août-13
sept.-13
oct.-13
nov.-13
déc.-13
janv.-14
févr.-14
mars-14
avr.-14
mai-14
juin-14
juil.-14
août-14
sept.-14
oct.-14
nov.-14
déc.-14
janv.-15
févr.-15
mars-15
avr.-15
mai-15
juin-15
juil.-15
août-15
sept.-15
oct.-15
nov.-15
déc.-15
janv.-16
févr.-16
mars-16
avr.-16
mai-16
juin-16
juil.-16
août-16
sept.-16
oct.-16
nov.-16
déc.-16
Législatives - tweet VT
Annonce objectif inversion courbe du chômage
Casa; 1/2 part ; NDDL
MP – manif 13 janv
Aveux – Cahuzac
Fiscalité – gel du barème IR ; réforme des retraites; contre intervention en Syrie
Léonarda
Closer
Israël - bordure protectrice
Municipales
Européennes
Livre VT, loi Macron, T. Thévenoud, H. Gourdel, retour djihadistes, prime 40e retraites
Attentats Charlie Hebdo
Réforme du collège
Crise migratoire (Aylan)
Attentats Paris
Régionales
Départementales
Loi Travail ; Ld'H Prince Saoudien
Verdun-Black M ; violences manif
Attentats de Nice, St Etienne du Rouvray
Renoncement + Alep
Hausse des correspondances neutres : attentes économiques et sociales et inquiétudes sur pouvoir d'achat, fiscalité, emploi; 1eres mesures Hsupp, conditions départ en retraite, CA, hausse ARS, etc.
Déceptions de gauche : Florange, loi séparation activités bancaires
Rythmes scolaires + classes prépa
Pacte de responsabilité
Démissions B. Hamon et A. Montebourg
Soutiens vs frondeurs
Adoption lois Macron et Léonetti
Crise dette Grèce
PJL Déchéance nationalité
Brexit
Fermeture de Calais
Critiques
Soutiens

parmi les scripteurs. On ne sait pas si ces indicateurs forgés en interne ont inspiré, alerté, voire inquiété le président de la République. À l'issue de son quinquennat, il disposera d'un bilan des opinions exprimées par les scripteurs. À y regarder de près, dans le graphique ci-dessus tiré d'un rapport du Bureau d'analyse[1], on relève comme des ressemblances avec les évolutions que sa popularité par sondage a connues.

On le pressent en jetant un regard dynamique sur les évolutions à l'œuvre au sein du SCP, la matière des courriers tend à être progressivement traitée comme des données ou, plus encore, comme des datas. La modernisation de ce service qui a longtemps fonctionné comme une semi-administration cantonnée à lire, répondre et synthétiser les lettres, tend ainsi à se transformer en une agence intéressée par l'utilisation des nouveaux outils qui ne sont pas seulement statistiques mais aussi prospectifs, voire interactifs.

1. Bureau d'analyse, Service de la correspondance présidentielle, « Le quinquennat écrit par les Français. Analyse des courriers d'opinion adressés au Président de la République, mai 2012-mai 2017 », 27 avril 2017, p. 9.

6

Répondre aux courriers

En dehors des courriers « atypiques » qui s'arrêtent au premier tri, ceux susceptibles de recevoir une réponse sont lus par au moins trois personnes (l'ouvreur, le rédacteur, le signataire) ; ils sont ensuite classés avant d'être détruits (à 90 %) lors de leur transfert aux Archives nationales. Leur publicité s'achève généralement là. Au moins deux courriers ont cependant acquis une petite célébrité. Il s'agit en fait de deux faux.

À notre connaissance, c'est à la fin du septennat de Valéry Giscard d'Estaing qu'est émis le projet d'identifier et de mettre à l'honneur un correspondant parmi des centaines de milliers d'autres, alors que le rituel du « dîner chez les Français » (inauguré le 22 janvier 1975) où le président et son épouse s'invitent dans une famille (parfois choisie sur la base de courriers sollicitant une audience présidentielle) commence à se routiniser. Selon les archives de Michel Hénocq, c'est VGE lui-même qui a souhaité que l'on trouve un « candidat », puisqu'il l'aurait rappelé au chef du service, lors d'une des cérémonies des vœux, début 1980 (« Pourquoi n'a-t-on rien fait ? »)[1].

L'initiative fait le pendant avec le dix-millionième abonné au téléphone, célébré au Palais des congrès, le 19 janvier 1978[2]. La cérémonie devait consister à faire visiter les locaux

1. Lettre de René Prenleloup (chef du service) à Mademoiselle Signorini, chef de cabinet adjointe (archives Michel Hénocq).

2. <https://www.elysee.fr/valery-giscard-d-estaing/1978/01/19/allocution-de-m-valery-giscard-destaing-a-loccasion-du-dix-millionieme-abonne-au-telephone-palais-des-congres-jeudi-19-janvier-1978>.

de l'Alma au chef de l'État, à lui présenter le service et à faire signer la millionième lettre reçue par le président et son épouse. Une autre hypothèse consistant à insérer cette visite et ce choix dans le cours d'une émission de télévision, « Une heure avec le président de la République », est rejetée. Cette lettre devait arriver durant le mois de juin[1]. Le choix s'éternise et la question du « bon choix » d'un « bon millionième » nourrit la correspondance entre les deux interlocuteurs[2]. Les courriers regrettant que la France ne fasse pas davantage pour le Cambodge sont évoqués comme de bons candidats, car ils valorisent l'échange démocratique et parce que le sujet relève d'une prérogative présidentielle. D'autres types de courriers paraissent moins « satisfaisants » selon le chef de service : un témoignage de soutien présenterait le risque de susciter des « commentaires ironiques » ; une requête appellerait plutôt la réponse d'une administration, le courrier pourrait être soupçonné d'être « préfabriqué » et les milliers de requérants non choisis « deviendraient des mécontents » ; une demande de secours « pourrait offrir l'occasion d'un joli geste du Président », mais ses adversaires pourraient souligner que « beaucoup de familles comparables à l'heureuse élue en sont réduite [*sic*] à la mendicité ».

Début 1980, on repart à la recherche de la bonne lettre, qui serait arrivée le 22 octobre 1979. Elle devait être signée solennellement par le président dans son bureau en présence du correspondant sélectionné. Ce fut finalement une adolescente qui fut choisie, et qui reçut une réponse le 23 janvier 1980 : Stéphanie, qui annonçait la naissance de « ses petits frères Nolwenn [*sic*] et Emmanuel », reçut une photographie du président « que j'accompagne de ma pensée affectueuse pour toi et pour toute ta famille, très affectueusement[3] ». Il s'agissait bien d'une lettre, mais pas de la millionième.

1. Lettre du 19 avril 1979 de René Prenleloup à Michel Mosser (archives Michel Hénocq).

2. Lettre du 13 novembre 1979 de René Prenleloup à Michel Mosser (*ibid.*).

3. <https://www.vie-publique.fr/discours/133426-reponse-de-m-valery-giscard-destaing-la-millionnieme-lettre-recue-de>.

L'autre faux est un faux littéraire. Son auteur, Hervé Le Tellier, prix Goncourt 2020, a publié, sous le titre *Moi et François Mitterrand* (2016), un ouvrage illustré contenant les lettres qu'un personnage portant son nom aurait envoyées à François Mitterrand et ses successeurs[1]. La série commence par l'envoi le 10 septembre 1983 d'une carte postale[2] d'Arcachon : des bateaux colorés, des parcs à huîtres et un plateau de neuf huîtres, adorné en son centre de trois quarts de citrons. Le texte adressé à François Mitterrand est reproduit :

> Cher François Mitterrand,
> Je voudrais vous féliciter – fût-ce avec un léger retard – de votre élection voici deux ans déjà. Je suis à Arcachon, où je passe des bonnes vacances. Hier à table, c'est incroyable, nous parlions justement de vous. Nous avons mangé des huîtres excellentes quoiqu'un peu laiteuses.
> Encore bravo.
> Hervé Le Tellier

La réponse de l'Élysée advient le 12 décembre 1983 :

> Cher Monsieur,
> Votre lettre en date du 20 décembre 1983 vient de me parvenir et je vous en remercie.
> Ne doutez pas cher Monsieur, que vos remarques recevront toute l'attention qu'elles méritent et seront prises en considération par nos services dans les délais les plus brefs.
> Je vous prie de croire, cher Monsieur, à l'assurance de mes sentiments les meilleurs.
> Le Président de la République

1. Une pièce a été tirée de l'ouvrage. Lors d'une représentation à Angers, Michel Hénocq, chef du service de 1981 à 1991, s'est levé à la fin du spectacle pour dire : « C'est moi qui écrivais les lettres. »

2. Cette entrée en matière est très vraisemblable ; comme nous l'avons constaté, nombre de Français envoient à l'Élysée des cartes postales de leurs lieux de vacances dont ils souhaitent partager les bons souvenirs avec le président, à l'exemple de celle-ci, postée de Landiras le 9 février 2017 : « Je vous fais un petit coucou du Sud-Ouest où il fait bon profiter de la douceur. [...] Signé un vacancier heureux. »

Le scripteur dit vouloir persévérer :

> D'autres auraient pu confondre sa réponse avec une lettre-type. Pas moi. J'ai répondu, et reçu de François une nouvelle réponse, à la teneur assez proche. S'est ainsi établie une correspondance très personnelle entre lui et moi, jusqu'à sa disparition. Je l'ai poursuivie avec tous ceux qui lui ont succédé, de Jacques C. à François H., et tous, sans exception, ont pris mes remarques « en considération » et m'ont assuré de leurs « sentiments les meilleurs ». C'est cette correspondance avec nos présidents que j'ai enfin décidé de révéler au public, afin de témoigner devant l'Histoire.

Dès lors, durant les 66 pages de l'ouvrage, se succèdent des commentaires sur l'« échange » avec le président :

> Dès les premiers mots, j'ai tout de suite reconnu le style de François, si aérien, si littéraire et en même temps tellement précis et direct. J'ai apprécié ce « cher Monsieur » distant et proche à la fois, ce signe de pudeur des sentiments naissants, ce reste de distance si touchant, malgré ou peut-être à cause de l'affection grandissante.

Enhardi par ce qu'il s'obstine à percevoir comme une relation épistolaire privilégiée, il se lance dans des divagations littéraires autour de Rimbaud et de Chardonne notamment et adjoint à son courrier des illustrations (une porcelaine de Saxe cassée, une photocopie d'un article de l'hebdomadaire *Le Point* sur les écoutes téléphoniques). La correspondance se poursuit ainsi par-delà la mort de François Mitterrand, duquel il reçoit, sur un papier jauni, l'invariable lettre type inaugurée en 1983. Il écrit ensuite à Jacques Chirac, à qui il envoie des photos de sa chatte Tchoupette, des reproductions de catalogues d'aménagement d'intérieur afin de changer les fenêtres de l'Élysée, des poèmes à Madeleine, son amour perdu, des commentaires sur le style du président comparé à celui de son prédécesseur à partir de la même lettre type, des considérations sur la politique, sur Bernadette Chirac et une demande d'emploi. Il continue à écrire à Nicolas

Sarkozy, pour lequel il éprouve beaucoup de répulsion, et à François Hollande encore… La réponse lui revient immuable, sans le dissuader d'y distinguer d'infinies nuances herméneutiques. Il signale dans les remerciements que « Michel Hénocq précisa que jamais une réponse aussi standardisée n'aurait été possible. Nous voici rassurés ».

Les lettres « authentiques » sont toutes traitées, dans les délais compatibles avec l'encombrement du service. La règle est de « répondre à tous », avec toutefois des exceptions. Il s'agit ensuite de savoir à qui en incombe la tâche et de quelle manière elle est accomplie. L'usage des réponses types sur lesquelles Hervé Le Tellier a imaginé des variations oulipiennes conduit également à s'interroger sur leur signataire. Enfin, il convient de se demander comment et sous quelles formes se poursuit le « dialogue » et quelle est la destinée de la lettre après réception d'un courriel ou mieux d'un courrier de la Présidence, voire du président lui-même.

Les « inexploitables » et les inexploités

La classification du service sous Nicolas Sarkozy précise les catégories qui permettent de faire rentrer des envois parmi les 10 % auxquels il ne sera pas répondu :

Fréquent/Original
Anonymes
Adresse incomplète ou non précisée
Illisible/présentation
Propos incohérents
Lettre circulaire
Photocopies
Publicité
Prosélytisme religieux

Le courrier, jugé inexploitable, d'un Britannique suscite par exemple ce commentaire : « ***Observations*** : Nouvelle diatribe antisocialiste accompagnée de recommandations pour lutter contre la criminalité adressée par un correspondant britannique assidu aux propos verbeux, diffus mais non menaçants[1]. » La lettre d'un ancien garagiste qui se dit victime d'une « agression électrique » motive les mentions suivantes : « perturbé », « inexploitable », « propos confus » (AN 2012, 148/72).

Les services présidentiels savent pertinemment qu'une lettre portant l'en-tête de la Présidence de la République, quel qu'en soit le signataire, est susceptible d'être utilisée administrativement, politiquement, médiatiquement, commercialement par un enrôlement de la Présidence dans des causes, des conflits, des transactions. Ses représentants veillent donc à éviter les usages malveillants, détournés ou intéressés de ces documents qui pourraient nuire à l'institution en empêchant que quiconque puisse se prévaloir de son sceau. Les répondants ne peuvent toutefois pas s'en tenir à un registre administratif et, entre la neutralité de l'État qu'ils sont tenus d'observer et la considération que le président doit à tous les Français, l'exercice relève parfois d'un mouvement d'équilibriste.

Pas de réponse, donc, sous Nicolas Sarkozy, pour ce chocolatier du Sud-Ouest de la France qui adresse « trois étuis de chocolat » avec une lettre : « Offrez du chocolat à vos collaborateurs [...] On dit souvent que les Français ne sont pas des entrepreneurs. J'essaye de démontrer le contraire. » La note manuscrite du SCP scelle ainsi son sort : « Je propose le classement "Démarche commerciale". » Le courrier de la mère prieure d'un monastère qui prie pour le président et qui exprime sa confiance connaît le même destin, le chef de cabinet rappelant que « le Président est le Président de tous les Français ». Refus de répondre encore pour cette lettre attirant l'attention sur un film « Le 3° Jihad ». Le Post-it des agents du SCP indique : « sorte de site très anti-islam, risque de publication de votre AR [accusé de réception] » (AN 2012/148/84).

Dans la mesure du possible, quand une partie de la lettre est « sauvable », le personnel du SCP s'efforce d'appliquer

1. Fiche « Courriers inexploitables » sans date, Présidence Hollande.

l'éthique du service : « répondre à tous ». Cette caissière de supermarché (travaillant 25 heures par semaine pour 700 euros, mariée à un électricien qui travaille 12 à 14 heures par semaine et habitant un bourg de 4 400 habitants) se plaint des promesses non tenues de Nicolas Sarkozy (AN 2012/148/72). Elle accuse les allocataires du RMI qui rouleraient en BMW et se dit persuadée que c'est quelqu'un du cabinet qui répondra en lui disant de se rapprocher des « instances de [s]on département ». Elle sollicite une invitation pour le 14 Juillet (« en tant que simples gens du peuple ») et demande que l'on prenne en charge ses billets. Le Post-it apposé sur la lettre précise : « Je ne traite que le 14 Juillet, vu le ton. »

Certains correspondants qui ont des choses à dire sur les impôts, et à plusieurs présidents successifs, peuvent pourtant se plaindre du mutisme du service du courrier qu'ils interprètent en termes de mépris social :

> J'ai travaillé toute ma vie, j'ai réussi petit à petit à économiser 15 000 Euros que j'ai placé sur une assurance vie. Pensez-vous vraiment que vous épargnez les revenus modestes en taxant mon petit capital que j'ai mis toute une vie à constituer par mon travail et sur lequel j'ai déjà été imposée. Je vis avec ma petite retraite. Ne deviez-vous pas taxer que les riches ? Taxes taxes taxes.....trop c'est trop les français pauvres et modestes n'en peuvent plus, vous les étouffez. Me répondrez-vous cette fois ? Ce n ‘est pas le 1er mail que j'envoie et vous n'avez jamais daigné me répondre. Pourquoi mépriser la France d'en bas ? Lorsque j'écrivais à votre prédécesseur à l'Élysée j'avais toujours une réponse. (Femme, ville de 29 000 habitants, 2013.)

À côté de la lecture, de l'analyse et du classement des milliers de lettres envoyées au président de la République, la rédaction des réponses est l'autre activité centrale du service de la correspondance de l'Élysée. Paradoxalement, si les scripteurs jugent souvent, quand il s'agit d'une réponse « type », qu'elle traduit une paresse présidentielle ou un manque d'attention du chef de l'État à l'égard des citoyens qui lui écrivent, une énergie considérable lui est consacrée. Il faut en effet faire oublier dans une certaine mesure que la réponse est collective, administrée, industrialisée et, par conséquent, sauf exception, stéréotypée.

L'aiguillage des requêtes

Nous l'avons vu, les courriers étiquetés « requêtes » suivent un circuit différent selon les possibilités qui existent pour trouver une solution à la demande. Les courriers suicidaires sont traités directement par un signalement aux préfectures qui font intervenir les services sociaux ou la gendarmerie. Les sollicitations ou réclamations, qu'il s'agisse de problèmes d'endettement, de rapports avec les administrations, de logement, etc., sont aiguillées vers les préfectures ou vers les ministères concernés. Certaines lettres peuvent aussi recevoir un traitement particulier par téléphone, quand il s'agit d'escroqueries qui apparaissent dans des courriers de correspondants abusés et visiblement fragiles.

Nombre de correspondants se plaignent de n'avoir pas eu de réponse rapide. Cela advient, notamment, lors de la passation de pouvoir entre deux présidences contrastées, en attendant la nomination d'un successeur.

Le retard et donc les récriminations peuvent venir aussi du changement du logiciel de traitement des courriers (comme en 2012), qui entraîne une saturation du service et, vraisemblablement, une avalanche de réponses types pour désengorger la masse de correspondances qui se sont entassées. Les requérants se plaignent de ne pas avoir eu de réponse, ou de n'avoir eu qu'une réponse d'une autorité autre que présidentielle. Et l'on voit que les plaintes concernant les délais de réponse ou les non-réponses peuvent prendre des colorations éthiques et/ou politiques :

> Bonjour, Sans réponse à mes derniers emails, dois-je comprendre qu'il me faut cesser de vous écrire et cesser

> de croire à une quelconque aide ou intervention de votre part ? Vos courriers ne sont-t-ils que des mots ? Est-ce la seule réponse que l'on peut attendre de votre part à un problème concret ? (Homme se plaignant de prélèvements fiscaux de 434 euros mensuels sur un revenu de 1 300 euros, depuis Jérusalem.)

> Je ne vous remercie pas de lire cette lettre car ce n'est même pas vous qui le ferrez mais si vous aviez au moins la décence de répondre au lieu de détourner les remarques faite et de réagir sa serais plutôt sympas je vous est écrit deux fois les lettres sont arriver au sous préfet et à la caisse de retraite avec la même réponse. (Homme, 22 ans, Lyon.)

> Cela fait je pense mon 3 ème mail toujours reste sans réponse, c'est bien la preuve que personne ne travaille a l'élysée ou matignon ou dans tous les autres ministères. [...] Si une entreprise était géré par votre équipe je ne vous dis pas le travail...... Même leornada aurait rejoins la roumanie seule..... J'ai honte pour vous et votre équipe. (Homme, ville de 40 000 habitants.)

Le traitement des requêtes est une question plus ou moins sensible selon les périodes. Dans les années 1980, Michel Hénocq développe une conception exigeante de sa fonction (« Lorsque j'eus pris connaissance du contenu de ces lettres je fus aussitôt convaincu de l'objectif noble de devoir répondre aux attentes fortes des correspondants... »). Dans une lettre du 24 janvier 1984, il indique une voie nouvelle à un cadre de son service, responsable de tous les rédacteurs, qui, selon lui (voir chapitre 1) sont rétifs à prendre en compte les demandes de ces solliciteurs :

> Vous écrivez : « Lorsqu'un correspondant demande quelque chose qui n'est pas possible, ce qui est le cas pour une bien grande partie des requêtes, il faut le constater. » Il me semble, bien au contraire, que la plus grande partie de nos correspondants sont susceptibles d'être aidés efficacement dans leurs difficultés, exception faite, bien entendu des problèmes privés et des problèmes

> sur lesquels la Justice intervient. Si nous transmettons à un Préfet, voire à un Ministère, ce n'est pas pour la simple obligation de nous débarrasser d'un requérant encombrant. Il en a été, peut-être, ainsi à une autre époque mais certainement pas depuis que je dirige le Service du Courrier. Je crois avoir dit combien j'estime important et grave le courrier reçu. Si tel n'est pas votre point de vue, je le regrette et effectivement, dans ce cas, le travail manque peut-être d'intérêt. Dans ce cas, et afin de montrer que nous ne sommes pas totalement stupides, c'est au service du Courrier de la présidence qu'il appartient de signaler aux services préfectoraux que notre demande n'est pas celle mal exprimée du correspondant mais que nous connaissons suffisamment la réglementation, puisqu'il s'agit, en règle générale, d'aides diverses susceptibles d'être apportées à un correspondant dans le besoin. [...] mais au moins, ces demandes transmises par nos soins, ont été correctement examinées. Je ne citerai pas les remises d'impôt, prêts participatifs, interventions auprès du secteur bancaire, que nous avons obtenues en faveur des entreprises en difficulté, ni les dossiers embrouillés qui ont pu trouver une solution[1].

Michel Hénocq inclut par ailleurs une synthèse des requêtes dans les notes mensuelles qu'il adresse au président (voir chapitre 5), ce qui, à notre connaissance a été rarement le cas par la suite et jusqu'à l'heure actuelle, puisque ces courriers ne sont pas considérés comme stratégiquement significatifs du point de vue du « pilotage de l'opinion ».

Les requêtes n'en reçoivent pas moins chacune une réponse, fût-elle très brève, signifiant que le courrier a bien été transmis aux services « compétents ». L'orientation des courriers hors des services présidentiels est souvent mal vécue. Beaucoup de scripteurs mettent en doute l'intérêt du président à l'égard du sort de ses concitoyens et de leurs misères quotidiennes : « sachez que j'écrirai toujours jusqu'à ce qu'une lettre soit lue par vous », « excuser l'expression,

1. Archives Michel Hénocq et échange de courriels avec lui.

vous avez “refilé le bébé”, au préfet qui ne peut rien faire » (AN 2012/148/34).

D'aucuns peuvent s'imaginer le titulaire du pouvoir suprême comme une autorité toute-puissante pouvant s'imposer à l'ensemble des agents de l'État. Que peut bien représenter pour une large partie de la population le principe de la séparation des pouvoirs, qui est souvent invoqué pour expliquer que le président ne peut rien faire pour ceux qui sollicitent son aide ? Que signifie exactement l'énumération des « services compétents » pour des usagers qui recourent précisément au « guichet élyséen » faute de trouver leur chemin dans le dédale des administrations fonctionnellement dédiées au traitement de ces misères du quotidien et aux portes desquelles beaucoup ont déjà frappé ? Ils s'adressent plus haut car ils ressentent qu'ils sont incompris et mal traités par ces services auxquels on les renvoie inévitablement. Les réponses qu'ils reçoivent mentionnent que leur demande a « bien été transmise » ou que le rédacteur n'a « pas manqué de signaler [leur] situation au préfet », mais cette intervention est-elle crédible ou, dans certains cas, compréhensible ?

La sous-préfète, directrice du cabinet d'un préfet, écrit ainsi à une « mère isolée sans emploi », demeurant dans un bourg de 8 000 habitants et ayant fait une requête sur sa situation fiscale et son surendettement, que le « Ministre de l'économie et des finances, chargé du budget » a été saisi, ainsi que le « M. le Directeur départemental des Finances Publiques » du département, mais aussi « M. le Président du Conseil général et M. le Directeur territorial, Délégué du Pôle Emploi », « en leur laissant le soin d'envisager toutes les mesures qu'il serait possible de [lui] proposer en vue de [lui] venir en aide » et lui conseille enfin « un réexamen éventuel du plan conventionnel de surendettement en cours, auprès de la commission départementale de surendettement des particuliers ».

Voici encore la réponse que le chef des services du cabinet du préfet du Pas-de-Calais adresse à un requérant d'un village de 2 800 habitants faisant état de sa situation financière :

> Monsieur, Vous avez appelé mon attention sur vos difficultés à assumer les charges de la vie courante. Malgré toute l'attention portée à votre requête, je suis au regret de vous informer qu'il n'est pas possible de vous accorder une aide financière dans la mesure où je ne dispose pas de crédits le permettant.
> Je vous informe que j'ai signalé votre situation à Monsieur le Président du Conseil Général.
> Je vous prie d'agréer, Monsieur l'expression de mes sentiments les meilleurs.

Certains courriers, dans une proportion qu'il est difficile d'appréhender, sont traités avec plus de minutie. Ainsi cette lettre d'une sous-préfète détaille-t-elle la nature de la taxe qui pèse sur une grange qui a été transformée en habitation et revient sur les servitudes : « La parcelle A 405 se trouve être un fonds servant l'ensemble des parcelles et notamment les habitations se trouvant aux alentours (parcelles A 403, A512, A 513, A498). » Et un inspecteur divisionnaire des finances publiques explique sur plus d'une page à un contribuable pourquoi il doit payer 3 854 euros de plus que l'année précédente, à la suite du changement de composition de son foyer fiscal. Il rappelle néanmoins en fin de courrier que le législateur a prévu à titre exceptionnel des remises d'impôt eu égard au « principe constitutionnel d'égalité des citoyens devant les charges publiques ». Mais il conclut : « Tout en ne minimisant pas les difficultés personnelles que vous rencontrez actuellement, il ne me paraît pas possible de réserver un accueil favorable à votre demande. » Un courrier remontant vers le SCP fait état de la réponse (négative le plus souvent) qui a été adressée à l'intéressé et en joint une copie.

Le sort de ce type de requêtes peut dépendre, là encore, « sur qui l'on tombe », au sein même du SCP. Certains rédacteurs peuvent traiter avec empathie ces courriers du dernier espoir et chercher à trouver les bons guichets dans le dédale des services administratifs. D'autres, nous en avons aussi rencontré peuvent estimer que l'égalité républicaine entre citoyens ne doit pas aboutir à des passe-droits au profit de ceux qui ont eu le culot de s'adresser au président de la République, qui pourrait ainsi les favoriser par rapport aux mille autres cas comparables qui n'auraient pas fait la démarche.

Les réponses à la réponse peuvent dès lors devenir caustiques, voire agressives, les intéressés ayant le sentiment de replonger dans la carrière de requérants ballottés de service en service alors qu'ils demandent à avoir un traitement empathique et personnalisé de leur cas :

> Laissez-moi me gausser de votre dernière missive du 25 avril 2008. Être convenu de suivre un protocole est une chose, répondre en dehors de la question en suivant ce même protocole en est une autre. (AN 2012/148/72.)

> Vous savez répondre à tous les courriers par politesse, mais quand à faire avancer les choses, ça c'est une autre histoire. (Homme, Paris.)

> Je vous demande de ne pas me répondre avec une réponse toute faite et m'envoyer voir une assistante social ou autre, sinon se n'est pas la peine de perdre votre temps à me répondre, merci de votre compréhension. (Femme, banlieue lyonnaise.)

> Mais je suis quand même très étonnée, que malgré ma situation, mes revenus, mon handicap, et ma maladie (cancer en 2012), je ne reçois aucune attention de vos services, autre qu'une simple lettre type (que je vais finir par collectionner) et qui ne débouche même pas si une constitution de dossier.

Certains requérants n'hésitent pas à adresser des relances à l'Élysée pour s'informer des suites données à leur dossier, s'étonner de leur absence ou s'en plaindre :

> Je vous remercie d'avoir répondu à ma demande. Je n'ai toujours pas à ce jour de réponse de la préfecture de saone et loire. Est-ce normal ?

> Je vous écrit pour vous remercier pour l'attention que vous avez apporter a mon courrier dérnièrement, mais je n'ai toujours pas recu de proposition de logement du prefét de Paris. (Femme, Paris 13.)

> Je reviens vers vous pour vous faire part de mon désarroi face à Pole emploi. Je vous avez déjà écrit un courrier l'année dernière (octobre ou novembre 2013) pour vous signaler les faits. Vous m'aviez très rapidement répondu que vous transmettiez mon dossier au Conseil Général de mon département. Ce qui a été fait, mais ne m'a rien apporté, aucune aide. (Homme, bourg de 3 500 habitants.)

Une affaire à moitié réglée peut susciter de nouvelles demandes :

> Tout d'abord je vous remercie pour la prise en compte de mon courrier. Je ne sais aujourd'hui exactement où en est le dossier, de ce fait, je fais de nouveau appel à vous. Concrètement, la réclamation au Pôle Emploi dont je vous ai fait part a abouti sur un règlement partiel du litige : ils m'ont versé les droits qu'ils me devaient. Mais ils n'ont en aucun cas traité l'ensemble des demandes que je leur avais faîtes. Et je n'ai, pour l'heure, aucune nouvelle du directeur général du Pôle Emploi qui ne m'a jamais contacté.

> Bonjour MR le président je revient vers vous car j'ai besoin de votre aide !
> je suis content à vous mr le président je te merci beaucoup pour mon aidez l'assistance social merci ça même ! (Homme, bourg de 10 000 habitants.)

Dans une mesure qu'il est difficile d'évaluer, l'intervention des agents peut s'avérer efficace. Cela dépend en partie de la pugnacité des chefs du service du courrier plus ou moins enclins à harceler des administrations sur lesquelles ils n'ont aucune autorité, même s'ils peuvent invoquer celle de l'institution présidentielle pour relancer des dossiers endormis et demander des explications aux services compétents. Recevoir une réponse serait en soi une gratification, comme se plaisent à le croire les membres du service, Nicolas Sarkozy et François Hollande eux-mêmes[1].

Ceux qui répondaient dans les années 1990 attribuaient, selon B. Fraenkel (1997), « à l'en-tête une grande partie du pouvoir émotif des lettres. C'est en la voyant que le particulier est "saisi" ». Soit, mais sans doute avec beaucoup de nuances, et selon des formes émotionnelles variables. Les mercis aux réponses reçues sont parfois sarcastiques, à l'image de celui que cette femme adresse à Nicolas Sarkozy pour l'envoi de son livre – « dédicacé de votre main, je doute… mais surtout taché […] Jamais contente, si, mais j'aime ce qui est juste » (AN/2012/148/12). D'autres sont plus politisés (« Ah, et au passage, merci pour la multiplication de vos taxes ! »), ou sont le prétexte d'une relance et d'une nouvelle attente.

Certaines réactions apparaissent sincères, comme pour cet homme d'une petite ville de 12 000 habitants qui écrit au stylo bille bleu sur une feuille lignée extraite d'un bloc de correspondance :

> Monsieur le Président de la République,
> Je vous remercie pour votre intervention auprès de la Présidence de l'EDF.
> Un courrier me fut adressé me disant qu'une rectification me sera réalisée.
> Afin de renouer des relations sereines et au regard des démarches que j'ai dû entreprendre l'on me fait bénéficier d'un geste financier de 40,00 €. Je ne comprends pas, ce qui a pu se passer au compteur.
> Recevez, Monsieur le Président de La République mes salutations respectueuses.

La reconnaissance qu'expriment des requérants satisfaits peut même être profonde : « Sachez dans tous les cas que je suis pour un monde meilleur et que pour moi un service en vaults un autre, donc si je peux faire quoi que ce soit pour

1. Entretien avec François Hollande, 3 mars 2021 ; entretien avec Nicolas Sarkozy, 3 juin 2021.

vous en remercier, je n hésiterai pas à le faire tant que cela reste dans mes capacités » (homme, ville de 130 000 habitants).

Il est vraisemblable que le seul fait qu'une enveloppe avec l'en-tête de la Présidence puisse provoquer à soi seul, au moins chez certains, une sorte de fierté et d'émotion. En tous les cas, les membres du service en sont persuadés, et nous l'ont souvent répété (« Quand même, recevoir une lettre du PR, même si elle n'est pas signée par lui, ce n'est pas rien »). François Hollande aussi pense en entretien que cet honneur est ressenti. Nicolas Sarkozy ne disait pas autre chose quand il nous expliquait que ce que les gens qui écrivent souhaitent n'est pas qu'on règle leur problème mais qu'on les écoute et leur réponde : « Les gens n'attendent pas tout. Ils attendent une réponse et une considération. La réponse, c'est déjà important ; ils se disent : "J'existe, il m'a lu, il m'a entendu." »

On peut imaginer, comme nous l'ont suggéré les trois scripteurs que nous avons rencontrés, que la lettre circule entre les mains des membres de la maisonnée, qu'elle est montrée à des amis, qu'elle peut être précieusement conservée, voire encadrée dans le salon chez certains, mais qu'elle peut faire aussi l'objet de plaisanteries. L'arrivée de la réponse du chef de cabinet de Nicolas Sarkozy dans le foyer de Donia (voir ci-dessous) illustre très bien les ambivalences de ces réceptions. Belle étude en perspective que l'entrée dans les foyers d'objets politiques (on pense aux professions de foi électorales et surtout au Traité constitutionnel de 2005) qui sont appréhendés avec indifférence, voire incrédulité, et passent avec les prospectus des promotions du supermarché du coin assez rapidement à la poubelle. La seule différence est que cet « objet politique », la « lettre du président », est une réponse à une démarche volontaire faite par l'intéressé. Les remerciements permettent d'ouvrir un peu la fenêtre des sentiments : à réception de la réponse de la Présidence à son courrier peu avant Noël, cette commerçante en produits de beauté habitant un bourg de 4 500 habitants écrit ainsi à Nicolas : « J'en ai pleuré de joie » (19 décembre 2008, AN 2012, 148/72).

L'histoire de Donia

Donia, qui a douze ans en décembre 2010, raconte son histoire, celle d'une famille d'origine algérienne vivant dans un appartement de 40 mètres carrés inconfortable. Elle vit avec sa mère et ses deux frères, dont l'un, qui a 29 ans, est handicapé. Un soir, sa mère, qui a repris ses études pour devenir infirmière psychiatrique, revient furieuse à la maison et dit ne plus supporter de vivre dans ce logement. Elle ajoute que ça ne peut plus durer et qu'elle va écrire à Nicolas Sarkozy : « C'est le Président, il doit écouter son peuple » et « si ça doit arriver, ça arrivera », invoquant la *mektoub* arabe. En deux pages, elle raconte donc sa situation de famille et de logement et en appelle à lui : « Vous, en tant que père, vous pouvez comprendre, aidez-nous. » Elle fait poster une lettre à Nicolas Sarkozy et une à Carla Bruni par sa fille, qui pense que « c'est n'importe quoi ». Plusieurs semaines se passent. Puis une lettre signée par le chef de cabinet arrive qui apprend que le dossier a été transmis au préfet de Paris. La mère est « super contente », comme si elle « avait gagné au loto », elle appelle sa famille en Algérie. Les enfants, sceptiques, considèrent qu'il s'agit d'« une lettre pour la calmer » : « Sarko c'est un beau parleur. Il nous a fait une blague. » Quelques mois après, un gros dossier arrive. Les enfants n'y croient toujours pas ; ils vont voir l'immeuble, puis ils visiteront quelques semaines plus tard l'appartement de 70 mètres carrés dans un immeuble en bois avec deux jardins dans lequel ils vont habiter.

2012 arrive. Donia, la fille, demande alors à sa mère : « Tu vas voter pour Nicolas Sarkozy ? » « Évidemment que non, je vote à gauche, je voterai Hollande. »

Source : « Histoire courte. Cher Nicolas », *Slate.fr*, 17 décembre 2020.

À l'exception de l'arbre de Noël ou, avant 2009, de la *garden party* de l'Élysée, certaines demandes d'invitation sont honorées : « Ma maman et moi-même tenons à vous remercier car nous venons de recevoir les invitations pour Cérémonies du 11 novembre 2013. Nous serons donc présent… En espérant que ma maman pourra raviver en votre compagnie la "FLAMME DU SOLDAT INCONNU" ? Nous pensons qu'elle le mériterait » (homme écrivant d'une ville de 10 000 habitants pour « sa maman », qui aura quatre-vingts ans en la circonstance et dont deux frères sont morts pour la France, précise le rappel du courrier antérieur).

Les demandes de portraits dédicacés ou d'autographes sont traitées diversement. Certains présidents s'y adonnent volontiers au début de leur mandat, comme sous Nicolas Sarkozy, quand d'autres voient derrière ces sollicitations l'ombre mercantile des chasseurs de signatures.

Quant aux requêtes qui ne sont pas transférables à un service susceptible de les traiter, elles reçoivent inéluctablement une lettre type, au nom de quelques grands principes qu'a classiquement endossés, dans les exemples suivants, Cédric Goubet, chef de cabinet de Nicolas Sarkozy de 2007 à 2010.

Le respect de la séparation des pouvoirs motive ainsi cette réponse : « Cependant je dois vous indiquer que le chef de l'État ne peut, sans porter atteinte à l'indépendance de la justice dont il est le garant, intervenir dans une procédure, émettre une appréciation sur des décisions rendues ou en modifier la portée » (AN 2012/148). Elle s'applique tout autant en matière de retrait de permis (« Je dois vous indiquer que le principe constitutionnel de la séparation des pouvoirs ne permet pas au chef de l'État de modifier une décision de justice ») qu'au sujet d'une plainte pour abus sexuels sur mineur (« Toutefois je dois vous indiquer que le Chef de l'État ne peut, sans porter atteinte à l'indépendance de la justice dont il est le garant, intervenir dans une procédure, émettre une appréciation sur des décisions rendues ou en modifier la portée ») ou de la dénonciation de violences policières par une femme indignée que son fils ait « reçu un coup sur la têtê par un policie de coleure » (« Je vous suggère à cet égard de prendre contact avec les services de votre Mairie ou du Tribunal le plus proche de votre domicile, qui sont les plus à même de vous orienter dans vos démarches »). Si les demandes de remise de contravention appellent le même traitement (« Tout en étant attentif à votre démarche, je dois vous indiquer que la Présidence de la République n'est pas habilitée à se substituer aux autorités compétentes, et que les grâces présidentielles ne peuvent concerner que des condamnations de nature pénale ayant un caractère définitif »), une variante existe également : « Le chef de l'État attache un intérêt tout particulier à la lutte contre l'insécurité routière [...] il n'appartient pas à la Présidence de la République d'intervenir pour demander de suppression de contravention. »

Le principe de non-immixtion dans les affaires privées justifie de son côté une autre réponse type. À une personne accusant sa voisine de la harceler en salissant son « devant de porte avec des poils de chien », il est précisé : « Bien qu'attentif à vos préoccupations, je dois toutefois vous indiquer que la Présidence de la République ne saurait s'immiscer dans une affaire d'ordre privé ou familial. » Une femme ayant eu une altercation avec un gendarme et ayant le sentiment d'avoir raison est de même déboutée de sa demande d'excuses publiques : « Le chef de l'État ne saurait s'immiscer dans des affaires d'ordre privé. »

Quant au respect de la souveraineté des États, il est par exemple invoqué face à une femme disant avoir été refoulée à Vancouver du fait du port d'une étoile de David : « C'est bien volontiers que je vous aurais apporté une aide, mais le principe de souveraineté des États ne permet pas à la Présidence de la République française d'intervenir dans le dossier que vous évoquez. »

Les tonalités et les formulations sont strictement les mêmes, pour ce qui est des requêtes, sous le quinquennat de François Hollande :

> Votre correspondance est bien parvenue au Président de la République qui m'a confié le soin de vous assurer

> de toute l'attention portée à votre démarche. Tout en étant attentive à votre témoignage, je dois vous indiquer que la Présidence de la République ne peut intervenir auprès d'un établissement financier ou de la Banque de France pour demander la levée d'une mesure d'interdiction bancaire. J'ai toutefois signalé votre situation au Préfet de l'Ain afin que soient recherchés les moyens susceptibles de vous venir en aide.

Cependant, les réponses peuvent être plus circonstanciées quand il s'agit de démentir une rumeur qui, de question individuelle, devient problème collectif, ou lorsque, sous l'apparence d'un cas individuel (« Ma retraite de réversion »), un problème plus général se pose et vaut à l'intéressée une longue lettre détaillant les règles afférentes à ce type de pension.

Enrichir une lettre type

Une lettre type peut rester type. C'est, la plupart du temps, le cas des réponses aux requêtes. Quelle que soit la compassion que peuvent éprouver nombre de membres du service pour la misère dont ils lisent les témoignages, ils doivent la contrôler pour ne pas donner trop d'espoir et pour ne pas sortir d'un cadre malgré tout administratif. La lettre type est de ce point de vue un bon bouclier. D'ailleurs, après plusieurs années passées dans le service, certains peuvent avoir le sentiment que les lettres types qu'ils envoient ne sont que des réponses à d'autres lettres types, tant l'expression des misères du monde peut être répétitive.

Des centaines de milliers de Français en ont reçu des versions minimalistes, comme Hervé Le Tellier avait pu les imaginer. Sous Nicolas Sarkozy, Cédric Goubet a ainsi endossé de très nombreuses réponses où la formule centrale était : « Le chef de l'État m'a confié le soin de vous [...] accuser réception [de votre courrier] et de vous assurer qu'il en a été pris attentivement connaissance » (AN 2012148/94). De la même manière, Pierre Besnard, chef de cabinet de

François Hollande de 2012 à 2013, et Isabelle Sima, qui lui a succédé de 2013 à 2017 ont été les « signataires » de beaucoup d'entre elles.

Les formules suivantes sont ainsi régulièrement mobilisées : « Le président de la République a bien reçu le courrier que vous avez souhaité lui adresser », « Soyez certaine qu'il a été pris connaissance de vos réflexions et de vos attentes », « Je puis vous assurer qu'il a été pris connaissance avec attention de votre démarche », « Le président de la République a bien reçu le courrier que vous lui avez adressé et m'a confié le soin de vous répondre », « La lettre que vous avez adressée au Président de la République lui est bien parvenue », « Le chef de l'État m'a confié le soin de vous en remercier », « Le chef de l'État m'a chargé de répondre au courrier que vous lui avez adressé pour lui faire part de vos préoccupations », « Toute l'attention requise sera accordée à… ».

Parce que le SCP entend montrer que le chef de l'État ne fait pas qu'entendre les doléances des citoyens mais qu'il en tient également compte, des formules plus volontaristes sont fréquemment ajoutées. Par le truchement de son service, le président est dit « décidé à », « a fait de cette question la priorité de », « attache la plus grande importance à », « est très attentif aux préoccupations des Français », « est déterminé à », « porte une attention particulière à », « a affirmé sa volonté de lutter contre », « entend les attentes de », etc. L'assurance de la détermination du chef de l'État est bien souvent précédée d'un « comme vous le savez » ou d'un « comme il s'y est engagé ».

L'enrichissement de la lettre type est une antienne du SCP, particulièrement lorsque le chef de service se veut un réformateur et/ou entend prendre au sérieux sa mission comme une contribution essentielle au fonctionnement de la démocratie. Dégager du temps pour des tâches plus valorisantes implique, quand le budget de fonctionnement le permet, un renouvellement régulier et une amélioration constante du matériel (changement et sophistication des logiciels d'enregistrement, de classement et de traitement des données). Selon Patricia Jannin, cheffe du service de 2012 à 2015 :

> En 2007, il y avait encore un rédacteur et une secrétaire [entendre associés l'un à l'autre en binôme]. La secrétaire tapait les courriers, le rédacteur écrivait à la main et c'était la secrétaire qui tapait le courrier, sans doute à l'époque avec un ordinateur. Petit à petit, les rédacteurs géraient eux-mêmes les réponses. Il fallait donc que chacun prenne en charge son courrier du début à la fin, à la fois sur le fond et sur la forme[1].

Les tentatives d'enrichissement des lettres types s'efforcent de répondre à la lassitude des scripteurs qui, pour certains, nous l'avons vu, se plaignent du caractère stéréotypé des réponses. Elles reposent aussi sur la mobilisation du service qui, selon les trajectoires antérieures de ses membres, leur sens du service public, leur exigence de qualité, mais aussi leur engagement sinon politique, du moins éthique, aux côtés d'un président, entendent défendre l'image de l'institution et valoriser l'action du chef de l'État.

Ce sont les réponses générales qui intéressent (au sens d'un fort investissement) le plus les services et elles sont d'autant plus sophistiquées que les problèmes abordés sont les plus débattus et/ou les plus pointus. Les bases de la réponse, mobilisant des éléments de langage formels ou diffus, sont puisés à partir de l'ensemble des déclarations, écrits et prises de position du président, ainsi que dans les notes des conseillers.

L'idée d'une proximité avec l'univers stylistique de chaque président est devenue un lieu commun. Mais le canevas général et formel des lettres (présentation, formules, tics de langage institutionnels, etc.) a tendance à estomper ces contrastes. Ce sont les affichages et les formules politiques qui changent, mais l'enrobé scripturaire des formulations contrôlées et le caractère cursif des lettres ont tendance à neutraliser les différences.

Ce ne sont que dans quelques courriers, valorisés, que l'on peut considérer que le rédacteur essaie de se glisser dans l'écriture présidentielle personnalisée et y parvient parfois. On

1. Entretien en visioconférence avec Patricia Jannin, mars 2021.

est loin du travail d'un secrétaire particulier, qui œuvrait dans la proximité physique et qui faisait corps avec son « patron », dans un compagnonnage de longue durée, comme Xavier de Beaulaincourt au service du général de Gaulle de 1945 à 1970[1]. Les agents sont des petites mains plutôt que des plumes.

C'est en réponse à une longue lettre, ni manuscrite ni envoyée par courriel, mais tapée à l'ordinateur avec tous les signes extérieurs de l'autorité sociale, que l'enrichissement et la sophistication du contenu se libèrent. L'exercice s'apparente sous cet angle au traitement du courrier réservé qui est un enjeu particulier puisque les réponses peuvent davantage circuler et engager directement la parole politique du président. Ces deux types de lettres demandent des navettes et un temps d'écriture bien plus importants, ce qui limite la productivité « à cinq à dix lettres par jour et par rédacteur », nous ont déclaré plusieurs chefs de service.

On retrouve des différences entre les présidents dans le corps des réponses types aux lettres dites d'opinion, mais chacun d'eux met toujours en scène de grandes entités, l'État, la République, la nation, au-delà des catégories auxquelles il peut spécifiquement répondre (les jeunes générations, les homosexuels, les agents publics, les veuves, les retraités, les chefs d'entreprise, etc.). S'ils s'adressent aux Français, à tous les « Français », à leurs « concitoyens » et se réfèrent à l'« aventure collective de la Nation », les valeurs types et les grands principes de rassemblement qu'ils invoquent sont mobilisés dans des proportions variables : « faire vivre ensemble tous les Français, sans distinction autour des mêmes valeurs, celles de la République », « réaffirmer sans relâche notre pacte républicain, et faire progresser la France dans un climat d'apaisement », « promouvoir une société apaisée répondant aux légitimes attentes de justice et d'équité de ses concitoyens », « une France unie et rassemblée »,

1. Le général de Gaulle répondait à la main à certaines des lettres que de Beaulaincourt lui présentait.

« valeurs humanistes », « rassembler ses concitoyens dans une République qui encourage les talents, fait confiance aux forces vives, réunit et protège », « une France généreuse qui porte haut les valeurs de respect, de tolérance et de progrès dans le monde ». Les rédacteurs agissant au nom de Nicolas Sarkozy insistent ainsi sur les valeurs d'ordre, de travail, de force de l'État. Ceux qui écrivent au nom de François Hollande utilisent davantage le lexique de la République.

Les lettres de soutien sont bien entendu valorisées par les intéressés et figurent en tête dans les sélections qui sont adressées au chef de l'État par le service du courrier. Mais les remerciements doivent être pondérés et contenus. Le président est, comme il est souvent répété dans les courriers, celui de tous les Français et, dans une lettre toujours susceptible de circuler, il n'est pas souhaitable de féliciter de manière militante un soutien. Ainsi, après avoir proposé la réponse suivante à une correspondante très favorable : « [Le chef de l'État] m'a demandé de vous remercier très vivement de la confiance et du soutien que vous lui témoignez, qui le confortent dans sa ferme volonté d'œuvrer avec détermination aux destinées de la France », le signataire répondant au nom de Nicolas Sarkozy reçoit un visa « AR plus neutre » de la part de son supérieur et modifie sa formulation en conséquence : « Le Chef de l'État m'a confié le soin de vous remercier de la confiance et du soutien que vous lui avez témoignés. Ils le confortent... » (AN 2012/148/012).

Sous François Hollande, les messages de remerciements sont empreints de la même retenue : « Soyez convaincu de la détermination du Chef de l'État à redresser notre pays dans la justice et à redonner confiance à nos concitoyens », « Le Chef de l'État se réjouit de pouvoir compter sur tous ceux qui, comme vous, tiennent à lui manifester leur confiance ».

Quant aux opposants, on ne leur répond pas si la tonalité de leur lettre excède un certain niveau de véhémence, ou on les traite sur un ton de neutralité bureaucratique. Ce correspondant qui avait renvoyé, comme beaucoup d'autres, sa carte d'électeur pour exprimer sa déception et sa colère à l'égard de la politique de François Hollande se la voit retournée en pièce jointe de la lettre qui lui est adressée : « Je puis vous assurer qu'il [...] a été pris connaissance [de votre courrier]. [...] Par ailleurs, je vous retourne votre carte d'électeur qu'il n'appartient pas aux services de la Présidence de conserver. »

Proportionner la réponse

Un traitement particulier est accordé aux « courriers réservés » qui impliquent des réponses circonstanciées, souvent précédées de plusieurs visas intermédiaires et allers-retours, et parfois endossées par le président lui-même. On ne répond pas sans précaution, au nom de celui-ci, par exemple à Jean-Paul Delevoye qui envoie un avis du Conseil économique, social et environnemental (CESE) qu'il préside alors, à Jean-Marc Sauvé qui adresse l'étude annuelle du Conseil d'État dont il est à l'époque le vice-président, à la déléguée générale de la région Nord d'ATD-Quart Monde ou à ces nombreux élus locaux qui veulent valoriser leur territoire et signaler leurs actions pour celui-ci et les problèmes qu'ils rencontrent dans leur mission.

L'argumentaire des réponses aux lettres ayant trait à la question très sensible du salaire du président demande de la précision. On a vu que le train de vie des hommes politiques retient l'attention de nombre de citoyens, particulièrement dans les classes populaires. La réponse type, version courte, en quatre paragraphes, rappelle que le Conseil des ministres du 17 mai a « adopté un décret prévoyant la réduction de 30 % des traitements du Président de la République et des membres du gouvernement » et renvoie au décret du 23 août 2012 qui « a confirmé ce dispositif ».

La version longue, en dix paragraphes, développe la doctrine d'un « fonctionnement exemplaire des institutions publiques » et souligne que le chef de l'État « a invité les membres du gouvernement à faire preuve de la plus grande sobriété et à se montrer irréprochables dans l'utilisation des moyens mis à leur disposition ». La lettre reprécise le non-cumul de fonctions politiques des ministres et évoque la mission confiée à Lionel Jospin à la tête d'une commission chargée de la « rénovation et de la déontologie de la vie publique », avec comme objectif de donner un « nouvel élan à la démocratie ». Ici, la longueur de la réponse type indique que la Présidence agit et met déjà en œuvre des mesures phares. Cette seconde version plus longue est, est-ce un hasard ?, destinée à une électrice corrézienne. Une demande d'audience d'un autre Corrézien liée à l'action qu'il mène pour servir les intérêts du pays lui vaut un remerciement, un refus poli (justifié par les contraintes d'emploi du temps du président) et cette formule itérative et utilisable dans de multiples occurrences : « Mais soyez assuré qu'il a été pris bonnes notes de vos réflexions et de vos attentes. » En revanche, si c'est une personnalité dirigeant un institut gérant les archives et la mémoire d'un célèbre président du Conseil, de gauche, de la IVe République, qui félicite le nouveau président pour son élection, la lettre est beaucoup plus alimentée, même si c'est le chef de cabinet qui la signe :

> Renouveler la promesse républicaine de justice et d'égalité, redonner espoir à la France et surtout aux jeunes générations qui attendent une action politique exemplaire et forte pour une France généreuse qui porte haut les valeurs de respect, de tolérance et de progrès dans le monde, telle est l'ambition du Chef de l'État. Plus qu'une ambition, c'est une exigence.

Même dans les versions enrichies, le style protocolaire et les éléments de langage dominent cette littérature, dont le caractère répétitif semble faire écho aux variations épistolaires sur ce que l'actualité, les commentaires et les rumeurs déversent quotidiennement dans la discussion publique. Comme nous le disait un des rédacteurs, finalement, on n'apprend pas grand-chose de ces lettres plus ou moins sophistiquées, puisqu'il s'agit de prises de position qui, pour la plupart, se confrontent dans le débat politique.

Pourtant, les auteurs s'efforcent toujours d'en enrichir le contenu et d'en étendre le volume, c'est là la base de leur travail quotidien. Ainsi Cédric Goubet, signataire (formel ou réel) de nombreux courts et longs courriers, répond-il avec précision à un correspondant qui s'est inquiété de façon argumentée des conséquences de la crise de 2009. Exceptionnellement, celui-ci a droit à un développement explicitant la politique de l'exécutif : « En cette période de crise financière sans précédent, à laquelle notre pays est confronté, le Chef de l'État s'attache à en contenir autant que possible les répercussions. » Après cette introduction qui aurait constitué pour d'autres le tout de la lettre, le chef de cabinet de Nicolas Sarkozy énumère à la fois des mesures de relance et de stabilisation économiques – « prêts participatifs » pour le secteur automobile, « Fonds de modernisation des équipementiers automobiles », qui sera abondé jusqu'à 600 millions d'euros pour consolider la « filière de sous-traitance » – et des mesures pour « soutenir l'emploi et protéger les personnes les plus fragiles » – « contrat de transition professionnelle », « fonds de sécurisation des parcours professionnels (un milliard d'euros) », « prime de solidarité active (200 euros versés en avril 2009 aux chômeurs) », « extension à deux millions de contribuables supplémentaires de la suppression des deux derniers tiers provisionnels pour les contribuables de la première tranche d'imposition », prime supplémentaire de « 150 euros pour les trois millions de famille ayant des enfants scolarisés et qui bénéficient de l'allocation de rentrée scolaire », « bons d'achat des services à la personne (200 euros) » pour les demandeurs d'emploi qui retrouvent du travail et ont « besoin de solutions temporaires pour faire garder leurs enfants ».

On peut trouver de tout dans ces lettres types politiques, puisque tous les sujets peuvent être abordés par des correspondants scrutant l'actualité ou intéressés spécifiquement par un enjeu rare. Parmi les modèles que nous avons pu consulter (il en aurait existé une centaine) pour le quinquennat de François Hollande, le « portefeuille » qui doit concerner les courriers les plus fréquents comprend les entrées « Budget

Élysée », « Exemplarité des élus », « Réserve parlementaire », « Dialogue redressement dans la Justice », « Réforme État », « Principe de libre administration des Collectivités territoriales », « Poursuite de la dynamique engagée en 2012 », « Simplification administrative », « Choc de simplification », « Soutien entreprises », « Médiateur du crédit », « Artisanat », « Charges des artisans », « Désagrément des déplacements PR », « Inquiétudes », « Réforme État+Élus », « Société apaisée ».

Des enjeux pointus nécessitent des éléments de langage (EDL) et des développements circonstanciés, comme pour la défense des langues régionales (rappel de la signature prochaine de la charte européenne des langues régionales « qui doit donner à celles-ci un cadre légal et stable ») ou celle de la forêt amazonienne (« préservation des grandes forêts primaires », référence à la conférence « Rio + 20 », importance de la « participation des peuples autochtones », « détermination à favoriser le développement durable de la zone amazonienne en Guyane »).

La rafle du Vél d'Hiv est explicitement associée à des EDL dédiés pour qu'il soit répondu à une correspondante : « Comme il l'a rappelé lors du 70ème anniversaire de la rafle du Vel d'Hiv le 22 juillet dernier, le Président de la République est décidé à réaffirmer sans relâche le devoir de mémoire et de vérité qui incombe à chacun d'entre nous, afin que cette ignominie qui fut possible hier, ne puisse plus jamais ressurgir demain. » Le dernier paragraphe a été rayé : « ~~Aussi soyez assurée que la France veillera sur le souvenir de ses enfants disparus.~~ »

En fin de quinquennat, l'enjeu de l'île de Tromelin, rattachée aux Terres australes et antarctiques françaises mais revendiquée par la république de Maurice, fait son apparition dans le courrier présidentiel et motive la préparation de cette réponse sur son statut et son devenir en janvier 2017[1] :

1. « L'accord de cogestion de l'île de Tromelin retiré de l'ordre du jour de l'Assemblée », *Le Monde*, 17 janvier 2017.

> Vous connaissez l'attachement profond du Président de la République à la préservation des territoires de notre pays. À cet égard, je tiens à vous indiquer que le Gouvernement a retiré de l'ordre du jour de l'Assemblée Nationale la ratification de l'accord qui proposait une co-gestion de l'îlot [*sic*] et de ses espaces maritimes avec la République de Maurice.

Une variation sous la rubrique « Renoncement à un 2ème mandat. Action du PR dans les derniers mois du quinquennat » est également proposée aux rédacteurs :

> Comme il l'a dit, le Président de la République reste animé par l'intérêt supérieur de la France qu'il a servie avec fierté depuis plus de quatre ans et demi.
> Aussi est-il déterminé à poursuivre son action et à assurer le fonctionnement régulier de nos institutions jusqu'à la fin de son mandat, en s'y consacrant pleinement et dans le dévouement le plus total à la République.

Ou :

> Aussi continuera-t-il d'assumer, jusqu'au mois de mai prochain, les responsabilités qui sont les siennes, pour faire avancer dans notre pays le respect des idéaux de progrès qu'il a toujours défendus.

Derrière ces réponses types dont le nombre augmente à mesure que le quinquennat avance et que de nouvelles décisions sont prises par le président de la République ou par son gouvernement, il y a des navettes entre les agents du SCP et les conseillers techniques du président d'une autre nature que celle commandée par la seule circulation des parapheurs.

Si la lettre type semble être une formule à la fois simple, courte et facile pour répondre à tous, elle a pu demander préalablement une réflexion sur son contenu au sein du cabinet du chef de l'État. Il arrive parfois qu'une lettre touche les agents plus que d'habitude et qu'elle les entraîne à lui accorder un traitement autrement personnalisé. C'est sans doute ce qui s'est passé quand ils ont reçu le courriel d'Aurélie B., la médecin de la Timone (voir chapitre 4). La longueur de la réponse qu'elle a eu le privilège de recevoir, en deux pages, indique que plus la lettre est « belle » et plus elle est traitée avec soin, au point de susciter l'impression qu'elle a été écrite par le président lui-même. De façon complémentaire, ce genre de courrier offre aux agents qui le prennent en charge une plus grande liberté et suscite de leur part un plus fort investissement, y compris émotionnellement, qui constitue assurément l'un des intérêts de ce métier de « répondeur » présidentiel :

> Docteur. C'est avec une attention particulière que j'ai lu le courrier que vous m'avez adressé [...]. Votre lettre m'a interpellé parce qu'elle nous parle de journées qui, ainsi que vous le décrivez, vont au-delà de la réalité même, devenant le croisement des émotions et des peines, un croisement où toutes les différences disparaissent, là où les Hommes sont égaux. Votre lettre m'a touché parce qu'elle livre avec force un récit qui bouleverse, qui est nécessaire, qui nous concerne tous [...]. Je mesure votre force, je mesure l'étendue de votre engagement amenant bien souvent à une abnégation absolue. J'ai pu voir l'expression de ces valeurs après les terribles drames de 2015, j'ai pu constater la mobilisation admirable, le professionnalisme sans faille des services d'urgence. J'évoquais lors du congrès, la lumière de solidarité qui vit au cœur de votre métier. Je la retrouve aujourd'hui à la lecture de votre lettre. Je vous prie d'agréer, Docteur, l'expression de mes hommages[1].

On peut alors se poser la question de savoir si les courriers, indirectement, n'obligent pas l'entourage présidentiel à penser autrement, à élargir leur réflexion à mesure que des interpellations apportent de nouveaux points de vue au sujet de telle ou telle mesure. Au début du mandat Macron, on le verra, il est évident que ces courriers ont eu cette fonction « critique ».

1. Cette réponse présidentielle nous a été transmise par Aurélie B., que nous remercions chaleureusement.

Signer

Lorsque les scripteurs écrivent au président de la République, ils sont plus ou moins dupes de la nature de la relation qu'ils sont en train de nouer. Pour objectiver cet échange dissymétrique entre des citoyens et le président, Béatrice Fraenkel (1997) utilisait le terme de « contrat de communication », démarqué de la notion de « pacte de lecture » proposée par Philippe Lejeune pour caractériser le lien entre l'auteur et son lecteur. Le président Mitterrand avait appelé les Français à lui écrire, directement, sans passer par des médiateurs, des interprètes (voir chapitre 1). Et de citer un jeune chômeur de trente ans qui l'avait interpellé : « Voilà ce dont je me plains et voilà ce que j'espère et je vous demande à vous, président de la République, de me dire comment faire[1]. »

« Contrat de communication » ? Ses termes peuvent sembler doublement léonins puisque les scripteurs ont des attentes qui peuvent être diffuses, confuses et plurielles et que, du côté présidentiel, l'engagement contractuel est faible. Dans l'entretien cité ci-dessus, François Mitterrand avouait en quelque sorte que son investissement en la matière serait assez relatif : « Eh bien, j'essayerai de leur répondre, et de ce point de vue, je demanderai aux médias, s'il le faut, d'inventer des techniques qui me permettront d'apporter la réponse. » Bizarrement, il n'évoque pas le service du courrier de l'Élysée dans ce rôle.

Michel Hénocq, en commentant avec acuité et peu d'aménité l'article de Béatrice Fraenkel, écrit rétrospectivement :

> Pour moi c'était un contrat moral qui ne me fut jamais formulé... mais que j'avais tout le temps présent à l'esprit (je ne pense pas que mes rédacteurs dans leur majorité pensaient comme moi... et certains ne manquèrent pas de rechigner voire me le formuler clairement... ce n'était

1. Intervention de François Mitterrand depuis Latché au cours du journal d'Antenne 2 midi, 2 janvier 1982, citée par B. Fraenkel (1997).

> pas « leur » problème ni leur choix !) et ce jusqu'au dernier jour il demeura le fondement même de ma mission[1]...

Le contrat consistait du moins à répondre à tous, dans un délai décent, et ses clauses n'ont pas changé. Les agents que nous avons fréquentés en 2017 prenaient également très à cœur leur travail et traitaient les lettres presque religieusement, conscients que la matière qu'ils géraient avait partie liée avec la fonction présidentielle. En répondant au nom du « PR », comme ils le nommaient, en tenant sa plume par délégation, ils donnaient l'impression d'accomplir des gestes quasiment sacrés. Ils se faisaient en somme des intercesseurs entre les profanes cherchant à entrer en contact avec le président de la République et la dimension sacrée que revêt la fonction de chef de l'État.

Comme le souligne Béatrice Fraenkel (1997), les actes d'écriture bureaucratiques sont toujours collectifs. Le signataire endosse et certifie la teneur du courrier, en dehors de toute ambition créatrice, même si certains rédacteurs peuvent revendiquer des qualités d'écriture qui sont au principe de leur recrutement. Alors que Michel Hénocq pouvait affirmer : « C'est moi qui écrivais les lettres », son successeur, François Bronner, certifiait seulement : « Je suis responsable de ce que j'ai signé. Si je me trompe, je signe une lettre qui comporte une erreur, j'en suis responsable, j'ai laissé passer l'erreur » (Fraenkel, 1997). Si c'est bien la Présidence qui endosse officiellement le courrier, en haut à gauche, ce n'est que rarement le président qui, en bas à droite, signe la lettre. Le président est évoqué dans les réponses par ses titres (« Le Président de la République m'a chargé... »), par

1. Correspondance avec Michel Hénocq, courriel du 25 février 2021. Il critique notamment l'appréciation de l'auteure concernant l'« exceptionnelle technicité » de ces « fonctionnaires chevronnés ». Selon lui, au contraire, le personnel était, sauf certaines exceptions qu'il valorise, d'« une triste incompétence administrative à laquelle [il] devai[t] suppléer en permanence » : « La plupart étaient plus routiniers que motivés », « plus habitués à rédiger des notes administratives, ils étaient relativement inaptes à écrire une lettre, ce qui nécessite une souplesse et une culture qu'on ne leur avait pas appris ».

celui de « chef de l'État » ou par son nom, Nicolas Sarkozy ou François Hollande, quand il s'agit de ponctuer particulièrement une de ses orientations politiques idiosyncrasiques.

Il y a quarante ans, le chef de service disait signer de sa propre main quelque cinq cents lettres par jour ; il avait revendiqué dans des luttes bureaucratiques intra-élyséennes son « droit à signer ». Il le faisait à la main et à l'encre, car un certain nombre de correspondants s'étaient plaints de ce que les lettres qu'ils recevaient résistaient au passage de l'eau sur la signature. Un paraphe imprimé même en bleu n'avait, pour certains, pas la même valeur qu'une « vraie signature » : malgré la mise en place d'une « machine à signer », « certains correspondants grincheux ne manquaient pas de réexpédier la lettre après avoir mouillé la signature qui ne se diluait évidemment pas en protestant d'avoir reçu un vulgaire "formulaire" » (Hénocq, 2008-2017 : 26)[1]. Il signait de son nom, mais au nom de la Présidence, sans que celui du président apparaisse dans la signature, sans qu'un P/O (pour ordre) signale la délégation que le chef de l'État accorde implicitement pour la gestion de l'immense majorité de son courrier.

Cette signature confère au texte un statut à part et atteste de l'authenticité de l'acte et de l'identité de son auteur (Fraenkel, 1992). Le journal d'extrême droite *Minute* dénonça pourtant un subterfuge : « Le Président demande qu'on lui écrive et c'est Michel Hénocq qui répond… » Cette déception est présente dans un certain nombre de répliques aux courriers reçus de l'Élysée. Sous François Hollande, c'est une signature imprimée qui tient lieu d'authentification de l'échange. Le chef du service répond en son nom propre dans la plupart des cas, ou utilise par délégation la signature du chef de cabinet.

Il y a une gradation subtile fondée sur le sens pratique des acteurs, qui les incite ou non à faire remonter des courriers qui peuvent leur apparaître « sensibles », qui seront, après

---

1. La question du droit à signer est très prégnante dans les « mémoires » du chef de service, plusieurs personnes entendant s'attribuer la maîtrise de la signature.

navettes, endossés par le chef de cabinet lui-même (sous Nicolas Sarkozy, Claude Guéant, dont le périmètre d'action s'était considérablement élargi, en a signé un nombre important). Nous n'avons pu voir l'ensemble des tampons, mais ceux qui indiquent « LU PAR LE PRÉSIDENT » ou « RETOUR DU PALAIS » sont significatifs. Lorsque des courriers sont perçus comme susceptibles d'« intéresser » personnellement et/ou politiquement le président (les lettres qui remontent vers le PR doivent être du « niveau PR »), ils partent au Palais dans une chemise spéciale avec les propositions de réponse rédigées et préalablement visées par les échelons qualifiés dans les va-et-vient entre l'Alma et le Palais.

On voit que, dans le processus de signature, la protection du chef de l'État est la priorité. Si le travail au sein du SCP peut paraître parfois routinier, sinon ennuyeux, l'importance des moindres gestes qu'il implique tient à la nécessité de répondre au plus vite, d'écrire sans faute, car un président de la République ne peut profaner la langue française, de ne jamais employer exactement les mêmes tournures, notamment parce que les réponses s'échangent et se commentent sur les réseaux sociaux et, enfin, de proportionner les égards à l'identité et au prestige relatif des scripteurs. Certes, l'institution est enrôlée par l'enveloppe officielle et par l'en-tête de la lettre, mais la responsabilité du chef de l'État est neutralisée puisque la signature n'est pas la sienne, sauf dans de très rares cas.

La « lettre PR », dans le langage indigène, c'est la lettre qu'il faut faire remonter au PR et plus particulièrement celle sur laquelle on souhaite attirer l'attention du chef de l'État en l'incitant à la signer lui-même (il est le seul habilité à signer à la main) en y ajoutant une courte formule généralement amicale au stylo. Cette grande patronne félicitant Nicolas Sarkozy pour son élection a droit à un mot personnalisé : « Je suis heureux de pouvoir compter sur tous ceux qui comme vous, ont la volonté de s'investir dans ce combat, réhabiliter le travail et vaincre le chômage. » Des gens connus du président qui le félicitent pour son mariage reçoivent de sa part des « hommages respectueux », « amicaux » ou « cordiaux ».

Mais les lettres signées « PR » destinées à des citoyens « ordinaires » sont triées sur le volet. François Hollande se souvient d'en avoir signé une dizaine par mois :

> Je me rappelle d'une centenaire. C'était son anniversaire. Elle avait envoyé une lettre en disant : « J'aimerais bien que le Président souhaite mon anniversaire. » C'était remonté vers moi. Ou des parents qui avaient perdu un enfant. Et je reprenais les lettres telles quelles, je n'avais aucun problème. Et quand je signe, moi, je mets un petit mot en plus. Mais je n'ai jamais dit qu'il y en avait trop, car c'était très sélectif. Et j'aimais signer, l'élu local aime signer la lettre. La lettre est aussi importante que la suite[1].

Bien sûr, il avait principalement signé des courriers plus solennels, comme celui adressé à la veuve de Maurice Audin et reproduit dans la presse :

> Plus de cinquante ans après la fin de la guerre d'Algérie, l'État français doit faire face à ses responsabilités et au devoir de vérité qui lui incombe envers vous et votre famille d'abord, mais également envers l'ensemble des citoyens. [...] J'ai par ailleurs demandé à Jean-Yves Le Drian, ministre de la Défense, de vous recevoir afin de vous remettre en mains propres l'ensemble des archives et documents en sa possession relatifs à la disparition de votre mari[2].

Et, à la famille d'un caporal mort au Niger, François Hollande avait envoyé ses condoléances : « Je mesure votre chagrin et celui de toute votre famille. Le sacrifice de Thomas dans cette région du Sahel exige toute notre solidarité. » Et le président avait joint à son courrier une copie de la décision qui attribuait au caporal Guillebault la mention « Mort pour la France »[3].

Les réponses personnalisées « ordinaires » sont soit induites par l'émotion et la compassion (une mère ayant perdu son

1. Entretien avec François Hollande, 3 mars 2021.
2. *Le Monde*, 17 décembre 2012.
3. *Nord Éclair*, 1er avril 2014.

jeune enfant), soit indexées sur le calcul et la communication. Ainsi le conseiller études de François Hollande lui adresse-t-il le 31 août 2015 une note concernant quatre courriers de particuliers proposés à sa signature :

> 1) Un jeune qui loue vos qualité [*sic*], mais qui ne comprend pas « *pourquoi vous avez tant de mal à appliquer vos convictions* » et à vous faire comprendre par les Français ; et qui s'inquiète parallèlement de la montée du FN dans sa région (NPDCP [Nord-Pas-de-Calais-Picardie]).
> 2) Un couple de gauche qui s'était éloigné depuis 2012 mais commence à revenir, vous demande de veiller avant tout « *aux petites gens, aux mal payés, aux mal logés, aux retraités modestes* ».
> 3) Une femme de 70 ans qui apprécie votre courage face aux critiques, mais se désole de ce que devient la France. Typique de cette frange de l'électorat qui, sans agressivité, est persuadée que les chômeurs sont des paresseux.
> Les réponses proposées à ces trois courriers peuvent permettre de continuer à tester des éléments de langage, en surveillant les éventuelles réactions.
> 4) Enfin, plus anecdotique, une belle lettre d'une femme qui vous remercie pour le bonheur qu'elle a vécu en se mariant avec sa compagne cet été.

L'idée de signer une « belle lettre » illustrant de plus le mariage pour tous n'est sans doute pas anecdotique. La « belle lettre » est une sorte de reconnaissance de la valeur du travail du service, prisée par les collaborateurs. Voir sa lettre signée par le président est une des rétributions des rédacteurs, comme le rapporte Michel Hénocq, sous Mitterrand : « Le choix des rares lettres dont nous soumettions chaque semaine la réponse à la signature personnelle du Président m'appartenait entièrement. Et jamais une lettre n'est revenue au service non signée » (Hénocq, 2008-2017 : 162).

Donner suite

Il arrive que le courrier connaisse des suites. Et que le président en soit même à l'initiative, ce qui nécessite de cadrer leurs modalités. Monter une opération de communication avec des « citoyens ordinaires », comme VGE lorsqu'il invitait des éboueurs à prendre leur petit déjeuner à l'Élysée, peut se retourner contre l'instigateur. Privilégier l'échange confidentiel peut à l'inverse apparaître comme une manière faible de gérer sa communication et ses rapports « vrais » avec les Français. C'est cependant cette seconde solution qu'a choisie François Hollande en organisant de manière discrète des entrevues avec des scripteurs. Il a ainsi reçu à mi-mandat, à l'abri des caméras, certains d'entre eux :

> Il se trouve que quand le service reçoit une lettre particulière, il me la communique, et, un jour, je me suis dit : « Je vais faire ce que je faisais comme élu local, je vais recevoir les gens qui m'écrivent. » J'ai dit : « Donnez-moi un panel de gens qui m'ont écrit et je vais les recevoir. » J'ai dû faire ça une dizaine de fois : j'ai reçu une institutrice, une bibliothécaire, des chômeurs, un jeune, etc. Je disais : « Trouvez-moi des lettres qui traduiraient un problème et qui justifieraient que je reçoive la personne. » J'ai dû faire ça une dizaine d'après-midi, comme dans une permanence. Alors, au début, je disais un quart d'heure par personne, mais ça durait un peu plus longtemps. J'ai fait ça au milieu de mon mandat. Hors du champ des caméras et ça n'a jamais filtré dans la presse. Et j'ai dit aux gens : « Vous pouvez prendre des photos, mais ne le dites pas dans la presse, car des gens vont se dire : "Pourquoi pas moi[1] ?" »

Dans cette sorte de « permanence élyséenne », il reconnaît que le face-à-face était parfois empesé. La conversation contrainte par le décorum élyséen pouvait être compassée et difficile à débrider malgré l'évidente jovialité de l'hôte. Il y voyait néanmoins une manière d'expliquer ce qu'il faisait, et même d'obliger ses détracteurs (car il a toujours voulu inviter des opposants durant ces après-midi) à l'écouter.

La lettre peut connaître d'autres prolongements si le correspondant devient un polyscripteur, comme nous l'avons

1. Entretien avec François Hollande, 3 mars 2021.

désigné, et s'il persiste à réitérer ses envois. Il peut lasser ses interlocuteurs dans le service et ne plus avoir de réponse. Il peut vouloir continuer à donner son avis et se saisir des apparitions télévisées du président ou d'un événement pour porter des jugements et donner des conseils.

Une autre destinée possible de la lettre est d'être utilisée dans des litiges avec l'administration, soit parce qu'elle a été transmise par les services de la préfecture aux services sociaux qui traitent le dossier du plaignant (mais il s'agit de la lettre du préfet), soit parce qu'elle peut éventuellement être brandie comme une sorte de ressource, sans doute vaine. Le président de la République n'est pas une autorité administrative susceptible de prendre une décision opposable, moins qu'un Médiateur de la République ou qu'un Défenseur des droits qui peut instruire un dossier plus avant.

Enfin, la lettre peut parachever sa carrière à travers une publicisation de son contenu. C'est pourquoi les répondants, nous l'avons vu, prennent d'infinies précautions pour qu'elle ne puisse pas se retourner contre le président et sa fonction, qu'il convient de protéger.

Dans quelques rares cas, la lettre de l'administré devient une lettre ouverte et la réponse peut être instrumentalisée (mais eu égard aux précautions prises en amont, cela paraît improbable). Faire d'une supplique individuelle une arme de mobilisation est rare, mais, le cas échéant, elle est éventuellement amplifiée par la publication dans la presse. Ces publicisations peuvent être un avertissement, une interpellation ou la conclusion d'une démarche. La lettre est parfois citée de manière détaillée et la réponse ou l'absence de réponse du président sont rendues publiques.

Les petites causes trouvent à l'occasion leur place dans la presse régionale ou dans *Le Parisien*. En 2011, le quotidien relate par exemple la « marche sur l'Élysée » d'un chômeur : « Licencié en 2010, un ancien berger traverse toute la France, à pied, pour remettre une lettre au président de la République. » En 2012, *Le Journal de Saône-et-Loire* diffuse la demande de réparation d'une enseignante de sciences physiques mâconnaise empêchée de passer son concours en raison des perturbations de circulation causées par une visite présidentielle à Dijon : « À cause de Sarkozy, je n'ai pas pu passer l'agrégation. » Sous le titre « Lasse d'incivilités, elle écrit au Président », *L'Est républicain* rend compte en 2013 de la démarche d'une octogénaire lorraine : « Poussée à bout par des problèmes de voisinage, Colette a écrit au président de la République. Alors, le 20 juillet dernier, l'ancienne professeur de lettres modernes de l'université de Nancy, à bout de nerfs, a pris sa plume pour écrire au président de la République. La réponse n'a pas tardé, à sa grande surprise. »

Des causes collectives, comme les conséquences sociales de la fermeture de sites industriels, sont également relayées par le biais de lettres au président ensuite publicisées : « Certes, le Père Noël a un peu tardé et n'a répondu que partiellement aux questions du comité d'entreprise de Steco Power. Il n'empêche, le courrier adressé à la présidence de la République au mois de décembre n'est pas resté lettre morte. » La réponse est datée du 3 janvier et signée de la main du chef de cabinet du président. Il assure que « Nicolas Sarkozy est très attentif à l'ensemble des préoccupations que [le comité d'entreprise] lui [a] soumises » et que le courrier a été signalé à Éric Besson, ministre chargé de l'Industrie, à qui il est demandé « de procéder à l'examen de ce dossier ».

La même stratégie peut être adoptée par des directeurs d'école faisant face à la fermeture de classes, par le Comité des usagers pour le soutien et la défense du centre hospitalier du pays d'Apt et l'association Naître au pays d'Apt qui proposent en 2015 d'« inonder de courrier Monsieur le Président de la République », par un maire qui écrit au chef de l'État pour l'alerter sur la sédimentation de la Rance, ou encore par des élus de l'opposition de Vichy qui s'insurgent contre le discours du 8 mai 2010 de Nicolas Sarkozy dans lequel celui-ci déclarait : « Vichy a trahi la France, Vichy l'a déshonorée. »

Quelques causes célèbres plaidées par courrier sont parfois elles aussi amplifiées dans la presse nationale, à l'instar des exemples cités plus haut.

Des opinions et prises de position adressées au président peuvent également nourrir le débat public. La lettre, rendue ouverte, qui défend le cumul des mandats, signée par les juristes et politologues Pierre Avril, Olivier Beaud, Laurent Bouvet et Patrick Weil, motive ainsi la réponse de leurs pairs Bastien François, Olivier Nay et Frédéric Sawicki, dans une tribune publiée par *Le Monde* en mars 2013 : « En finir avec les cumulards et l'aristocratie parlementaire. »

En 2014, en pleine polémique sur l'effigie de la nouvelle Marianne figurant sur les timbres, largement inspirée du portrait de la militante Femen Inna Shevchenko, celle-ci avait de son côté rendu publique une lettre adressée à François Hollande et intitulée « Je suis la cocue du Président ». Elle affirmait avoir voté « le 6 mai 2012 pour un programme socialiste, des valeurs humanistes, des promesses d'égalité et la garantie de la laïcité », avant de déplorer : « Aujourd'hui, deux ans après, je découvre avec stupeur que mon Président, en fait d'être socialiste, est un social-démocrate conservateur, complètement à la botte du lobby catholique. »

Quant à la « Lettre aux Français » que Nicolas Sarkozy leur avait adressée en 2012, Olivier Besancenot propose un « retour à l'envoyeur » relayé par l'AFP : « Pour tous ceux et toutes celles qui recevraient ce courrier, je suggère qu'ils le retournent à l'envoyeur, c'est-à-dire à l'Élysée, en le redéposant dans une boîte aux lettres, sans affranchissement, avec écrit + retour à l'envoyeur ! »

Certains Gilets jaunes ont pu utiliser cette technique. L'impact d'un *post* sur Facebook, par exemple celui de Jacline Mouraud, a toutefois été beaucoup plus efficace et ravageur. De la même manière, la lettre ouverte signée « La France en colère », « du nom du groupe Facebook réunissant des milliers de Gilets jaunes et animé notamment par Éric Drouet et Priscillia Ludosky[1] », est une réponse publique aux vœux d'Emmanuel Macron (« Vos actes et vos paroles vous ont

1. « Les Gilets jaunes écrivent à Macron dans une lettre ouverte et lancent l'acte 8 », *Aujourd'hui en France* (site web), 3 janvier 2019.

clairement discrédité et sont hautement condamnables au regard des droits de l'homme, valeur essentielle dans laquelle les citoyens de France se retrouvent profondément ancrés ») et un appel à plusieurs manifestations.

7

Une autre politique du courrier

À la toute fin de notre recherche, nous avons été reçus à nouveau au service du courrier. Les bâtiments Napoléon III étaient toujours là, le drapeau, la cour, les diverses ailes, mais tout avait changé ; nous sommes entrés dans un monde autre. Nous avons été guidés vers un nouvel espace, pas encore inauguré, aménagé « en plateau », dans les anciennes écuries. Une peinture fraîche, des arcatures alternant briques rouges et murs blancs. De grands espaces pas complètement ouverts, formant des cellules de travail partiellement isolées, cloisonnées par de grands panneaux de verre. Quelques bureaux fermés subsistaient, mais leurs portes étaient grandes ouvertes. Et une salle d'archives traditionnelle avec des rayonnages mobiles permettant de gagner une place maximum : un volant est relié à un système de démultiplication par chaîne, qui permet d'ouvrir facilement les travées. À l'intérieur, des centaines de boîtes à archives classées par mois et intitulées « Courrier Madame », « Courrier élus » « Courrier Président ».

Paradoxalement, ce sont les cartons « Courrier Président » les moins nombreux. Pourtant, « Madame » reçoit environ 1 500 courriers par mois[1], quand le président en aurait reçu

1. Selon les rapports de la Cour des comptes, Brigitte Macron a reçu environ 13 000 courriers en 2017, 19 500 en 2018 et plus de 21 000 en 2019. Selon les derniers et seuls chiffres que le service a bien voulu nous fournir, il y aurait eu 300 000 correspondances adressées à l'Élysée en 2020, et environ 1 000 appels

en 2020, année exceptionnelle (toutes catégories confondues), 25 000. Mais la décision a été prise de faire, dès à présent, le tri au 10e, qui auparavant était fait en fin de mandat pour être envoyé aux Archives nationales[1].

Le SCP avait déjà connu une réorientation dès 2017, et avait été intégré progressivement dans le service communication de l'Élysée. Le profil du nouveau chef de service nommé en 2020, Cédric Bonamigo, est tout à la fois semblable et différent de celui de ses prédécesseurs. Il est passé par l'administration de l'État (il a été militaire jusqu'au grade de commandant pendant une dizaine d'années, puis dans la « préfectorale » à laquelle il se réfère souvent). Après une classe préparatoire scientifique, il a intégré Saint-Cyr dont il est sorti avec un diplôme d'ingénieur en électronique. C'est aussi son passage par le corps préfectoral qui lui a valu d'être sollicité pour diriger le service de la correspondance[2]. Chose nouvelle, il est, comme de nombreux collaborateurs d'Emmanuel Macron, un « bilingue » qui a certes pratiqué le service public mais qui connaît aussi le langage du privé. Il a travaillé plusieurs années chez Capgemini, où il s'occupait, il est vrai, du compte du ministère des Armées. « Manager confirmé, j'ai développé depuis près de 18 ans une double expertise défense/sécurité et transformation digitale, dans des contextes sensibles et politiques. [...] Créatif et enthousiaste, j'aime animer des équipes en mode "agile", conduire des projets complexes en recherche, toujours, de solutions éthiques, efficaces et performantes », écrit-il sur sa page LinkedIn.

---

par jour au standard téléphonique. Chiffres à prendre avec précaution puisque le chiffre de 200 000 courriers a été communiqué au journaliste de *La Croix* (« Au cœur du service courrier de l'Élysée », 9 juillet 2021).

1. Tous ces renseignements nous ont été donnés dans un entretien avec Cédric Bonamigo, chef du service depuis mars 2020, et avec Évelyne Van Den Este, cheffe de la mission Archives et mémoire de la Présidence de la République (16 décembre 2020). Cet entretien est aussi la base d'éléments factuels que nous avons insérés dans notre démonstration. Deux entretiens téléphoniques d'une heure ont complété et affiné ces informations.

2. Entretien, 25 mars 2021.

Sa lettre de mission était claire : il s'agissait de transformer ce qui était un service administratif en un service de communication où l'un des objectifs est d'instaurer un « dialogue citoyen ». Le SCP, ainsi dénommé en 1994, est donc devenu le SCD (Service de la communication directe), qui regroupe le service du courrier, le standard téléphonique de l'Élysée et le « dialogue citoyen ». Dématérialisation, digitalisation et lien direct avec les citoyens en sont les mots d'ordre.

Ce changement de locaux et d'orientation est sans doute le plus important depuis 1981, date à laquelle le nouveau chef du service, Michel Hénocq, avait été chargé d'informatiser la correspondance du président. Il est sans conteste le produit d'un type nouveau de présidence. C'est, d'abord, une parfaite déclinaison du mot d'ordre macronien faisant de la « start-up nation » un horizon pour transformer les « gouvernances » et les activités d'un État jugé par trop bureaucratique et impotent (Eymeri-Douzans, 2019). Ensuite, cette transformation a partie liée avec le profil d'Emmanuel Macron. Ce dernier est devenu président sans avoir accumulé, à la différence de ses prédécesseurs, une expérience d'élu local à travers laquelle s'acquiert la « connaissance » des Français. Nos entretiens avec des agents du SCP ayant accompagné son début de mandat nous ont confirmé qu'il avait eu d'emblée une lecture intensive des lettres qui lui étaient adressées. C'était pour lui à la fois une manière de comprendre ses concitoyens, mais aussi de contrôler la pertinence ou l'efficacité des premières décisions gouvernementales.

Enfin, ce changement au sein du service de la correspondance fait largement écho à un projet soumis à François Hollande par l'un de ses collaborateurs, Adrien Abécassis[1], particulièrement présent au sein du SCP de 2014 à 2017. Selon lui, le courrier représentait une source largement sous-utilisée par l'Élysée. En outre, il reconnaît avoir puisé

1. Note du 24 avril 2015. Nous remercions vivement François Hollande qui a autorisé son conseiller études, Adrien Abécassis, à nous transmettre un ensemble de notes que celui-ci avait rédigées à son intention entre 2015 et 2016.

l'inspiration du canevas proposé dans un article du *New York Times* daté de janvier 2017[1], qui portait sur le traitement du courrier à la Maison-Blanche, quand Barack Obama y était président. Faute d'avoir pu imposer une nouvelle pratique du courrier sous François Hollande en s'appuyant sur cet « influx politique vital de ce qui se passe dans le pays », il a conseillé à Emmanuel Macron, lors de la passation de pouvoir, de mieux en exploiter les potentialités, et la réforme proposée a progressivement été mise en œuvre. Le dépouillement qualitatif a ainsi cédé la place à l'analyse quantitative des opinions que recèlent les courriers. Cette activation de la matière épistolaire amorcée à la fin du quinquennat Hollande présente effectivement un air de famille avec la façon dont le service états-unien s'est emparé des correspondances sous Obama. Il s'agit sans doute plus que d'une coïncidence.

Après un détour par les États-Unis, nous examinerons la manière dont les nouveaux dirigeants du service, sous l'aiguillon direct et indirect de l'actuel chef de l'État, tentent de redéfinir les usages de la correspondance présidentielle. Nous verrons ce que contiennent les courriers adressés à Emmanuel Macron et nous analyserons ce que cette redéfinition nous dit du fonctionnement actuel de la Présidence.

Un détour états-unien

Dans *Une terre promise*[2] (2020), Barack Obama commence son chapitre 12 par la citation d'une lettre de Nicole Brandon qui lui écrit pour l'avertir qu'elle a reçu un avis « [lui] annonçant qu'à compter du 30 juin 2009, [elle] rejoindrai[t] le nombre en rapide augmentation des chômeurs de ce pays » : « Mon gouvernement a pourtant beaucoup parlé de protéger

1. Jeanne Marie Laskas, « To Obama with love, hate and desesperation », *The New York Times Magazine*, 17 janvier 2017. Voir aussi « Obama at night : 7 almonds and some precious solitude », *The New York Times*, 3 juillet 2016, et « Dear Mister President », *The Guardian*, 18 août 2018.

2. Le site <https://obamawhitehouse.archives.gov/letters> permet de lire des courriers qui lui ont été adressés.

et d'aider la classe moyenne américaine, mais ce que j'ai vu, c'est tout le contraire. Je vois un gouvernement qui a servi les lobbies et les groupes d'intérêt. Je vois que des milliards de dollars sont dépensés pour le renflouement d'institutions financières… »

Le président des États-Unis consultait deux ou trois lettres de ce type, chaque soir, qu'il tirait d'un « classeur mauve » en contenant une dizaine. C'était son dernier travail de « *night guy* », comme il se dénomme lui-même, avant de se coucher : « Ç'avait été mon idée les lettres, une idée qui m'était venue le deuxième jour de mon mandat. » C'est l'Office of Presidential Correspondence (OPC) qui sélectionnait le courrier parmi les « quelque dix mille lettres et e-mails qui arrivaient chaque jour à la Maison-Blanche ». Recourant à la métaphore de la bulle présidentielle comme piège tendu à tout président en exercice, Obama estimait que prendre une dose quotidienne de courrier pouvait l'en sortir : « Les lettres étaient comme une perfusion en intraveineuse du monde réel, un rappel quotidien de mon engagement envers le peuple américain, de la confiance placée en moi et de l'impact humain de chaque décision que je prenais. » Les thèmes et les extraits qui sont cités un peu plus loin ne nous dépaysent pas. Colère, résignation, licenciements, propositions politiques détaillées, appels à l'aide scandent ce que lit le président. Obama annote les lettres en demandant que l'on suive ces dossiers individuels pour, entre autres exemples, sauver une maison de la saisie ou trouver une place dans un programme de formation. On n'en saura pas plus sur le travail de l'OPC.

La façon dont sont extraites les lettres et dont est réalisée une synthèse des courriers sera néanmoins révélée par la journaliste du *New York Times* évoquée plus haut, Jeanne Marie Laskas, dans le livre qu'elle a tiré de son enquête : *Monsieur le Président. Barack Obama et les citoyens américains en toutes lettres* (2020 [2018]). Abordé de manière émotionnelle, empathique et littéraire, le courrier d'Obama y est saisi au travers de nombreux documents bruts que sont les lettres et les réponses. Immergée pendant quelques jours à la Maison-

Blanche, elle a réalisé des entretiens, y compris avec Barack Obama une fois ce dernier retiré de la politique. Enfin, elle est allée rencontrer des correspondants du président. Sont données à lire des histoires fortes qui sont sans doute tirées de « belles lettres » ou de « courriers remarquables » pour reprendre les formulations françaises. Selon la journaliste, la lettre est la « porte dérobée du président » avec « les voix qui appellent. Les cris et les joies des gens qu'il a promis de servir ». Pour elle, « il s'agissait du matériau brut à l'origine des idées qui lui traversaient l'esprit quand il vaquait à ses occupations [...] et, la nuit, dans son lit ».

Dans cet ouvrage, on apprend que, dès le début de son premier mandat, le président s'intéresse aux courriers, à l'instigation d'un de ses conseillers, Pete Rouse, qui lui a instillé l'idée, dès son entrée au Sénat en 2005, qu'« une lettre avait du pouvoir ». Comme Barack Obama le reconnaît dans l'entretien accordé à Jeanne Marie Laskas, ces lettres qu'il recevait déjà durant sa campagne avaient une véritable utilité : « Elles m'aidaient à façonner les histoires que je racontais pendant la campagne parce qu'elles n'étaient pas abstraites [...]. Vous savez, faire en sorte qu'on ait un bon service de la correspondance qui donne le sentiment aux citoyens que vous les écoutez et que vous leur répondez, cela rattrapera beaucoup d'autres choses. » Selon elle, le service du courrier est inexistant lors du passage de Bush à Obama : il n'y avait « pas de système de tri du courrier, pas de manuel de procédure, pas de modèles, pas de logiciels, pas de lettres types ». George W. Bush souhaitait tout de même, de temps à autre, consulter une dizaine de lettres ayant reçu une réponse. Il regardait toutes les trois semaines environ une pile de courriers représentatifs. Reagan, quant à lui, serait passé souvent au service et répondait à de nombreux courriers le week-end.

Le service du courrier sous Obama a, du reste, connu des transformations techniques et technologiques telles que les algorithmes, la mise en place d'un arbre de décision, la rédaction de lettres types et la mise au point d'un manuel de contrôle de qualité. En 2010, le courrier papier commence à être scanné et, en 2011, tous les courriels sont « intégrés dans un nuage de mots distribué quotidiennement dans l'ensemble de la Maison-Blanche pour offrir au personnel un aperçu des préoccupations et des idées des citoyens ».

Le codage se fait à la réception du courrier au crayon en haut à gauche de la lettre, par un mot clé. Le travail est intense puisque chaque stagiaire doit traiter trois cents lettres par jour. La mention « Sélection » indique que cette lettre pourrait figurer dans la sélection des *10LAD* (« *10 Letters a day* ») données quotidiennement à lire au président parmi les 10 000 reçues à l'OPC. Chacun tend à devenir avocat de sa lettre : « Si elle était retenue, on avait réussi sa journée. » Un « point rouge » sert à indiquer une urgence pour la porter dans un autre bureau qui gère les risques suicidaires (il y en aurait quelque deux cents par jour). Les candidatures à l'OPC comportent parfois un test d'écriture : on demande au candidat de formuler une lettre fictive au président « pour qu'il se fasse une idée de ce que cela faisait d'écrire au président ». À l'inverse, le nouveau mode de recrutement actuel français repose sur une épreuve en deux heures durant lesquelles l'impétrant doit rédiger trois réponses sur des sujets contrastés (dont un « sujet régalien »).

Les courriers adressés à Barack Obama sont assez semblables dans leurs thématiques, autant que l'on puisse en juger par la sélection faite par Jeanne Marie Laskas, à ceux envoyés aux présidents français. Il apparaît toutefois que les demandes de régularisation de sans-papiers, les récits d'addiction et de rédemption, les plaintes et protestations contre les crimes de la vie quotidienne et les dénonciations du racisme et des discriminations sont bien plus fréquents qu'en France – comme est spécifique la formule finale de nombre de lettres « *God bless you* » ou « *God bless America* ». C'est d'ailleurs de cette manière (*God bless*) que le président conclut certaines des lettres de réponse qu'il signe ou qu'il rédige personnellement au stylo, ce que n'ont jamais fait les présidents français.

Sa jeune plume (elle a une vingtaine d'années), Fiona, chargée de sélectionner les courriers représentatifs, explique avoir su trouver un style empathique pour se glisser dans la peau d'Obama. Avec ce président qu'elle a très peu vu, « c'était comme passer un plateau sous une porte ». C'est au travers de petits tests à l'aveugle qu'elle a compris ce qui était attendu. Elle rapporte par exemple qu'elle s'est permis une fois de glisser parmi les dix lettres celle d'un détenu, une pratique qui n'avait jamais eu cours jusqu'alors à la Maison-Blanche. Que se passa-t-il ? Rien, raconte-telle : nul ne lui fit aucune remarque à ce sujet et ce silence valut à ses yeux approbation.

Dans un autre de ses ouvrages, *L'Audace d'espérer* (2018 [2006]), Barack Obama, qui reconnaît avoir été marqué par son métier de *community organizer*, avance que ces courriers ne sont « pas simplement un appel à la compassion ou à la charité, mais quelque chose de plus exigeant, un appel à se mettre dans la peau de quelqu'un d'autre et à voir avec ses yeux ». Ses formules d'entrée sont simplement le prénom du scripteur : « Rebecca », « Michael » ou « Dear Linette ». Certains courriers sont d'ailleurs devenus emblématiques. Les histoires qu'ils lui ont racontées ont servi de socle à des allocutions et notamment lors du discours annuel sur l'état de l'Union. C'est le cas en 2014, au Capitole, où les propos du président devant le Congrès sont construits autour de l'histoire de Misty DeMars :

> Misty DeMars est mère de deux jeunes garçons. Elle a occupé un emploi stable depuis son adolescence. Elle a payé ses études. Elle n'avait jamais touché d'allocations chômage. En mai, elle et son mari ont dépensé toutes leurs économies pour s'offrir leur première maison. Une semaine plus tard, des coupes budgétaires l'ont privée du travail qu'elle aimait. Le mois dernier, lorsque leur assurance chômage a été supprimée, elle s'est assise et m'a écrit une lettre – le genre de lettres que je reçois tous les jours.

Le procédé est réédité en janvier 2015 avec Rebekah Erler, qui est invitée dans la loge de la First Lady pour entendre le président la citer[1]. Barack Obama est allé à plusieurs reprises à la rencontre de ces scripteurs, à leur domicile. Lors de voyages présidentiels, quelques-uns ont été invités à déjeuner à sa table.

Barack Obama lisait régulièrement des courriers dits « représentatifs ». Cependant, cette notion de représentativité semble particulièrement floue. C'est en tout cas l'impression que donne l'ancien président des États-Unis lorsqu'il l'explicite (Obama, 2020 : 347) :

> J'insistais pour avoir un échantillon représentatif. « Je ne veux pas juste des lettres joyeuses de la part de sympathisants qui disent que tout va bien », avais-je précisé à Pete Rouse [...]. À part cela, nous laissions à l'OPC le soin de choisir parmi le flot de quelque dix mille lettres et e-mails qui arrivaient chaque jour à la Maison-Blanche lesquels se retrouvaient dans le classeur.

Cet à peu près conceptuel est confirmé par Fiona : « On avait des bénévoles. Et puis il y avait aussi quelques personnes âgées. Il y avait donc beaucoup de gens qui choisissaient quoi vous faire suivre, beaucoup de gens qui interprétaient ce que "représentatif" voulait dire. »

Qu'écrit-on à Emmanuel Macron ?

Il n'y a pas de spécificité du courrier reçu par Emmanuel Macron. On y retrouve les figures classiques, et non imposées, des correspondances des précédents quinquennats dans les modes de présentation de soi des scripteurs ou dans leurs thématiques récurrentes, comme dans les occasions de prise d'écriture.

On y reconnaît les ficelles des accroches, par exemple dans ces lettres à « Madame » (qui reçoit des courriers qui lui

1. Sources : Laskas (2020 [2018]) et <https://obamawhitehouse.archives.gov/the-press-office/2014/01/28/president-barack-obamas-state-union-address> ; <https://obamawhitehouse.archives.gov/blog/2015/01/19/meet-rebekah-erler-guest-first-lady-state-union>.

sont spécifiquement adressés ou qui redoublent un envoi au président lui-même : « Amiénoise d'origine », « Nous avons également une différence d'âge relativement importante et avons connu les affres du regard des autres », « Madame, ou plutôt si vous le permettez chère Brigitte », « Comme vous j'ai baigné dans le milieu enseignant ».

Les congratulations de début de mandat ne dérogent pas non plus à la coutume : « Félicitations à tous les 2 pour bien nous représenter à l'extérieur », « Comment vous dire ma fierté d'avoir un jeune Président dynamique, bien décidé à faire bouger cette France parfois ingouvernable », « Nous vous invitons à venir déjeuner le 1° juillet en Alsace avec une soixantaine de convives », « Bref je suis le Monsieur tout le monde et nous sommes le couple de français ordinaire qu'il vous faut rencontrer » (homme se référant aux repas chez les Français de VGE, ancien « cadre moyen » RH, village de 900 habitants).

On retrouve aussi les présentations de soi douloureuses, à l'image de cette Parisienne, née en 1956, qui, dans le courrier « Madame », décrit le parcours qui a causé son anorexie puis sa boulimie : « Violée par un curé en préventorium à 8 ans. À cette époque, il a fallu se taire… jusqu'à l'éclosion de l'adolescence qui m'a violemment ramené à ce traumatisme enfoui. »

Aux lettres et dessins d'enfant (« J'ai 12 ans, je m'appelle Consuela, j'habite à Saint Mamert du Gard et j'aimerai s'avoir qu'est-ce qu'un président ? Car tout ce que je sais c'est que vous diriger la France et j'aimerai en s'avoir plus ? ») succèdent les prises à partie concernant la petitesse des salaires et des retraites (« Que feriez-vous avec une telle somme pour vivre ? »), le dégradé des requêtes se transformant en critiques et les multiples suggestions politiques des « experts-profanes » et des « experts-experts ».

Après avoir souligné que le chef de l'État représentait son dernier recours (« Depuis deux ans j'attendais l'arrivée d'un nouveau président pour lui écrire ce que je vis »), cette femme de soixante-dix-sept ans raconte ainsi en deux pages serrées écrites au stylo Bic bleu le refus d'hospitalisation psychiatrique de sa fille et toutes ses démarches (médecins, maison du droit et de la justice, Samu, gendarmerie, centre médico-psychologique, juge des tutelles) : « Je voudrais mourir en paix sachant que ma fille sera suivie médicalement. » Elle aborde ensuite son propre cas en décrivant son allergie aux médicaments génériques dont elle tient visiblement pour responsable son prédécesseur (« Voilà ce qu'il a fait de la France Hollande ») et conclut : « Aidez-moi je vous en supplie Monsieur le Président. »

Une « Amiénoise d'origine » se présente comme l'« une de celles qui était "invitée" à la Providence [l'établissement catholique où enseignait Brigitte Macron et où était scolarisé le futur président] à Noël pour manger une brioche et boire un chocolat. C'est à dire les pauvres (moi je dirais les miséreux) », avant de poursuivre : « Et pourtant le goût de ces brioches que vous m'avez donné moi aussi m'avait enragée contre tous ces "riches" qui avait droit aux pâtisseries (qu'ils achetaient peu être chez vous [Brigitte Macron est issue d'une famille de chocolatiers]). » Précisant que « le fait que nous avons été façonnés, croyants ou pas par le christianisme, une religion de pardon, de "avant d'accuser l'autre regarde-toi" », évitait de suivre la pente du ressentiment, elle demande au président de faire expulser les terroristes islamistes.

Un militaire retraité habitant un village de 1 900 habitants et disant payer 4 000 euros d'impôts par mois vitupère contre le fisc :

> Ma décision est prise, je vais envisager très sérieusement de vendre ma maison et de m'expatrier. Je quitterai donc cette France au matraquage fiscal insoutenable pour une partie de la population [...]. Je suis bien persuadé qu'à vos yeux je ne représente « rien », comme une partie de ces anonymes que l'on croise dans une gare et que vous qualifiez de la sorte.

Un policier en retraite détaille en quatre pages ses « réflexions et propositions pour une sécurité publique, rapide, efficace, motivée et économe en matériel ».

Dans une lettre de plus de trois pages tapées serrées intitulée « Ghettos, apartheid, délinquance et djihad », cette mère entend intimer au président de « [se] mettre à [leur] place », « de [le] faire descendre de [son] piédestal » en lui faisant bénéficier de son témoignage :

> Je me présente : peu importe comment je m'appelle ; ce qui est important c'est qui je suis : une mère avec des enfants adultes métisses, des enfants dont certains au chômage, CDD ou temps partie ; j'habite une cité. Je travaille. Je suis sur le terrain et donc à même de parler des problèmes au cœur de la France d'en bas : travail, chômage, insécurité, cité, jeunes et délinquants, jeunes qui partent au djihad, ou qui sortent de prison, revenus sociaux et salaires.

Elle pointe aussi le « mépris [du président] à notre égard (petits salariés, jeunes, habitants de cité) », en englobant tous les élus et technocrates et en faisant référence à la phrase de Sarkozy « passer la cité au karcher ».

Quant à ce journaliste de BFM, il livre, sur deux pages, un plaidoyer pour la réforme de l'ISF, « chiffres » à l'appui (« entre 2000 et 2016, la France a perdu 60 000 millionnaires », « il ne reste plus que 39 milliardaires en 2015 ») : « elle doit être votée rapidement sans pénaliser les Français propriétaires de leur résidence principale. »

Bref, nous sommes là dans un univers connu.

Outre leur lot habituel de déséquilibrés ou de fantaisistes, les courriers présidentiels présentent toujours majoritairement des requêtes : durant la première année du mandat, elles représentent les deux tiers des 229 886 courriers des particuliers (en augmentation de 12 % par rapport aux douze premiers mois de François Hollande[1]) et elles constituent depuis toujours plus de 60 % de l'ensemble.

Ce qui est spécifique, ce sont les interpellations qui se rapportent au style présidentiel, relevant des courriers opinion.

---

1. Dans notre entretien avec Nicolas Sarkozy, ce dernier relevait avec une certaine ironie : « Pourquoi voulez-vous que l'on écrive à quelqu'un de normal ? »

Les conditions dans lesquelles notre enquête a touché à sa fin ne nous ont pas permis de lire suffisamment de lettres adressées à Emmanuel Macron. Nous avons pu cependant compulser de nombreux « courriers représentatifs » et discuter avec certains agents des notes qu'ils ont rédigées à l'attention du président. Ce qui est certain, c'est que l'état de grâce épistolaire, à l'instar de celui qu'a connu François Hollande, n'a pas duré bien longtemps. Les premières ruptures de ton apparaissent dès le mois de juin, quand le nouveau garde des Sceaux, François Bayrou, fait l'objet d'une information judiciaire au sujet de l'emploi fictif de collaborateurs parlementaires européens. Les soupçons de prise illégale d'intérêt pesant sur Richard Ferrand, tout juste nommé ministre de la Cohésion des Territoires, accentuent la déception des scripteurs. La fin juillet est encore plus critique à l'encontre du chef de l'État si l'on se fie à la sélection que lui préparent ses agents semaine après semaine.

L'étiquette de « président des riches », précédemment accolée à Nicolas Sarkozy dans l'espace public, fait son apparition sous la plume des correspondants du nouveau chef de l'État dès l'été 2017. En juillet arrivent au SCP, aux côtés de marcheurs protestant contre la forme trop peu démocratique du jeune parti présidentiel, de nombreuses apostrophes mettant en garde le nouveau locataire de l'Élysée contre certaines mesures économiques et fiscales qu'il s'apprête à prendre. Les « retraités », que François Hollande a lus lui aussi fréquemment, sont les premiers à le tancer. Ils lui reprochent les effets austères que son augmentation de la CSG provoquera. La baisse des APL est l'autre sujet le plus abordé et l'indignation qu'elle produit nourrit la stigmatisation de gouvernants privilégiant les Français les plus aisés. Dans l'un des courriers communiqués à Emmanuel Macron, un scripteur prodigue un conseil qui en dit long sur l'état d'esprit qui commence de se dessiner chez celles et ceux qui s'adressent majoritairement à lui : « Je vous conseille d'aller chercher l'argent là où ils se trouve […] chez les riches, les footballeurs, les acteurs, les évadés fiscaux, etc. Chez vos amis en somme ! »

La mobilisation par courrier montera d'un cran encore quand le président de la République parlera des « gens qui ne sont rien » lors de l'inauguration de la Station F, le monumental campus de start-ups installé à la halle Freyssinet à Paris, fin juin 2017 :

> Ceci est le message d'une rien, je suis infirmière, je gagne un salaire qui n'est pas suffisant pour ma situation de parent isolé et ne bénéficiant d'aucune aide me met dans la nécessité de faire des heures supplémentaires. Je fais donc partie des citoyens que vous avez qualifié de « Riens ». je me demande alors si être une « rien » n'exonèrerait pas de l'impôt puisque « rien » c'est être inexistant et immatériel. (Femme, village de 2 000 habitants, juillet 2017.)

Le mode de communication du chef de l'État est rapidement l'objet de critiques véhémentes dont fait état la presse[1] et, au sein du SCP, une note lui est préparée pour lui indiquer que ses « petites phrases » sont lourdes de conséquences. Ce qui caractérise en propre ces courriers critiques a trait à sa trajectoire sociale, d'une part, et à la dureté de ses politiques économique et sociale que dénoncent nombre de scripteurs, d'autre part. Sa trajectoire sociale lui vaut cinq cents reprises, au cours de la première année, du label « président des riches », et les attaques récurrentes contre les hommes politiques sont adaptées à « son cas » : « Tout cela prouve que votre passage dans le monde de la finance et de la banque, et désormais l'accession à la fonction politique suprême fait que vous ne connaissez rien de la vraie vie. »

Avant même l'irruption des manifestations en jaune, Emmanuel Macron a multiplié, au début de son quinquennat,

---

1. Voir, entre autres, Cédric Pietralunga, « Macron au risque de l'arrogance », *Le Monde*, 18 septembre 2018 ; Anne Rosencher, « Macron, le risque d'un "président momie" », *L'Express*, 9 décembre 2018 ; « La vidéo d'enfants "gilets jaunes" insultant Macron choque les internautes », *Metro* (Bruxelles), 14 décembre 2018 ; Hugo Wintrebert, « Quenelles, simulacre d'exécution… Les dérapages de Gilets jaunes se multiplient », *Aujourd'hui en France*, 22 décembre 2018 ; « "Gilets jaunes" : une manifestante insulte Brigitte Macron, Marlène Schiappa réplique », *20 Minutes*, 8 janvier 2019 ; « Un Ornais jugé pour avoir menacé de mort Emmanuel Macron », *Ouest-France*, 5 février 2019 ; Saïd Mahrane, « Macron, personnage de pamphlets », *Le Point*, 9 mai 2019.

des sorties langagières qui ont été considérées comme insultantes et stigmatisantes. Le président et certains de ses porte-parole (« cette France qui fume des clopes et roule au diesel » pour Benjamin Griveaux) ont manifesté une distance sociale, au travers de formules et de déclarations dans les médias, reprises comme autant de vignettes désormais évidentes : les « illettrés » des abattoirs Gad (avant son accession à l'Élysée), les « premiers de cordée », « La meilleure façon de se payer un costard, c'est de travailler », « des gens qui réussissent et des gens qui ne sont rien », les « fainéants » et les « cyniques », « Certains, au lieu de foutre le bordel, feraient mieux d'aller regarder s'ils ne peuvent pas avoir des postes là-bas », « Je traverse la rue et je vous trouve un travail », « On met un pognon de dingue dans des minimas sociaux et là ils sont quand même pauvres[1] », les « Gaulois réfractaires », « Venez me chercher ! »[2].

L'expression de « sans-dents » a été, on l'a vu, une épine dans le pied de François Hollande[3], qui a reçu nombre de correspondances commençant par « c'est un sans-dents qui vous écrit » ou se terminant par « signé un sans-dents ». Il est intéressant de noter que cette désignation, fier endossement

1. Plusieurs dizaines de personnes ont ainsi réagi à la retransmission préparée par son service de communication, le 12 juin 2018, d'une séance de travail où il prononce cette phrase.

2. Cette arrogance a été produite simultanément depuis le groupe parlementaire de La République en marche (LREM) dont une bonne partie des membres sont issus des classes supérieures du secteur privé. Et certaines déclarations de députés expliquant que les indemnités d'un parlementaire faisaient chuter leur niveau de vie ont été mal appréciées (« Indemnisée 5 000 euros par mois, une députée LREM "mange pas mal de pâtes" », *20 Minutes*, 13 décembre 2017).

3. Abordant spontanément cette polémique, François Hollande a souhaité en entretien souligner que cette phrase avait été prononcée dans le cadre d'un échange privé : « Pour moi, le signe distinctif de la pauvreté, c'est de ne pas avoir de dents. J'ai dit en Corrèze : "J'ai vu des sans-dents et je sais ce que ça représente." C'était cruel parce que ce n'était pas un propos que je revendiquais [...] j'avais suffisamment de considération pour les personnes pauvres pour ne pas me moquer d'elles. » Le scooter, sa rupture avec Valérie Trierweiler (« On ne peut pas traiter les femmes comme ça », se souvient-il en citant des lettres), le coiffeur, les chaussures d'Aquilino Morelle, tout cela remontant au fil de l'échange, il nous a demandé s'il y en avait trace dans les courriers.

du stigmate, se poursuit dans certains courriers adressés à Emmanuel Macron, avec des « enrichissements », comme ici : « un sans-dents, illettré, alcoolique et de surcroît fainéant qui a un besoin dingue de pognon. » Ces formules ne se retrouvent pas seulement sous forme d'allusions réprobatrices dans les signatures (« Un fainéant », « Un rien », etc.), mais constituent le sujet même des interpellations :

> Moi je ne suis pas un fainéant qui vit dans un palais avec toute une équipe à mon service. Je suis le genre de fainéant qui se lève tous les matins à 6 heures pour aller travailler et qui se couche minuit passé car j'ai une famille à élever. Je préfère être un rien plutôt qu'un roi fainéant, car les gens comme moi nous méritons le respect.

Une lettre, isolée, sans doute travaillée (eu égard aux tournures et références qu'elle contient) établit une continuité entre les présidents du point de vue leur distance au peuple :

> L'un de vos prédécesseurs, M. Sarkozy a utilisé le mot « racaille » pour parler de personnes vivant dans certains quartiers [...] Au vu du nombre d'affaires dans lesquelles ont été cités les noms de cet ancien Président et de ses acolytes, comme M. Guéant on peut se demander si la « racaille » à un certain moment n'était pas installée à l'Élysée et Place Beauvau [...] Le successeur de M. Sarkozy, M. Hollande, a parlé des « sans-dents ». Vous-même avez évoqué « les gens qui ne sont rien ». Ces diverses formules ont un point commun. Elles reflètent le mépris dans lequel les élites, ou supposées telles, de ce pays, tiennent la masse de la population, sans laquelle elles-mêmes ne seraient rien ; de même que Louis XIV n'aurait été rien sans les vingt millions de français qui finançaient Versailles.

Dans une veine militante, une des lettres adressées au président lors de la « Fête à Macron » (5 mai 2018) reprend ce motif du mépris social :

> Merci Mr le Président
> Vraiment merci de nous avoir rendu plus pauvres
> Vraiment merci d'avoir donné autant d'argent aux plus riches.

Vraiment merci de faire payer la facture écologique aux abeilles.
Vraiment merci d'être aussi antipathique auprès du petit peuple.
Sur ce, vraiment merci de prendre la décision de démisioner.
Manu et Alain

Emmanuel Macron et ses courriers

Quand Emmanuel Macron était secrétaire général adjoint de l'Élysée, de 2012 à 2014, il était régulièrement dans la boucle de courriers importants, et notamment quand ils traitaient de questions économiques. Il les annotait et les signait. Il connaissait donc bien ce service et on a pu vérifier que, parmi les membres du cabinet présidentiel, il figurait parmi les plus « signataires ».

Le courrier va prendre, sous sa présidence, dès avant la refonte du service, une coloration particulière. Selon les témoignages de rédacteurs qui ont travaillé sous les deux quinquennats, c'est une matière que la Présidence tient pour importante[1]. L'afflux d'avis d'imposition et de feuilles de dons barrées comme preuves à l'appui d'une protestation contre la pression fiscale est ainsi la base d'éléments de langage pour l'entretien télévisé qu'Emmanuel Macron accorde à Jean-Pierre Pernaut le 12 avril 2018 sur TF1. Désormais, les notes tirées du courrier sont exploitées en amont de l'organisation des voyages en province au cours desquels des scripteurs peuvent être sollicités pour rencontrer le chef de l'État. Pour optimiser les usages présidentiels de ces interpellations de papier ou digitalisées, on classe les lettres et courriels par département pour préparer des déplacements qu'Emmanuel

1. Dès avant le second tour de l'élection présidentielle, le SCP s'est vu adresser par le siège d'En marche ! une masse importante de sacs de courrier du candidat Macron. À l'instar de la période où l'équipe Sarkozy demandait qu'on traite les courriers de la campagne de 2012, les agents du SCP, estimant que cela ne relevait pas de leur champ d'intervention, nous ont dit le malaise qui avait été le leur face à une pratique qui, d'après eux, manque de neutralité.

Macron dit vouloir sans filtre. L'Élysée entend savoir qui le président risque de rencontrer, quels sont les problèmes de ses interlocuteurs potentiels, leurs revendications, leur niveau d'adhésion à sa politique.

Il s'agit donc là d'une accentuation de pratiques antérieures, rendue sans doute plus aiguë du fait d'un moindre enracinement du président et de ses relais partisans et élus locaux dans les territoires. Malgré son identité revendiquée de provincial, il n'en est pas moins, dans sa pratique quotidienne, un Parisien qui a perçu la France depuis ses bureaux, publics et privés. Peu instruit des sensibilités les plus populaires, il a dû improviser des procédés de captation (dans les deux sens du terme) de l'opinion. Pour combler ce manque, il peut compter sur de vieux professionnels de la politique, implantés depuis de nombreuses années dans certains territoires, comme Gérard Collomb, qui « sent les choses » et qu'Emmanuel Macron compare à un « médecin de quartier de la politique[1] ».

Selon un membre du service, il compte bien plus que ses prédécesseurs sur les courriers pour gouverner. Est-ce, à la manière d'Obama, une « intraveineuse » quotidienne ou, éventuellement, un goût pour la littérature qui s'incarne dans une appétence pour ces « vies minuscules » qui donnent leur coloration vériste à toutes ces correspondances ? Ou n'est-ce pas plutôt une activité de veille qu'il est contraint d'adopter dès le départ tant on lui remonte depuis le service de la correspondance des informations indiquant qu'il reçoit certes plus de courriers que son prédécesseur mais que la colère bruisse déjà depuis l'affaire Benalla ? Sans oublier le fait que le nouveau président entre à l'Élysée marié. Et sa femme, immédiatement, entend tenir son rôle d'épouse investie. Elle rouvre donc le service du « Courrier Madame », qui avait très vite fermé sous François Hollande, et quatre agents du SCP lui sont adjoints. De surcroît, elle demande que lui soient copiées et adressées, en plus des lettres qui lui sont destinées,

1. Isabelle Ficek, « Gérard Collomb, le capteur d'Emmanuel Macron », *Les Échos*, 18 octobre 2017.

les correspondances pour son mari qui traitent de l'éducation et du handicap.

> Emmanuel Macron, pour moi, aimait lire les lettres. Il les travaillait. Ça se voit sur les retours de nos notes. Il annote. Et je sais qu'au bout d'un an de fonctionnement de la présidence Macron, tout le monde au Palais voulait lire nos notes. Je pense que ça les intéressait, mais aussi qu'ils avaient besoin de découvrir qui sont les Français, d'apprendre[1].

La transformation du service en vigie présidentielle est très certainement la conséquence de la cécité dont a fait preuve l'Élysée à l'égard des conséquences que pouvaient avoir la baisse des APL, l'augmentation de la CSG, la limitation de la vitesse à 80 kilomètres/heure sur la plupart des routes et la hausse du prix des carburants.

Notre plongée éclair dans les services restructurés du courrier élyséen nous a contraints à faire avec le corpus auquel il nous était possible d'accéder. Bien évidemment, notre curiosité s'est portée sur ce qui pouvait annoncer le surgissement du mouvement des Gilets jaunes. Le risque d'une lecture rétrospective est important. Si mettre au jour les conditions d'engendrement de cette révolte inédite a tout son sens sociologique pour une enquête de terrain auprès de celles et ceux qui se sont rejoints sur des ronds-points pour protester, une analyse par courrier est beaucoup plus ténue en termes de recherche des causalités. On ne sait pas, en effet, si les scripteurs qui ont annoncé au chef de l'État que leur colère se traduirait pas un passage à l'acte ont été de la partie.

Pour autant, il est frappant que le volume des courriers consacrés à la voiture, à l'essence et, plus généralement, aux impôts ait été croissant de juillet 2017 à novembre 2018. Si la veille qu'effectue le service chargé de traiter l'opinion des scripteurs est un bon sismographe des déceptions politiques, on observe que l'occupation des ronds-points fait suite à des plaintes devenues structurelles depuis juillet 2017, comme

1. Entretien avec un membre du SCP, février 2021.

celles qui dénoncent la politique économique et fiscale, et que les actions des Gilets jaunes ont été précédées par deux faits plus conjoncturels. Il s'agit d'une part de la limitation de la vitesse sur les routes à 80 kilomètres/heure et, d'autre part, de l'affaire Benalla. Ce qui est intéressant, c'est que la limitation de la vitesse sur les axes secondaires – à laquelle les écrivants associent l'augmentation de l'essence –, après avoir traversé les mois d'avril à juin 2018 assez timidement (entre 20 et 30 courriers parviennent en moyenne chaque semaine), connaît une augmentation très nette et dépasse la centaine de courriers par semaine. L'affaire Benalla, aux dires de celles et ceux que nous avons interrogés, a quant à elle provoqué une « avalanche ». Au travers du scandale autour de la personne du garde du corps du chef de l'État, toutes les critiques énoncées depuis l'élection de ce dernier ont été mises en abyme et retraduites, fait qui ne s'était pas encore produit depuis le début du mandat, en demande de démission du président.

Quand vient la mobilisation des Gilets jaunes, le service est encore plus « secoué ». Il sera sursollicité jusqu'à la fin de la tournée du chef de l'État lors du Grand Débat national. D'un niveau nettement supérieur à l'affaire Benalla, le mouvement des Gilets jaunes et la hausse du prix du carburant suscitent en une semaine plus de 1 200 courriers et courriels. Une majorité d'entre eux soutient le mouvement et la manifestation du 17 novembre. Insistant sur son caractère apolitique (« ni syndicats ni pressions politiques »), ces correspondants mettent en cause le « ras le bol fiscal ». Ils témoignent d'un « mal-être des Français qui galèrent » et du « désespoir » des classes moyennes – « depuis 30 ans des vaches à lait ». Une centaine d'intervenants appellent de façon très virulente à la démission du président de la République. Plusieurs considèrent que la France est entrée dans un « climat de prérévolution ». Une semaine après, les envois continuent leur progression (1 700 environ). Mais ce sont les deux semaines suivantes qui impressionnent les services qui ont à faire face à quelque 5 000 à 6 000 courriers hebdomadairement. À la fin du mois de décembre, ce seront près de 17 000 courriers traitant des Gilets jaunes et de l'essence qui auront été envoyés au président de la République. Quand viendra la décrue en janvier, de nombreux écrivants expliqueront au chef de l'État pourquoi ils sont devenus « Gilets jaunes », comme cette retraitée, habitant un village de 1 300 habitants, dans un courriel daté de janvier 2019 :

> « COMMENT JE SUIS DEVENUE « GILET JAUNE » ?
> Réponse ci-dessous

	Année 2010	Année 2018
Assurance maison	236,72	277,28
Assurance voiture	378,72	548,63
Mutuelle	932,76	1.379,76
Assur. Dépendance	343,56	468,88
Eau	299,23	185,13
Electricité	695,70	872,08
Impôts fonciers	813,16	983,00
Taxe d'habitation	548,00	856,00
Total charges fixes	4.247,74	5.570,75

> Montant auquel il faut ajouter l'augmentation des charges quand même essentielles. Nourriture (40X12). Et le poste qui a fini par « fâcher »... le carburant 400
> J'arrive donc à une augmentation minimum annuelle de charges de 2.203,01
> Sans oublier les augmentations de réparation du véhicule, du chauffage, etc.
> Ma retraite de 2010 (1647,50/mois), celle de 2018 (1720,55), soit une augmentation de 876,60
> J'ai tous les justificatifs
> Je suis fière d'être Française, mais désolée de voir l'état de mon pays à ce jour. Mes années restantes étant comptées, (75 ans) j'ai donc pris la décision du combat pour mes enfants et mes petits-enfants et pour au moins le maintien d'un niveau de vie décent [...] Voilà Monsieur le Président, ce que vous pourriez entendre sur les ronds-points occupés par les GILETS JAUNES... rien d'agressif, mais beaucoup de désespoir[1] !!!

1. Pour des raisons d'exposition, nous avons raccourci la présentation des comptes ainsi exposés.

Une lettre ouverte synthétisera la vindicte populaire : « La colère va se transformer en haine si vous continuez, de votre piédestal, vous et vos semblables, à considérer le petit peuple comme des gueux, des sans dents, des gens qui ne sont rien[1]. »

Une nouvelle objectivation des courriers et des correspondants

« Je suis un service de communication, ça c'est un vrai changement. Je ne suis pas un service administratif. Je suis là pour appuyer les politiques publiques du président », nous a dit en entretien Cédric Bonamigo. Ces propos traduisent effectivement une évolution profonde du traitement réservé au courrier élyséen. Les dizaines de milliers de lettres deviennent des *datas*, une « mine » qu'il s'agit désormais de forer, de fouiller et d'exploiter (*data mining*) afin d'en extraire un maximum d'informations. Les agents ne se contentent plus d'une simple synthèse volumétrique des thématiques et de l'établissement sommaire de quelques tendances ; ils s'attellent désormais à des analyses statistiques et algorithmiques sophistiquées pour compter les occurrences et récurrences de mots et cartographier leurs réseaux d'associations. Le raisonnement par palmarès de mots, prisé des lexicographes et des cartographes de l'opinion, peut ainsi permettre de spécifier que, dans la deuxième semaine de décembre 2020 (c'est la semaine qui est l'unité pertinente de comptage et d'objectivation), les mots arrivant en tête sont « séparatisme », « nation », « honneur » (le « taux de perforation »).

Ce ne sont d'ailleurs plus seulement les présences qui sont comptabilisées (nombre de lettres d'appui, de défiance, véhémentes, etc.), mais aussi les absences. Quand une catégorie écrit pour approuver ou déplorer une mesure, puis que ses

1. « Les Gilets jaunes écrivent à Macron dans une lettre ouverte et lancent l'acte 8 », *Aujourd'hui en France*, 3 janvier 2019.

louanges ou ses récriminations disparaissent des correspondances, on s'interroge sur les raisons de l'éclipse[1]. Cette traque des agendas cachés ou décalés serait pertinente probablement pour les infirmières qui auraient beaucoup écrit durant la période « Gilets jaunes », lors du premier confinement, mais qui auraient disparu des radars ensuite : faut-il conclure à un découragement, à leur écœurement, au repli sur soi ou, peu vraisemblablement, à une satisfaction par rapport aux mesures prises ? Ce principe a par exemple été appliqué pour jauger la détresse étudiante lors de la fermeture des universités pour cause de covid. L'objectif à terme est de soumettre ces données au *Natural Language Processing* (NLP). Ce système, qui est l'un des outils majeurs du domaine de l'intelligence artificielle, est particulièrement prisé par les services après-vente de grands opérateurs de vente en ligne. Il permet de répondre avec rapidité aux sollicitations et de retourner des réponses types selon des demandes précises qu'il repère. Il peut évaluer la crédibilité des courriels, recouper ce qui est écrit avec des sources d'information et ainsi mettre au jour, par exemple, des *fake news.* Enfin, outre un travail de traduction quand les lettres proviennent de l'étranger, il est capable d'effectuer une analyse de réputation en extrapolant une cote de popularité ou de confiance à partir des critiques et des soutiens exprimés.

Le changement évoqué par Cédric Bonamigo est également managérial, la transformation du SCP en instrument de communication appelant d'autres critères de performance. Le chef de service invoque la « charte Marianne », appelée aussi « référentiel Marianne », qui, désormais, impose à toute administration notamment de « répondre de manière compréhensible et dans un délai annoncé » ; de traiter systématiquement la réclamation », et de « recueillir les propositions des usagers pour améliorer la qualité du service public ».

1. La formation que reçoivent les *data scientists* dans certaines écoles d'ingénieurs initie à la recherche de ce qu'on appelle les « événements rares », peu ou pas probabilisables, c'est-à-dire des faits perturbateurs susceptibles de changer le cours des choses (un attentat, un scandale, etc.).

Le « répondre à tous », fût-il désormais hypermodernisé, est inscrit dans la pratique et l'éthique du service du courrier depuis plusieurs décennies. Les réponses, nous l'avons vu, sont différenciées. Dans 90 % des cas, les correspondants en ont une, même laconique. C'est celle que nous avons reçue nous aussi, le 10 mai 2021, après avoir adressé une demande d'entrevue au président Macron :

> Les équipes de la correspondance du Président de la République ont bien pris en charge votre message.
> Comme chacun des nombreux courriers qui lui sont adressés chaque année, votre message sera lu avec la meilleure attention, afin d'informer le Président de la République et son cabinet.
> S'il est possible de répondre à votre attente, un courrier vous sera adressé dans un délai raisonnable.
> Sans attendre, je vous invite à suivre l'actualité du Président de la République sur le site www.elysee.fr et les réseaux sociaux.
> Cordialement,
> Les équipes de la Correspondance

Ce sont les préfectures ou les services sociaux ou fiscaux qui, comme précédemment, répondent « véritablement » aux requêtes. Quelques-unes de ces lettres ont droit à des réponses plus développées eu égard à l'acuité de la demande (« si l'instruction nécessite une prise en compte empathique ») et en fonction de sa « qualité » (« si elle est réellement fondée »). Si le traitement des requêtes n'a pas encore trouvé de véritable solution qualitative vu leur masse et la nature de ces appels à l'aide, des indicateurs sont désormais mis en place pour mesurer les « retours de service », c'est-à-dire les retours positifs ou négatifs venant des services vers lesquels ils ont été aiguillés. Le flux serait encore très fluet, puisque, sur les 15 000 requêtes mensuelles, seules 800 à 1 000 d'entre elles reviendraient à l'Élysée après avoir été traitées (négativement ou positivement).

Les traditionnels modes de traitement de la correspondance, à l'« ancienne », sont remplacés par un usage des *big data* dans lequel les courriers individuels sont « moulinés » avec d'autres données, les appels au standard, ainsi que des données externes telles que celles qu'on peut obtenir *via* les réseaux sociaux (Twitter et Facebook) et la presse quotidienne régionale. L'idée directrice est d'utiliser ce matériau pour construire la communication, voire la décision présidentielle. Par exemple, dans un discours énumérant et remerciant des professions pour leur action durant la pandémie, on peut noter l'inclusion des laborantins qui a pu résulter de lettres que certains ont adressées pour se plaindre de ne pas faire partie des « nommés » : « J'ai écouté votre allocution pendant le journal de 20 heures et je constate qu'une fois de plus, vous ne citez pas une catégorie de personnel hospitalier, insignifiant sans doute, mais pour le moins indispensable : les techniciens de laboratoire[1]. »

Enfin, le programme de traitement des courriers mis au point intègre désormais tous les courriers, « opinions » et « requêtes », celui des élus, ainsi que ceux tenus jusque-là pour inexploitables, les cartes postales, les cartes de vœux ou les souhaits d'anniversaire, les correspondances farfelues ou délirantes : « On ne jette rien. » Les courriers manuscrits, qui constituent toujours une part importante des requêtes, pour lesquels le système de reconnaissance optique des caractères (OCR) est inopérant, sont néanmoins mis en machine.

Un citoyen vote trois fois : pour le vote, pour exprimer des goûts et des dégoûts, en étant enrôlé dans des électorats qui donnent lieu à des commentaires (Offerlé, 1988 ; Lehingue, 2011). De la même manière, un correspondant qui écrit au président écrit trois fois, pourrait-on dire : en reconnaissant l'institution, en exprimant personnellement sa requête, ses griefs, son opinion ou sa cause et, enfin, en étant enrôlé dans un « scriptorat » algorithmique.

1. D'après l'article de Gaëtane Morin, « "Ici, on mesure la rage, la détresse, l'espoir" : dans les coulisses du courrier de l'Élysée », *Le Parisien*, 20 juin 2020 (c'est le seul papier consacré au service du courrier depuis 2017). Un premier reportage postcovid est paru dans *La Croix* du 9 juillet 2021.

Toute lettre contient de nombreux renseignements (une quinzaine selon le chef de service), même si, comme nous l'avons vu, les grands indicateurs sociologiques, notamment la situation socioprofessionnelle ou l'âge précis, peuvent faire défaut. Le sexe, la localisation géographique très pointue (ville mais aussi rue), le nombre d'enfants, les prénoms et les noms, l'aisance ou la détresse matérielle, le trouble personnel et familial peuvent être des *data* sociodémographiques ; le codage du ton, de l'orthographe, de la maîtrise stylistique, de l'étendue du vocabulaire, des convictions religieuses, des orientations sexuelles, des formes de racisme et, bien sûr, des formes de politisation, des goûts, dégoûts et comportements politiques et de la position à l'égard du président de la République peut aussi fournir matière à réflexion et à prise de décision. On peut aussi déterminer qui, dans un couple, écrit et pour qui. Ces potentialités ne sont pas toutes utilisées, loin de là. Le service de l'Alma n'est pas un centre de recherche sociologique et ce qui est retenu a trait à ce qui paraît pertinent et utilisable pour l'action présidentielle. Il ne s'agit pas de déterminer qui sont les scripteurs, mais de nourrir des thématiques qui intéressent la Présidence.

Comme le montre Étienne Ollion, la disponibilité numérique de vastes corpus de données a pu faire croire à la venue d'une révolution dans les sciences sociales, tant la quantité, la granularité et la « traitabilité » d'« informations d'une finesse comme d'une extension inimaginables jusqu'alors » pouvaient, en des temps raccourcis, fournir des données que d'autres méthodes n'auraient jamais permis de recueillir. Mais « *big data* ne signifie pas automatiquement "*rich data*". Ces données ne sont pas forcément de bonne qualité non plus » (Ollion, 2015 : 73).

Comme pour le vote, la constitution d'un « scriptorat », voire de plusieurs « scriptorats », est censée exprimer, après traduction algorithmique en chiffres, graphiques et nuages de points, les opinions ou plutôt les sentiments ou l'« état d'esprit » des Français : « visualiser en temps réel le "sentiment citoyen" », selon la formule du chef de service. Le scriptorat est aussi analysé ou traqué dans des « signaux faibles » qui seraient rendus plus visibles par l'analyse sur la durée des mots utilisés.

Une communication sans filtre ?

La dépossession qu'implique toute opération de généralisation se conjugue aussi avec la mise au service de la politique du président des informations contenues dans ces multiples courriers. Ces *data* présidentiels ne sont pas des *open data*. Le courrier de la Présidence est réapproprié par le président qui les utilise beaucoup plus massivement et différemment que ses prédécesseurs à des fins de pilotage politique sur le long terme, et, sur la semaine, qui est l'unité de temps et d'horizon du service, annonces, voyages et discours sont nourris par ces « éléments de langage » profanes. On assiste alors à une sorte de renforcement de la verticalité du pouvoir qui, passant par-dessus les autres représentations et canaux possibles de l'« opinion », se saisit, en « direct », d'une authenticité travaillée par les algorithmes.

Cette approche n'est pas cantonnée à l'Élysée. Les ministères sont également soumis à cet étalon de mesure. Chaque courrier reçu et traité par les membres des cabinets doit être enregistré sur une plateforme appelé « Réponse ». L'un des objectifs de cette centralisation numérique est de calculer la volumétrie et, par là, le niveau de sollicitation dont jouit tel ou tel ministre. Le ministère chargé des relations avec le Parlement en présente les résultats régulièrement, avec l'établissement d'un « podium » permettant en quelque sorte de désigner les meilleurs ministres.

Toutefois, la présentation de soi du service par la bouche de son chef entend s'éloigner de cet usage prédateur des données. D'abord, parce que le courrier brut continue à exister. Il est même valorisé : c'est, selon lui, « le seul service qui est sans filtre » : « Il n'y a pas d'intermédiaire. Il faut faire vivre ce service sans intermédiaire » et faire remonter des courriers « pour qu[e le président] se fasse lui-même une petite opinion brute » de ce que disent « les gens qui ont pris le temps de prendre un papier ». Les vœux d'Emmanuel Macron du 31 décembre 2020 cités en prologue, où il énumère des problèmes au travers de vignettes à prénoms, illustreraient cet usage. Cette volonté de se passer de « filtres » résonne du reste avec la communication qu'il entend promouvoir. Depuis le début de son mandat, contourner les journalistes politiques et, plus généralement, les corps intermédiaires qui font l'opinion publique est l'une des stratégies retenues pour tenir ensemble la verticalité du pouvoir, à laquelle il s'est dit très attaché avant même de remporter l'élection présidentielle, et l'horizontalité du contact direct avec les citoyens.

Le circuit habituel de traitement des courriers – lecture/rédaction/signature – a été à la fois respecté et totalement transformé. Le personnel qui ouvrait le courrier est désormais employé à la programmation et les cinquante rédacteurs répartis entre plusieurs bureaux prennent en charge un quantum de lettres à traiter (entre vingt et trente par jour, parfois moins lorsqu'il s'agit d'affaires délicates), qu'ils lisent en vue de préparer une réponse à partir de l'enrichissement des lettres administratives encore très traditionnelles. Peut-être ira-t-on là aussi vers une nouvelle génération de réponses plus personnalisées, empathiques, voire compassionnelles.

En tous les cas, le service renouvelé accueille depuis peu de nouveaux profils, notamment des cadres venus du privé, des anciens consultants par exemple, des « gens intéressés par le lien social », « ayant une compétence rédactionnelle et la capacité à peser le mot » et « maîtrisant l'empathie ». Ces qualités sont testées dans des entretiens et par une épreuve écrite consistant à rédiger trois réponses à des lettres portant notamment sur des sujets régaliens.

Chaque semaine, une réunion de service autour du chef du SCD décide de faire remonter vingt à trente courriers à Emmanuel Macron, à partir des lettres remarquées par les rédacteurs. Le chef de service les sélectionne pour lecture ou pour réponse, et il les accompagne d'une note d'orientation.

Les courriers signés par le président, très sélectionnés, sont plus nombreux que sous les mandatures précédentes (une vingtaine par semaine actuellement). Ils sont proposés par le chef de service, selon certaines thématiques privilégiées (comme l'égalité hommes-femmes), un fil rouge du mois (par exemple la sortie de la crise sanitaire) et un éclairage faisant écho à un discours important du chef de l'État.

Le président répond sous une forme dactylographiée, en apposant sa signature manuscrite au bas de la lettre, parfois accompagnée de deux mots ou de deux lignes diversement personnalisées (« bien à vous », « comptez sur ma détermination »), la plupart du temps à des courriers d'opinion, avec parfois des évocations de cas qui ne sont pas sans rappeler l'exemple états-unien : on contredit ainsi quelqu'un qui écrit : « Je suis sûre que vous ne lirez pas ma lettre. » Pour autant que nous pouvons en juger sur l'échantillon confidentiel restreint que nous avons pu consulter, les actuelles réponses présidentielles sont plus fouillées et plus longues que celles de ses prédécesseurs.

Quel que soit le courrier qu'il s'agit de signer, la consigne est la prudence : il ne faut pas « exposer le président ». On voit que la pratique renouvelée reste différente, dans ses réponses, de la pratique de l'OPC sous Obama qui signait beaucoup plus souvent et s'exposait plus, en expliquant sa politique au travers de réponses personnelles, voire par le biais d'une mise en scène publique des scripteurs, comme nous l'avons vu.

Certaines requêtes peuvent plus rarement remonter et donner lieu à une réponse présidentielle quand le cas peut être généralisable (« ma sœur a été harcelée »), quand il s'agit d'enfants ou de pensionnaires d'EPHAD ou lorsque la question a pu être réglée par un retour de service (RDS).

Par ailleurs, les cinq larges thématiques macroniennes telles que déclinées dans le SCD constituent un fil rouge pour la veille des courriers les plus directement politiques : « L'ordre et la liberté, l'écologie, l'État-providence ("on peut le dire comme cela"), répondre aux attentes des citoyens, le poids de l'Europe et ses valeurs et enfin la grille d'entrée de Madame : handicap, enfance, autisme, etc. »

Bien sûr, d'autres aiguillages ont lieu en direction des conseillers du président qui sont saisis, pour information ou pour demande de complément d'information, des lettres les plus techniques ou politiques qui peuvent avoir des incidences politiques nationales. Certains d'entre eux peuvent venir en discuter à l'Alma.

La cause du courrier

Plusieurs paradoxes ressortent du quinquennat d'Emmanuel Macron sous l'angle du courrier. Jamais, sans doute, un président de la République ne s'y est autant intéressé. Jamais un hôte de l'Élysée n'avait entrepris une réforme aussi substantielle que celle en cours au sein du service de la correspondance. Lui et ses conseillers ont accordé beaucoup d'importance à un matériau qui a sans doute pris plus d'ampleur depuis le début de la pandémie (il est question d'un doublement des flux), puisque les courriers se sont multipliés alors que les occasions d'interactions physiques avec les citoyens avaient tendance à se raréfier. Dans la continuité de François Hollande, Emmanuel Macron a instauré des retours à l'envoyeur en dialoguant en face à face avec des scripteurs. L'expérimentation d'outils d'échange politique qui se veulent plus dialogiques (quoique inéluctablement déséquilibrés : un citoyen isolé face au chef de l'État dans un palais présidentiel) continue toutefois de se heurter aux soupçons constants de manipulation communicationnelle.

Les dénégations du chef de service indiquent cette ambiguïté : « On n'est pas dans une optique électorale », « on est pour un dialogue bijectif ». Ces propos soulignent l'ambivalence de cette « bonne volonté » délibérative dans laquelle le citoyen scripteur est tout à la fois un interpellateur, un granulé dans les algorithmes et un potentiel interpellé, plus ou moins écouté, enrôlé dans des formes se voulant renouvelées d'utilisation gagnant-gagnant des savoirs et des interrogations profanes, ou récupéré et manipulé par un pouvoir politique qui peut se voir soupçonné d'avoir ouvert des écoutilles aussi sélectives qu'intéressées.

Ainsi la petite Chloë, habitant l'Isère, écrit-elle en mars 2021 au président pour pouvoir aller voir sa mamie Nicole qui vit en EPHAD et qui est atteinte de la maladie d'Alzheimer. La lettre, de sa main enfantine mais manifestement guidée, est médiatisée dans la PQR et reproduite notamment sur le site de France Bleu :

> La Tour du Pin le 14 mars 2021
> Cher Président
> Je suis une petite fille de 10 ans je m'appelle Chloë j'aimerai que les enfants puissent aller voir leurs grands parents dans les ÉPHAD, car aujourd'hui C'est toujours impossible.
> Je voulais venir à Paris pour vous parler mais j'habite loin.
> Ma mamie me manque, déjà presque 1 an que je n'ai plus le droit de la voir.
> Elle souffre de la maladie d'Alzheimer, et ne sait déjà plus qui je suis.
> Je voudrai pouvoir l'embrasser avant qu'il ne soit trop tard.
> Que pouvez vous faire pour moi monsieur le Président.
> Chloë

Le président lui répond le 15 avril dans une lettre dactylographiée, également diffusée sur le site de France Bleu Isère, dans laquelle, outre la signature, le mot « Chère » et la formule « Je t'embrasse » sont de sa main :

> LE PRÉSIDENT DE LA RÉPUBLIQUE
>
> Paris, le 15 avril 2021
> Chère Chloë,
> J'ai bien reçu la lettre que tu m'as adressée et je t'en remercie chaleureusement.
> Touché par ton témoignage, je peux t'assurer de toute l'attention que j'ai portée à ton souhait de rendre visite à ta grand-mère.
> Comme tu le sais sans doute, nous mettons tout en œuvre pour que les enfants, comme toi, puissent retrouver leurs

grands-parents dont ils ont été trop longtemps privés à cause de la pandémie. Et je sais combien c'est difficile d'être loin d'un être cher pendant si longtemps.
Aujourd'hui, si nous devons encore poursuivre nos efforts, la vaccination nous permet de commencer à assouplir progressivement les règles très strictes qui ont été prises pour protéger nos aînés, ta mamie, dans les EHPAD qui ont été fortement touchés par la Covid-19.
Aussi, je me réjouis que tu aies rendu visite à ta mamie le 20 mars dernier, avec l'autorisation du directeur de l'établissement dans lequel séjourne ta grand-mère.
Je suis certain que cet instant fut riche en émotions pour vous deux. Et tu peux compter sur moi pour que de telles retrouvailles puissent avoir lieu le plus vite possible pour les enfants et leurs grands-parents de France.
Avec toute ma sympathie.
Je t'embrasse,

Emmanuel MACRON

La lettre d'Heidi Soupault, étudiante à l'IEP de Strasbourg, envoyée *via* Facebook, est différente car il s'agit, vu son médium, d'une lettre d'emblée ouverte. Elle y décrit sa situation de jeune étudiante :

Lettre ouverte au Président de la République
Emmanuel Macron

Monsieur le président,

A dix-neuf ans, j'ai l'impression d'être morte. Pourtant, il neige sur Strasbourg aujourd'hui. De jolis flocons virevoltent dans le ciel. Je les observe au chaud dans mon appartement, mais ça ne me fait rien. La neige émerveille quand elle vient habiller les cheveux bruns, atterrir sur les langues des enfants, ou s'écraser sur le manteau d'un passant imprudent. Je souris, nostalgique, mais je n'ai aucune raison de sortir. Je dois travailler. Je n'ai que ça à faire, non ? C'est tout ce qu'on me demande, la seule activité qu'on m'autorise. J'ai dix-neuf ans et mon bureau c'est ma chambre. C'est aussi mon lieu de repos, d'appel, de film, et même parfois de cuisine. Tout se confond dans mon esprit. Rentrer chez moi après une journée

d'amphithéâtre n'est plus satisfaisant, les cours c'est ma chambre, ma chambre c'est les cours.
La réalité, Monsieur le Président, c'est que je n'ai plus de rêves. Tous mes projets s'écroulent les uns après les autres, au même rythme que mon moral décline. Au début c'était drôle, au début c'était nouveau. Ça ne devait pas être long, nous étions prêts à faire preuve de solidarité malgré notre deuxième semestre qui s'écroulait et nos amitiés qui s'effritaient. Mais là, stop. Il n'y a plus rien d'amusant. Relativiser ça va un temps. Nous ne sommes pas des machines, vous ne pouvez pas nous demander de travailler et de la fermer. J'adore mes études mais je stagne, la productivité est à des années-lumière de moi, j'essaye de me reprendre mais c'est pire chaque jour. Parfois, je pleure devant mon ordinateur. Ma vie n'a aucun sens et mon avenir est bouché. Je ne me projette pas trop loin, pour me protéger, pour tuer l'espoir avant qu'une autre de vos mesures ne viennent le faire à ma place. Si on n'a ni espoir, ni perspective d'avenir à 19 ans, il nous reste quoi ? Pour ma part, un trou noir de « peut-être », et des nœuds dans la tête que les aspirines ne démêlent pas. Je sais que je ne suis pas la seule, et je sais que je fais partie de ceux qui vont bien. Beaucoup sont en décrochage scolaire, en perte d'estime de soi, en souffrance. Ces jeunes qui vont mal, c'est l'avenir du pays Monsieur le Président, et vous le fragilisez, vous le fêlez, vous le négligez. Un étudiant s'est jeté du quatrième étage à Lyon il y a quelques jours. Une information qui passe, simple dommage collatéral d'une pandémie mondiale. Mais si nous les étudiants ne sommes pas mentionnés à la prochaine allocution, si des alternatives ne sont pas trouvées, si personne n'a la décence de nous faire retourner au moins en travaux dirigés, ce sont des centaines d'étudiants que vous retrouverez écrasés sur le bitume. On existe bordel, faut-il qu'on meure pour que vous vous en rendiez compte ? Le paradoxe serait amusant s'il n'était pas meurtrier. La majorité ne sautera pas rassurez-vous, mais la morosité nous aura rongé jusqu'à l'os.
Je suis consciente que la récession creuse son sillon, mais les indicateurs économiques ne sont pas les seuls à devoir être soutenus. Nous ne demandons pas la réouverture des bars et des boîtes de nuit, mais simplement d'aller en

cours. Les centres commerciaux sont bondés, les gens se marchent dessus, et on ose nous dire qu'on ne peut pas se rendre en cours, ne serait-ce qu'en demi-groupe dans le respect des mesures barrières ? Ce n'est tout simplement pas entendable, pas acceptable. Si tout ce que je viens de dire ne vous secoue pas, n'oubliez jamais que c'est aussi un pan entier de l'électorat que vous ignorez.
Je comprends la difficulté du travail qui est le vôtre, Monsieur le Président. Mais pour une fois je pense à moi, à nous, et je dis merde à la solidarité. On a fait notre part. Maintenant, rendez-nous un bout de vie.

Bien à vous,
Heïdi Soupault – Une morte-vivante

Emmanuel Macron lui répond par une lettre personnalisée d'une soixantaine de lignes, qu'il rend aussi publique, signée de sa main mais dactylographiée :

> « C'est dur d'avoir 20 ans en 2020 : ce n'était pas une simple formule », ajoute Emmanuel Macron, qui assure que la situation de la jeune femme est celle décrite par de nombreux autres messages le « touche » et le « préoccupe ». « Mais je vous le dis en franchise : il va falloir encore tenir », affirme-t-il, en rappelant que la situation épidémique ne permettait pas de rouvrir pour l'instant les universités, même si quelques assouplissements sont prévus pour les travaux dirigés. « Les choses vont bouger dans le bon sens, mais en tenant compte des contraintes », promet-il. « Alors, si je comprends votre colère, chère Heïdi, ce "ras le bol" qui vous pousse à dire stop à la solidarité, je vous demande encore un effort. Pour quelques semaines », écrit le chef de l'État. « Dans ce combat, j'ai pleinement conscience que nous avons demandé beaucoup à notre jeunesse. Ce que vous avez accompli est un exemple pour nous tous. Nous savons ce que nous vous devons [...] Je serai là pour rendre à votre génération un peu de ce qu'elle a donné pendant cette épreuve[1]. »

1. *La Voix du Nord* du 15 janvier 2021 publie à la fois la lettre d'Heïdi Soupault et des extraits de la réponse d'Emmanuel Macron : « Une étudiante en détresse originaire d'Armentières écrit à Emmanuel Macron qui lui répond. »

Il y a sans doute un lien entre la lettre, la réponse et l'annonce une semaine plus tard des repas universitaires à 1 euro et du retour à un jour de présentiel par semaine pour tous les étudiants. Plus discrètes sont les relances faites à des segments de populations de scripteurs avec lesquelles il est question de nouer un « dialogue citoyen ». Ce peuvent être la centaine de correspondants qui ont écrit sur le congé parental et que l'on remobilise au moment de la discussion de mesures sur ce sujet. Ce peut être un garçon de neuf ans du Nord qui partage une passion commune avec Emmanuel Macron et qui souhaite lui faire goûter le cordon bleu de son père. Il obtient par retour du courrier une réponse, négative, mais de Brice Blondel, chef de cabinet : « Le président m'a confié le soin de te remercier pour le gentil courrier que tu lui as fait parvenir. S'il ne peut répondre favorablement à ta gentille invitation, monsieur Emmanuel Macron tient cependant à t'adresser ses vœux les plus chaleureux pour l'accomplissement de tes rêves[1]. »

On aura compris que la restructuration du service, si elle perdure, n'est pas anodine. Elle est pour le moment encore peu médiatisée[2]. Les nouveaux locaux à l'Alma n'ont pas encore été inaugurés par le président au moment où nous écrivons. Ce dernier a toutefois valorisé le service au début de son mandat, en s'y rendant et en prenant plaisir à répondre au standard à quelques correspondants. On peut imaginer certaines des réactions possibles vis-à-vis de ce nouveau dispositif qui, au mieux, pourra être considéré comme un gadget ou un ersatz réitéré des vraies procédures participatives et

1. Lucas Gellé, « Ivan invite Macron à goûter au cordon bleu de son père », *Nord Littoral*, 14 mars 2021.

2. Gaëtane Morin, « "Ici, on mesure la rage, la détresse, l'espoir" : dans les coulisses du courrier de l'Élysée », art. cité, détaille peu ces innovations. Voir l'article de Gauthier Vaillant, « Au cœur du service courrier de l'Élysée », *La Croix*, 9 juillet 2021. Les consignes de sécurité liées à la pandémie ont éloigné les visiteurs extérieurs des sites de la Présidence sur ordre du médecin de l'Élysée. Et, désormais, le début de la campagne électorale aboutit à une restriction de la communication sur le fonctionnement interne de l'Élysée.

délibératives, au pire comme un instrument sophistiqué de dépossession et de manipulation politiques[1]. Faut-il y voir une tentative de rupture avec ce qui lui a été reproché par nombre d'intellectuels et aussi par les correspondants eux-mêmes, une méconnaissance, voire un mépris (Pudal, 2019) des classes populaires que l'on s'efforcerait dorénavant de connaître, voire de reconnaître au travers de correspondances où elles peuvent prendre la parole ? À force de se retrouver mêlée aux réactions et aux échanges ayant cours sur les réseaux sociaux, la protestation en toutes lettres risque d'être engloutie par des outils et des plateformes de gestion de données où le *community organizing* et l'intelligence artificielle, à l'instar des transformations à l'œuvre dans les entreprises de sondage, poussent à redéfinir ce qu'est l'opinion.

Pour quoi faire ? Pour en faire quoi ? Un avatar du porte-à-porte des marcheurs de la campagne 2017 disant vouloir écouter et faire parler le « peuple » ? Cette volonté réaffirmée du dialogue citoyen, du « bijectif », de la relance de la participation démocratique par l'utilisation et la valorisation d'un matériau inexploité est-elle la marque d'un désarroi ou le signe d'une conversion ? Un pouvoir politique peut-il, comme le veut le chef du service, « prendre les grilles d'analyse que les gens nous demandent et nous imposent » ? Et pour quels résultats ?

La récente initiative de LREM à l'approche de la campagne présidentielle visant, « en même temps », à susciter et contenir une nouvelle mobilisation partisane au travers de la construction de coalitions n'est pas sans ressemblance avec ce qui se joue à l'Élysée. On voit là la conversion de certaines élites politiques au management algorithmique, non seulement en matière de politique publique, mais aussi en termes de régulation de la démocratie. Le parti macronien n'a pas connu

1. Ce qu'il a engagé dans le domaine de la démocratie participative a principalement été mis au service de la gestion et de l'extinction de la conflictualité sociale. Pour une réflexion sur le rapport d'Emmanuel Macron à la participation citoyenne, voir Blondiaux (2021), ainsi que Gourgues et Mazeaud (à paraître).

de véritable structuration (Fretel, 2019), malgré les affirmations de ses dirigeants nationaux et des référents locaux. Il recherche les voies par lesquelles mobiliser autrement que le faisaient les partis politiques : « C'est une nouvelle façon de faire de la politique, partir du local, du problème des gens et former des porteurs de cause pour avoir des leaders et agir », nous a expliqué Mounir Mahjoubi, l'ancien secrétaire d'État chargé du numérique, en avril 2021. Plus de 1 250 causes ont été déjà identifiées – de la tauromachie aux protections périodiques gratuites en passant par la lutte contre l'illectronisme – pour remobiliser et reconfigurer l'organisation. Ces causes sont rassemblées en 24 « coalitions » pour susciter un regain de soutien dans la « société civile », disposer d'influenceurs et élargir l'espace partisan. Les courriers au président peuvent-ils devenir des semis de causes pour un président-candidat ?

Conclusion

L'institution présidentielle par le bas et par le haut

« L'Assemblée nationale élue est unie à la nation par un rapport métaphysique mais le président élu est uni à elle par un rapport personnel. L'Assemblée nationale représente bien dans ses différents membres les aspects multiples de l'esprit national, mais c'est dans le président que ce dernier s'incarne. Il a en face d'elle une sorte de droit divin. Il est, par la grâce du peuple. »

Karl Marx, *Le 18 Brumaire de Louis-Napoléon Bonaparte* (1852)

« Il y a dans le processus démocratique et dans son fonctionnement un absent. Dans la politique française, cet absent est la figure du roi, dont je pense fondamentalement que le peuple français n'a pas voulu la mort. La Terreur a creusé un vide émotionnel, imaginaire, collectif : le roi n'est plus là ! On a essayé ensuite de réinvestir ce vide, d'y placer d'autres figures : ce sont les moments napoléonien et gaulliste, notamment. Le reste du temps, la démocratie française ne remplit pas l'espace. On le voit bien avec l'interrogation permanente sur la figure présidentielle, qui vaut depuis le départ du général de Gaulle. Après lui, la normalisation de la figure présidentielle a réinstallé un siège vide au cœur de la vie politique. Pourtant, ce qu'on attend du président de la République, c'est qu'il occupe cette fonction. Tout s'est construit sur ce malentendu. »

Emmanuel Macron, « J'ai rencontré Paul Ricœur qui m'a rééduqué sur le plan philosophique », *Le 1*, 8 juillet 2015.

Les guichets de la République

Si l'on veut bien reprendre la métaphore du guichet, celui de l'Élysée incarné par le service de la correspondance est un guichet bien particulier.

Le service de la correspondance revêt toutes les caractéristiques d'une institution dans l'institution. Il a pour mission de servir la Présidence et le représentant passager de l'autorité de l'État. Il bénéficie du prestige de l'Élysée, synecdoque du Pouvoir en France, et arbore les attributs de la puissance publique : bâtiment républicain, papiers et enveloppes à en-tête, signature officielle, sceau de la Présidence, agents affectés. Pourtant, il s'agit d'une institution discontinue. Les passages de témoin se font, souvent, de manière hachée, sans véritable « tuilage ». Éventuellement, la longévité des agents permet de préserver un peu de sa mémoire et de reconduire des savoir-faire. Les différents chefs de service sont, pour la plupart, tombés dans l'anonymat et on ne peut reconstituer leurs carrières et leur situation que difficilement ; il n'y a pas d'archives du service sur place, puisque tout ce qui a été fait sous le précédent quinquennat part aux Archives nationales. La possibilité de consulter ces pièces dépend de l'ancien titulaire. Les courriers du président ne sont que partiellement les courriers de la Présidence. Son mandat une fois terminé, le chef de l'État laisse reposer aux Archives ce qui pourtant lui appartient. La continuité de l'État prime en règle générale ; ici, le service, tout en étant un service étatique et travaillant selon des normes administratives, est un service personnel du résident quinquennal. Ce n'est pas pour autant une officine politique au service de son éventuelle réélection.

Une comparaison avec d'autres types de « guichets[1] » serait fructueuse. L'un des concurrents les plus sérieux du président en matière de correspondance est le Médiateur de la République, devenu en 2011 le Défenseur des droits.

1. Dubois (1999), Blum et Cerutti (2018), Brewer (2007), Fassin (2000), Laé (2008), Durand (2014), Barbot *et alii* (2015).

96 894 réclamations et 69 705 appels ont été reçus auprès du Défenseur des droits en 2020 contre 76 286 affaires reçues en 2009 par le Médiateur. Cette autorité administrative indépendante incarnée par une figure nommée par le président de la République est le porteur d'une « démocratie administrative », entendue comme lutte contre la mal-administration, comme moyen de défendre les droits des administrés ou, plus récemment, de les faire « participer » à la production de la réforme de l'administration[1]. Mais, d'une part, le Médiateur ou le Défenseur des droits ne recueille pas d'« opinions » et, d'autre part, ses pouvoirs d'intervention sont plus organisés juridiquement parlant que ceux du service du courrier.

Les courriers reçus par les députés en circonscription pourraient être un autre élément de comparaison. Patrick Le Lidec (2008) indiquait par exemple que la réception, le classement et la gestion des lettres adressées aux députés constituaient les deux tiers du temps de travail des collaborateurs parlementaires. Certains députés, une fois la fin du mandat venue, n'hésitaient d'ailleurs pas à mettre en chiffres cette masse à traiter. Le député de l'Isère André Vallini, par exemple, évaluait à 29 915 le nombre de courriers reçus entre 2002 et 2007[2]. Et, à l'exception des courriers d'opinion qui se font rares en circonscription, les permanences sont des chambres d'enregistrement de demandes souvent incongrues au regard des prérogatives du député, des demandes qui fréquemment placent l'élu dans des relations « avec des gens qui n'en ont pas »[3]. Ces observations mériteraient d'être actualisées. Le processus de rationalisation et de profession-

1. De plus, en ce qui concerne son prédécesseur, « lorsqu'une décision administrative, pourtant conforme à la règle de droit, vient heurter les droits de la personne, le Médiateur de la République dispose d'un pouvoir de recommandation en équité » (Baudot et Revillard, 2011 : 200).

2. Précision qui était mentionnée sur le site du député en 2007.

3. Patrick Le Lidec (2008) défend l'hypothèse selon laquelle les courriers affluent d'autant plus que les parlementaires sont implantés dans des circonscriptions relativement plus populaires. Voir, sur le courrier de Maxime Gremetz, député communiste, Sabine Rozier (2016).

nalisation du travail parlementaire a certainement fait varier cette demande et/ou a conduit à la traiter différemment. La modernisation à l'œuvre au sein du service du courrier du Premier ministre et des ministères depuis Édouard Philippe incite à penser que le pouvoir politique tend de manière générale à mieux intégrer cette matière dans la conduite de ses affaires.

L'Élysée, contrairement aux multiples guichets administratifs que les citoyens côtoient, ne demande rien de précis à celles et ceux qui s'adressent à lui. Les conditions de recevabilité des requêtes et des opinions sont vagues. Il n'y a apparemment pas de cadre, pas de contrainte bureaucratique pour accéder à ce « guichet » situé tout en haut des lieux de pouvoir. Ce qui ouvre la voie à tous les possibles, mais, paradoxalement, limite la capacité des plus dépossédés qui n'ont pas de figure imposée à produire, ni de modèle à suivre (sinon dans les quelques formules générales déposées sur le site de l'Élysée). La désillusion du requérant est fréquente puisqu'il s'agit là d'un univers ouvert (il suffit d'écrire), mais sans règle ni procédure. Le bon droit n'est pas du droit, mais repose sur une économie morale et sur la variabilité des sentiments d'injustice comme matrice du droit et des raisons d'agir. L'argumentaire est rarement juridique et le recours à des principes généraux – ou particuliers – est exceptionnel. Il s'agit d'en appeler à une instance suprême, en lui demandant d'acquiescer aux manières profanes d'exposer son malheur, de demander réparation ou d'exprimer son opinion. Recours gracieux, « écriture de miséricorde » (Laé, 2008) et rappels à l'ordre pour que les gouvernants tiennent leurs promesses ou se montrent fidèles à leurs convictions sont autant de tentatives que des citoyens engagent pour espérer changer leur vie, parfois celle des autres.

Mais s'il n'y pas d'injonction « biographique » particulière, le requérant doit néanmoins « payer de sa personne » ; puisque « le demandeur n'a rien à apporter que le récit de sa vie » (Castel, 1996 : 473), certains peuvent « s'imagin[er] les attentes et les exigences » (Fassin, 2000 : 960) de l'institution comme ils le font à l'égard des administrations auxquelles ils sont confrontés. Présenter donc une identité positive, la plus convaincante, la plus honnête, la plus droite et la plus efficace possible dans la tradition de la supplique (*ibid.*) ou dans celle de la protestation induit quelques figures plus ou moins imposées.

Les réponses faites aux citoyens requérants témoignent tout autant de l'impuissance du président que des pouvoirs de la Présidence. Paradoxe supplémentaire, les réponses de l'Élysée, qui sont la plupart du temps des réponses types, disent pourtant le contraire en mentionnant le fait que *le* président les a lus, que *le* président a pris connaissance de leur courrier et qu'*il* fera tout pour leur donner satisfaction. Cette manière de masquer l'incapacité d'agir est d'ailleurs assez comparable à ce que font les députés dans leur circonscription quand ces derniers n'ont pas d'autres mandats (Le Lidec, 2008).

Culture populaire et clientélisme

Contrairement aux travaux sur le *contacting* états-unien, le travail spécifique de représentation, d'intervention et d'intercession que mène l'élu de terrain à l'instar de l'assistante sociale a été peu étudié en France[1]. Une comparaison large de ces transactions épistolaires et pas seulement labelisées clientélaires permettrait de mieux comprendre la spécificité du recours au guichet de l'Élysée.

L'une des questions qui se posent est de savoir si s'adresser à l'Élysée par courrier, notamment dans le domaine des requêtes, a partie liée avec une façon populaire d'interpeller le politique. Cesare Mattina (2016), dans son travail sur le système Gaston Defferre à Marseille, semble indiquer que des populations en demande d'emploi, de logement et de solutions financières ignorent pratiquement ce que serait

1. Voir néanmoins Monier (2007), Le Lidec (2008), Kerrouche (2009), Godmer et Marrel (2015), Mattina (2016), Rozier (2016), Lauwers (2017).

devenu le champ politique moderne et professionnalisé spécialisé dans l'offre de biens indivisibles (Offerlé, 1985 ; Gaxie, 1995). Patrick Le Lidec (2008), sur une période beaucoup plus contemporaine, va dans le même sens.

Mais si les citoyens peuvent proposer une transaction de type clientélaire à des élus de terrain auprès de qui ils vivent, le lien particulier que cherchent à établir des scripteurs relativement démunis socialement avec le président de la République ne laisse pas d'interroger. Certes, une demande de nature sociale peut être assortie d'un chantage électoral (« je m'en souviendrai en 2012 »), mais le lien est si lointain, l'administré-électeur si faible électoralement comparé au pouvoir d'influence relatif dont il jouit éventuellement au sein de sa commune ou de sa circonscription, qu'il s'agit d'un clientélisme particulièrement distendu, noyé dans un acte désespéré. Ce que nos entretiens nous rapportent, en tout état de cause, c'est que ces demandes de biens divisibles, considérées jadis comme normales par nombre d'élus, sont regardées aujourd'hui par les services du courrier comme irrecevables et déplacées. Le clientélisme, en dépit des risques d'irrégularité et d'illégalité qu'il charrie, a été un lien fort et étroit – asymétrique il est vrai – entre les milieux populaires et les élus (voir Briquet, 1997, Combes et Vommaro, 2015).

Le clientélisme mondain est davantage sensible. Il bénéficie, quant à lui, d'un traitement de faveur. Si nos investigations nous ont éloignés du courrier réservé, les quelques lettres que nous avons lues à en être issues, indiquent que les scripteurs très dotés socialement et réputationnellement savent se rappeler au bon souvenir du président de la République. Certains le tutoient littéralement, lui rappellent des moments passés ensemble et, ce qui est fréquent, le remercient pour l'obtention d'une décoration[1].

1. Nous avons pu repérer ces demandes abondantes de décoration – ou ces remerciements après décoration – en lisant intégralement le carton des vœux de bonne année 2017 adressés à François Hollande.

Les rôles présidentiels

Une autre question que soulève cette plongée épistolaire concerne la perception de l'institution « vue d'en bas ». Le massif des requêtes et des interpellations fournit sur ce point un précieux éclairage sur le ou plutôt les rôles dont les scripteurs investissent la figure du président.

À quels rôles dans le rôle pensent-ils avoir affaire ? À ce président-recours ultime de requérants qui lui font occuper, en toute foi, de bonne foi ou par de belles ruses, la place géométrale du pouvoir omnipotent qu'il prétend être dans ses représentations ?

S'agit-il de rôles plus institutionnalisés dans la performance desquels il y a, pour certains d'entre les spectateurs devenant scripteurs, des attentes durcies, qui peuvent être contradictoires, où le président doit se comporter comme un président, où il doit « faire président », « faire le président » : dans des cérémonies où il représente la fonction, où il doit l'incarner – défilés, discours officiels, situations de crise, sommets internationaux, mais aussi prestations télévisées. Les principales sources d'information visuelles des Français et donc des scripteurs sont ces moments saisis par les caméras et par les photographies de presse, même si désormais des montages réalisés sur les réseaux sociaux peuvent leur faire concurrence. Il doit être capable de mobiliser les signes, symboles et attributs du rôle de président.

Comme la gamme des attentes est infinie et varie avec les critères d'appréciation de spectateurs diversement intéressés et informés par la politique, les commentaires peuvent alors s'attacher aux aspects les plus accessoires de la performance comme aux répliques improvisées qui s'écartent du registre : lunettes, couleurs, coiffure, vêtements, démarche, parapluie, faux pas, gaffes et petites phrases. Ils s'apparentent bien à des prescriptions de rôle.

La présentation de soi par le président lui-même et avalisée par la presse – « président affranchi des contraintes du rôle mais hyper-président », « président normal » ou « président jupitérien[1] » – donne également lieu à des répliques épistolaires mettant en cause la conformité du chef de l'État à sa propre définition du rôle ou à celle que fantasme son interpellateur. Nous avons vu que ces à-côtés de la politique pouvaient être centraux pour certains des scripteurs et coller à la peau présidentielle pendant de longues semaines, voire au-delà. C'est là, dans le sentiment blessé de la dignité citoyenne, que peuvent surgir d'autres mots, injures et invectives.

On se souvient de la brochure[2] que Michel Hénocq a remise lors de sa sortie de charge de chef du courrier, en 1991, à François Mitterrand (voir chapitre 2). Les extraits de courriers dont il avait constitué un florilège étaient classés en six rubriques : « Dieu », « Le Père », « Le Roi », « L'élu du suffrage universel », « Le socialiste », « L'Homme ». Nous l'avons interrogé sur l'absence de lettres d'injures et d'attaques *ad hominem* qui auraient pu tout aussi bien apparaître sous ces intitulés. Il nous a répondu ainsi :

> Je crois que si je n'ai pas créé cette rubrique, c'est sans doute que les « opposants » ne s'exprimaient (ainsi qu'il m'en souvienne) pas de manière très particulière… exposant souvent poliment leurs critiques, revendications, leurs arguments… sans doute avec conviction, mais *jamais* (ça, je le souligne) de manière agressive et jamais, jamais d'insultes, voire d'injures, sauf sous forme anonyme… par des cartes préimprimées ou documents photocopiés… Les opposants sont en revanche comptabilisés et portés à la connaissance du Président régulièrement dans les notes mensuelles. Mais, j'insiste, cela ne m'avait pas paru remarquable au point d'avoir à en relever des exemples… Alors, bien sûr, ce que j'ai relevé est du domaine du « fan club »… parce que c'est cela qui m'avait paru particulier et même étonnant !

1. L'adjectif « jupitérien » aurait été suggéré par le conseiller en communication de François Mitterrand, Jacques Pilhan, qui y accolait une signification principale : la diète médiatique et l'intervention rare du président du haut de l'Olympe élyséen. Mais le terme de « feu jupitérien » a pu aussi être utilisé par lui pour signifier la puissance en dernière instance du président (voir Bazin, 2009).

2. « L'image du Président de la République au travers du courrier », document cité.

Mémoire sélective, volonté de se mettre au service du président qu'il avait décidé de servir en 1981, ou évolution de l'épistolarité ordinaire trois décennies plus tard ? Qu'est-ce qui autorise au XXIe siècle des scripteurs, plus nombreux, même non anonymes, à relâcher les modalités de leurs interpellations ? Est-ce le rôle qui s'est dégradé dans ses incarnations successives au point qu'il n'oblige plus, pour certains toutefois, à un minimum de convenance ? Est-ce l'institution présidentielle elle-même qui est en cause, ravalée au rang de la politique ordinaire, à l'image de ses desservants, les hommes politiques, eux aussi ordinaires ?

La présidentialisation au prisme des courriers

Un président de la République est aussi jugé sur « sa politique », sur ce qu'il dit, promeut et accomplit. La connaissance qu'ont les citoyens de cette politique est très variable, certains observateurs scrutant les moindres mesures ou s'attachant à des enjeux très pointus et spécifiques, quand d'autres accordent à la chose publique une attention plus diffuse, mais toujours susceptible d'être aiguisée. Les lettres envoyées à l'Élysée sont à cet égard une véritable galerie de la réception des faits et gestes présidentiels, comme des politiques publiques. Elles sont aussi un miroir tendu au Prince qui, s'il choisit de s'y confronter, peut y découvrir un mélange d'*a priori* négatifs, d'hostilité, de mépris ou de haine.

Ceux qui écrivent affichent volontiers leur réprobation vis-à-vis de l'action ou de l'inaction présidentielle. Ils peuvent, pour ce faire, reprendre et souligner ce qui est dit dans les médias ou les opinions qui circulent dans leurs interactions quotidiennes, mais les griefs qu'ils prononcent ne se distribuent pas au hasard, puisque la manière de juger le chef de l'État dans son rôle proprement politique est très profondément ancrée dans leurs propres visions du monde social et dans la distance ou la proximité que chaque interpellateur entretient avec « la politique ».

Toutes les chroniques concernant le présidentialisme et l'institution présidentielle font comme si l'ensemble des citoyens maîtrisaient les subtilités de l'architecture constitutionnelle de la France et partageaient, dans la vision qu'ils ont de la politique, un seul et même agenda, celui que les médias parisiens rendent le plus visible. Ce que permet de comprendre la correspondance adressée à l'Élysée, ce sont au contraire les cadrages politiques différenciés que mobilisent les scripteurs et qui ne sauraient se réduire à la croyance en la toute-puissance du président ou à l'existence d'une culture « présidentialiste ». Le « monarque républicain », l'« hyper-président » ou le « président jupitérien » ne sont pas des figures univoques et la fascination prêtée uniment à tous les Français à l'égard de l'institution présidentielle telle que rejouée quotidiennement par ses représentants successifs est profondément ambivalente.

On est donc là en face d'un paradoxe qui veut que cette institution soit d'autant plus sollicitée qu'on lui prête un pouvoir exorbitant et au nom duquel une critique visant son impuissance et son aveuglement est fréquemment adressée. Ces écrivants, non représentatifs mais très significatifs, contribuent tout à la fois à la reconnaissance du caractère central de l'homme président et présidentialisé derrière l'institution, mais ils sont aussi les géomètres des limites de son pouvoir. En lui signifiant, de multiples manières, que les institutions du politique peuvent être investies et appréhendées différemment, ils se montrent, comme l'écrivait Sabine Rozier (2016), « capables d'exprimer un point de vue publiquement recevable à la condition, toutefois de pouvoir librement le faire, sans être immédiatement jugés ou censurés ». Mais ils le font pour nombre d'entre eux sous des formes qui ne suivent pas forcément les routines et les canons de la politique « savante ».

En s'appropriant de manière renouvelée leurs paroles par de nouveaux moyens de traitement algorithmiques des flux de courrier, l'actuel président trouve un autre moyen de contourner les corps intermédiaires et d'écouter en direct le peuple, de lui parler en retour, de choisir ses interlocuteurs en les convoquant, avec tous les risques de malentendu que ces torsions – inévitables pour pouvoir rentrer dans le moule de l'opinion politisable et de la décision politique – peuvent entraîner.

Politistes et constitutionnalistes écrivent depuis maintenant fort longtemps sur la nature du régime de la Ve République en France. Il existe pléthore d'analyses en effet pour souligner à la fois la forte concentration des pouvoirs aux mains du président de la République, l'infériorisation du Parlement et la nature plus qu'équivoque de ce présidentialisme sans responsabilité politique (François, 2010 [1998]), non destituable. Éclairée par les attentes épistolaires, cette présidentialisation prend un autre grain.

Ceux qui écrivent semblent non seulement se soumettre à cette polarisation présidentielle mais aussi attribuer au chef de l'État des rôles et des fonctions non contenus dans le droit constitutionnel. Le président de la République est interpellé sur à peu près tous les sujets. Il lui est demandé de se préoccuper de la vie très quotidienne et de maîtriser les grandes questions du monde contemporain. Il est sommé de s'intéresser aux budgets mensuels des citoyens ordinaires, de prendre connaissance d'un décès, de la maladie d'un enfant ou des nuisances d'un voisin. Il doit accueillir la détresse, la confession, l'aveu, la colère, la douleur, parfois la joie. Les scripteurs, pour nombre d'entre eux, ignorent le principe de la séparation des pouvoirs, l'articulation entre les prérogatives du président et celles, par exemple, de l'Assemblée nationale ou d'une commune. Celles et ceux qui lui écrivent méconnaissent, consciemment ou non, les subtilités de la hiérarchie des normes et des pouvoirs. Le lien politique qu'ils privilégient est tout autre. Il se veut plus direct, plus individualisé, plus discret également, et ils entendent le nouer ailleurs que dans les isoloirs ou les arènes délibératives ou participatives.

Cet attachement au politique devrait être rappelé chaque fois que reviennent les thématiques de la désertion des urnes ou du déclin de la croyance dans l'utilité des gouvernants à l'heure de l'européanisation. Les scripteurs pourraient bien être les derniers irréductibles à penser qu'un président peut agir. Une belle leçon d'introduction à un autre droit constitutionnel et à une autre analyse du fonctionnement, au concret, du régime de la Ve République.

Bibliographie

Albert-Llorca Marlène (1993), « Le courrier du ciel », *in* Daniel Fabre (dir.), *Écritures ordinaires*, POL, Paris, p. 183-222.

Amey Patrick (2002), « L'énonciation profane dans le débat sur l'énergie nucléaire en Suisse », *Langage et société*, n° 100, p. 81-106.

Armengol (de) Christine et Niqueux Michel (2008), « Lettres de paysans russes aux autorités », *Histoire & sociétés rurales*, vol. 30, n° 2, p. 105-134.

Artières Philippe (2011), « Archives d'une prise de parole. Les écritures du Sida », *Les Tribunes de la santé*, n° 33, p. 67-71.

Artières Philippe et Laé Jean-François (2011), « S'indigner », in *Archives personnelles*, Armand Colin, Paris, p. 93-118.

Barbot Janine, Winance Myriam et Parizot Isabelle (2015), « Imputer, reprocher, demander réparation ? Une sociologie de la plainte en matière médicale », *Sciences sociales et santé*, vol. 33, n° 2, p. 77-105.

Barrault-Stella Lorenzo (2008), « Une interpellation profane du politique. La lettre de jeunes de milieux populaires au président de la République pendant les émeutes de 2005 », *Réseaux*, n° 151, p. 37-62.

– (2009), « Écrire pour contourner. L'évitement scolaire par courrier », *Actes de la recherche en sciences sociales*, n° 180, p. 36-43.

Barrows Susanna (2014), « Quand les plumes étaient plus puissantes que les barricades. Lettres politiques pendant la crise du 16 mai 1877 » (traduit de l'américain par Stéphane Bouquet), *Sociétés & représentations*, n° 38, p. 225-239.

Baudot Pierre-Yves et Revillard Anne (2011), « Le médiateur de la République au prisme de la démocratie administrative », *Revue française d'administration publique*, n° 137-138, p. 193-207.

Bazin François (2009), *Le Sorcier de l'Élysée*, Plon, Paris.

Beaud Olivier (2019), *La République injuriée. Histoire des offenses au chef de l'État de la IIIe à la Ve République*, PUF, Paris.

Bendali Zakaria, Challier Raphaël, Della Sudda Magali et Fillieule Olivier (2019), « Le mouvement des gilets jaunes : un apprentissage en pratique(s) de la politique ? » (débat préparé et conduit par Philippe Aldrin et Éric Agrikoliansky), *Politix*, n° 128, p. 143-177.

Béra Mathieu (2014), « De l'intérêt des correspondances pour la sociologie et pour son histoire en particulier », *Les Études sociales*, n° 160, p. 5-24.

Bertilotti Teresa (2016), *Caro Presidente. Gli italiani scrivono al Quirinale (1946-1971)*, Mondadori, Florence.

Blondiaux Loïc (1996), *La Fabrique de l'opinion*, Seuil, Paris, 1996.

– (2007), « Faut-il se débarrasser de la notion de compétence politique ? Retour critique sur un concept classique de la science politique », *Revue française de science politique*, vol. 57, n° 6, p. 759-774.

– (2021), « De la démocratie en France. En finir avec les faux-semblants », *Esprit*, n° 4, p. 87-99.

Blum Alain et Cerutti Monica (2018), « S'adresser à l'autorité en tant qu'individu singulier. Parcours historiques croisés » (entretien avec Samuel Hayat, Judith Lyon-Caen et Federico Tarragoni), *Tracés*, n° 34, p. 211-228.

Bock Fabienne et Bonzon Thierry (2008), « "Il faut que vous sachiez ce qui se passe chez nous…" : 246 lettres de militaires français au Parlement en 1917 », *in* Nicolas Mariot et André Loez (dir.), *Obéir, désobéir*, La Découverte, Paris, p. 167-180.

Boltanski Luc, avec Daré Yann et Schiltz Marie-Ange (1984), « La dénonciation », *Actes de la recherche en sciences sociales*, n° 51, p. 3-40.

– (1993), *La Souffrance à distance*, Métailié, Paris.

Bouchet Thomas (2010), *Noms d'oiseaux. L'insulte en politique, de la Restauration à nos jours*, Stock, Paris.

Bour Julie (2012), « Le clientélisme sous la Ve République : l'exemple du député Louis Jacquinot », *in* Jens Ivo Engels, Frédéric Monier et Natalie Petiteau (dir.), *La Politique vue d'en bas. Pratiques privées et débats publics dans l'Europe contemporaine (XIXe-XXe siècles)*, Armand Colin, Paris, p. 223-240.

Bourdieu Pierre (1984 [1973]), « L'opinion publique n'existe pas », in *Questions de sociologie*, Minuit, Paris, p. 222-235.

Boureau Alain (1991), « La norme épistolaire, une invention du Moyen Âge », *in* Roger Chartier (dir.), *La Correspondance. Les usages de la lettre au XIXe siècle*, Fayard, Paris, p. 127-157.

Boutier Jean, Landi Sandro et Rouchon Olivier (dir) (2009), *La Politique par correspondance. Les usages politiques de la lettre en Italie (XIVe-XVIIIe siècle)*, PUR, Rennes.

Braconnier Céline (2008), « Les sages interpellés. Quelques usages profanes du Conseil constitutionnel », *Revue française de science politique*, vol. 58, n° 2, p. 197-230.

Breton Hervé (dir.) (2018), « Raconter/se raconter. Dits et non-dits du récit de soi », *Le Sujet dans la Cité*, n° 9.

BREWER Brian (2007), « Citoyen ou client ? Le traitement des plaintes dans le secteur public », *Revue internationale des sciences administratives*, vol. 73, n° 4, p. 605-613.

BRIQUET Jean-Louis (1997), *La Tradition en mouvement. Clientélisme et politique en Corse*, Belin, Paris.

CAMPESE Sandrine (2014), *Monsieur le Président, je vous écris aujourd'hui… Enquête sur le Service de la correspondance présidentielle*, Les Éditions de l'Opportun, Paris.

CARDON Dominique (1995), « "Chère Ménie…" Émotions et engagements de l'auditeur de Ménie Grégoire », *Réseaux*, n° 70, p. 41-78.

CASTEL Robert (1996), *Les Métamorphoses de la question sociale*, Fayard, Paris.

CERUTTI Simona (2010), « Travail, mobilité et légitimité. Suppliques au roi dans une société d'Ancien Régime », *Annales HSS*, vol. 65, n° 3, p. 571-611.

CERUTTI Simona et VALLERANI Massimo (2015), « Suppliques. Lois et cas dans la normativité de l'époque moderne – Introduction », *L'Atelier du Centre de recherches historiques*, n° 13.

CHAMPAGNE Patrick (1990), *Faire l'opinion*, Paris, Minuit.

CHARTIER Roger (dir.) (1991), *La Correspondance. Les usages de la lettre au XIXe siècle*, Fayard, Paris.

CHOLLET Mathilde (2008), « Les écrits du for privé dans le Haut-Maine à l'époque moderne », *Annales de Bretagne et des Pays de l'Ouest*, n° 115, p. 133-158.

CHRISTIN Olivier (2009), *Confesser sa foi. Conflits confessionnels et identités religieuses dans l'Europe moderne (XVIe-XVIIe siècles)*, Champ Vallon, Seyssel.

COLLOVALD Annie et SCHWARTZ Olivier (2006), « Haut, bas, fragile : sociologies du populaire » (entretien avec Fabien Jobard, Stany Grelet et Mathieu Potte-Bonneville), *Vacarme*, n° 37, p. 50-55.

COMBES Hélène et VOMMARO Gabriel (2015), *Sociologie du clientélisme*, La Découverte, Paris.

CONTAMIN Jean-Gabriel (2001), « Contribution à une sociologie des usages pluriels des formes de mobilisation : l'exemple de la pétition en France », thèse, université de Paris-1.

COSSART Paula (2010), *Le Meeting politique. De la délibération à la manifestation*, PUR, Rennes.

DECHEZELLES Stéphanie (2018), « Composer avec les affects en enquête publique. Le travail émotionnel dans les conflits autour de projets éoliens terrestres en France », *in* Loïc BLONDIAUX et Christophe TRAÏNI (dir.), *La Démocratie des émotions*, Presses de Sciences Po, Paris.

DELUERMOZ Quentin et GOBILLE Boris (2015), « Protagonisme et crises politiques », *Politix*, n° 112, p. 9-29.

DEVILLE Clara (2019), « Les chemins du droit. Dématérialisation du RSA et distance à l'État des classes populaires rurales », thèse, université de Picardie Jules-Verne.

Dolez Bernard, Fretel Julien et Lefebvre Rémi (dir.) (2019), *L'Entreprise Macron*, PUG, Grenoble.

Dubois Vincent (1999), *La Vie au guichet, Relation administrative et traitement de la misère*, Economica, Paris.

– (2009), « Le paradoxe du contrôleur. Incertitude et contrainte institutionnelle dans le contrôle des assistés sociaux », *Actes de la recherche en sciences sociales*, n° 178, p. 28-49.

– (2010), « Politiques au guichet, politiques du guichet », *in* Olivier Borraz et Virginie Guiraudon (dir.), *Politiques publiques 2*, Presses de Sciences Po, Paris.

– (2021), *Contrôler les assistés. Genèses et usages d'un mot d'ordre*, Raisons d'Agir, Paris.

Dulong Claude (1974), *La Vie quotidienne à l'Élysée au temps de Charles de Gaulle*, Hachette, Paris.

Durand Corentin (2014), « Construire sa légitimité à énoncer le droit. Étude de doléances de prisonniers », *Droit et société*, n° 87, p. 329-348.

Duvoux Nicolas (2009), *L'Autonomie des assistés. Sociologie des politiques d'insertion*, PUF, Paris.

Ébel Marianne et Fiala Pierre (1981), « La situation d'énonciation dans les pratiques argumentatives », *Langue française*, vol. 50, n° 1, p. 53-74.

Eberhard Mireille (2010), « De l'expérience du racisme à sa reconnaissance comme discrimination » *Sociologie*, vol. 1, n° 4, p. 479-495.

Engels Jens Ivo (2003), « Dénigrer, espérer, assumer la réalité. Le roi de France perçu par ses sujets, 1680-1750 », *Revue d'histoire moderne et contemporaine*, n° 50, p. 96-126.

Engels Jens Ivo, Monier Frédéric et Petiteau Natalie (dir.) (2012), *La Politique vue d'en bas. Pratiques privées et débats publics dans l'Europe contemporaine (XIXe-XXe siècles)*, Armand Colin, Paris.

Eymeri-Douzans Jean-Michel (2003), « Frontière ou marches ? De la contribution de la haute administration à la production du politique », *in* Jacques Lagroye (dir.), *La Politisation*, Belin. Paris, p. 47-77.

– (2019), « Le technocrate et le président. Réflexions sur Emmanuel Macron et la haute administration », *in* Bernard Dolez, Julien Fretel et Rémi Lefebvre, *L'Entreprise Macron*, PUG, Grenoble, p. 201-216.

Eymeri-Douzans Jean-Michel, Bioy Xavier et Mouton Stéphane (dir.) (2015), *Le Règne des entourages*, Presses de Sciences Po, Paris.

Farge Arlette (1992), *Dire et mal dire. L'opinion publique au XIXe siècle*, Seuil, Paris.

Fassin Didier (2000), « La supplique. Stratégies rhétoriques et constructions identitaires dans les demandes d'aide d'urgence », *Annales HSS*, vol. 55, n° 5, p. 955-981.

Fassin Didier et Kobelinsky Carolina (2012), « Comment on juge l'asile. L'institution comme agent moral », *Revue française de sociologie*, vol. 53, n° 4, p. 657-688.

Fraenkel Béatrice (1992), *La Signature. Genèse d'un signe*, Gallimard, Paris.

– (1997), « Répondre à tous. Une enquête sur le service du courrier présidentiel », *in* Daniel FABRE (dir), *Par écrit. Ethnologie des écritures quotidiennes*, Éditions de la MSH, Paris.

FRANÇOIS Bastien (2010 [1998]), *Le Régime politique de la Ve République*, La Découverte, « Repères », Paris.

FRETEL Julien (2019), « Comment ça marche ? La forme partisane du macronisme », *in* Bernard DOLEZ, Julien FRETEL et Rémi LEFEBVRE, *L'Entreprise Macron*, PUG, Grenoble, p. 189-200.

FRETEL Julien et OFFERLÉ Michel (2019), « Ce que devrait savoir le Président », *AOC*, 7 janvier.

GAXIE Daniel (1978), *Le Cens caché. Inégalités culturelles et ségrégation politique*, Seuil, Paris.

– (1995), *La Démocratie représentative*, Montchrestien, Paris.

GENETTE Gérard (1987), *Seuils*, Seuil, Paris.

GIOVANAZZI Alessandro (2016), « La politique pétitionnaire des institutions locales napoléoniennes », *Annales historiques de la Révolution française*, n° 383, p. 77-98.

GODMER Laurent et MARREL Guillaume (2015), *La Politique au quotidien. L'agenda et l'emploi du temps d'une femme politique*, ENS Éditions, Lyon.

GOODY Jack (1977), *La Raison graphique. La domestication de la pensée sauvage*, trad. Jean Bazin et Alban Bensa, Minuit, Paris.

GOURGUES Guillaume et MAZEAUD Alice (à paraître), « La démocratie participative selon E. Macron : la participation citoyenne au service de la monarchie républicaine ».

GRANJON Fabien (2002), « Les répertoires d'action télématiques du néo-militantisme », *Le Mouvement social*, n° 200, p. 11-32.

GRUNBERG Gérard, MAYER Nonna et SNIDERMAN Paul M. (dir.) (2002), *La Démocratie à l'épreuve. Une nouvelle approche de l'opinion des Français*, Presses de Sciences Po, Paris.

HÉNOCQ Michel (2008-2017), *Comment devient-on chef du service courrier de la Présidence de la République*, s.e., s.l.

HOGGART Richard (1970 [1957]), *La Culture du pauvre. Étude sur le style de vie des classes populaires en Angleterre*, Minuit, Paris.

HOLLANDE François (2019), *Les Leçons du pouvoir*, Stock, Paris.

HUBÉ Nicolas (2008), « Le courrier des lecteurs. Une parole journalistique profane », *Mots*, n° 87, p. 99-112.

IHL Olivier (2007), *Le Mérite et la République. Essai sur la société des émules*, Gallimard, Paris.

KARILA-COHEN Pierre (2008), *L'État des esprits. L'invention de l'enquête politique en France, 1814-1848*, PUR, Rennes.

– (2010), « Les préfets ne sont pas des collègues. Retour sur une enquête », *Genèses*, n° 79, p. 116-134.

KERROUCHE Éric (2009), « Usages et usagers de la permanence du député », *Revue française de science politique*, vol. 59, n° 3, p. 429-454.

LACROIX Bernard et LAGROYE Jacques (1992), *Le Président de la République. Usages et genèses d'une institution*, Presses de la FNSP, Paris.

LAÉ Jean-François (2008), « Le clapotis des mots gracieux », *Sociologie et sociétés*, vol. 40, n° 2, p. 109-129.

LAGROYE Jacques (2003), « Le processus de politisation », *in La Politisation*, Belin, Paris, p. 359-372.

LAGROYE Jacques et OFFERLÉ Michel (dir.) (2011), *Sociologie de l'institution*, Belin, Paris.

LANDI Sandro (2009), « La construction épistolaire de la réalité politique », *in* Jean BOUTIER, Sandro LANDI et Olivier ROUCHON (dir), *La Politique par correspondance. Les usages politiques de la lettre en Italie (XIVe-XVIIIe siècle)*, PUR, Rennes, p. 179-199.

LASKAS, Jeanne-Marie (2020 [2018]), *Monsieur le Président. Barack Obama et les citoyens américains en toutes lettres*, Fayard, Paris.

LAUWERS Karen (2017), « "J'ai l'honneur d'attirer votre attention à mon sujet." Image et action d'Henri-Constant Groussau (député du Nord, 1902-1936) au prisme de sa correspondance passive », *Revue du Nord*, n° 420, p. 379-412.

LEGAVRE Jean-Baptiste (2009), « Lettres restantes. Le courrier des lecteurs du *Monde* ou les contours flous d'un genre en expansion », *in* Roselyne RINGOOT et Jean-Marie UTARD (dir.), *Les Genres journalistiques*, L'Harmattan, Paris.

LE GRIGNOU Brigitte (2003), *Du côté du public. Usages et réceptions de la télévision*, Economica, Paris.

LEHINGUE Patrick (2007), *Subunda. Coups de sonde dans l'océan des sondages*, Éditions du Croquant, Bellecombe-en-Bauges.

– (2011), *Le Vote. Approches sociologiques de l'institution et des comportements électoraux*, La Découverte, Paris.

LE LIDEC Patrick (2008), « Les députés, leurs assistants et les usages du crédit collaborateurs. Une sociologie du travail politique », *Sociologie du travail*, n° 50, p. 147-168.

LENOIR Rémi (1988), « Réponses et répondant : analyse d'une correspondance politique », *Actes de la recherche en sciences sociales*, n° 73, p. 2-28.

LE TELLIER Hervé (2016), *Moi et François Mitterrand*, JC Lattès, Paris.

LIGNIER Wilfried et PAGIS Julie (2017), *L'Enfance de l'ordre*, Seuil, Paris.

LOISON-LERUSTE Marion (2014), « Éloigner les indésirables », *in* Serge PAUGAM (dir.), *L'Intégration inégale*, PUF, Paris, p. 413-427.

MARIOT Nicolas (2002), *Bains de foule, Les voyages présidentiels en province*, 1888-2002, Belin, Paris.

– (2007), *C'est en marchant qu'on devient président*, Aux lieux d'être, Montreuil.

MATTINA Cesare (2016), *Clientélismes urbains. Gouvernement et hégémonie politique à Marseille*, Presses de Sciences Po, Paris.

Monier Frédéric (2007), *La Politique des plaintes. Clientélisme et demandes sociales dans le Vaucluse d'Édouard Daladier (1890-1940)*, La Boutique de l'histoire, Paris.

Murat Laure (2011), *L'homme qui se prenait pour Napoléon*, Gallimard, Paris.

Nérard François-Xavier (2002), « Les bureaux des plaintes dans l'URSS de Staline (1928-1941), La gestion du mécontentement dans un État socialiste », *Revue d'histoire moderne et contemporaine*, n° 49, p. 125-144.

Neveu Érik (2015), *Sociologie politique des problèmes publics*, Armand Colin, Paris.

Noguères Dominique (2003), « Construire un récit », *Critique internationale*, n° 19, p. 191-196.

Obama Barack (2018 [2006]), *L'Audace d'espérer*, trad. Jacques Martinache, Presses de la Cité, Paris.

– (2020), *Une terre promise*, trad. Pierre Demarty *et al.*, Fayard, Paris.

Offerlé Michel (1985), « Mobilisation électorale et invention du citoyen : l'exemple du milieu urbain français à la fin du xixe siècle », *in* Daniel Gaxie (dir.), *Explication du vote*, Presses de la FNSP, Paris, p. 149-174.

– (1988), « Le nombre de voix. Électeurs, partis et électorat socialistes à la fin du xixe siècle en France », *Actes de la recherche en sciences sociales*, n° 71-72, p. 5-21.

– (2007), « À Monsieur Schneider », *in* Pierre Favre, Olivier Fillieule et Fabien Jobard (dir.), *L'Atelier du politiste*, La Découverte, Paris, p. 163-188.

– (2008), « Retour critique sur les répertoires de l'action collective, xviiie-xxie siècle », *Politix*, n° 81, p. 181-202.

– (2021), *Ce qu'un patron peut faire. Une sociologie des mondes patronaux*, Gallimard, Paris.

Ollion Étienne (2015), « L'abondance et ses revers. *Big data*, *open data* et recherches sur les questions sociales », *Informations sociales*, n° 191, p. 70-79.

Pasquier Dominique (1999), *La Culture des sentiments. L'expérience télévisuelle des adolescents*, Éditions de la MSH, Paris.

Pellissier Pierre (1978), *La Vie quotidienne à l'Élysée au temps de Valéry Giscard d'Estaing*, Hachette, Paris.

Perrin-Heredia Ana (2010a), « Logiques économiques et comptes domestiques en milieux populaires. Ethnographie économique d'une "zone urbaine sensible" », thèse de sociologie, université de Reims.

– (2010b), « La mise en ordre de l'économie domestique. Accompagnement budgétaire et étiquetage de la déviance économique », *in* Olivier Borraz (dir.), *Gouvernement et action publique*, Presses de Sciences Po, vol. 2, p. 303-330.

PERROT Michelle (1999 [1987]), « Introduction », *in* Philippe ARIÈS et Georges DUBY (dir.), *Histoire de la vie privée*, t. IV : *De la Révolution à la Grande Guerre*, Seuil, Paris.

PIERRU Emmanuel (2004), « "Effets politiques des médias" et sociologie prophétique. Pour une sociologie des rapports ordinaires à l'information politique », *in* Jean-Baptiste LEGAVRE (dir.), *La Presse écrite : objets délaissés*, L'Harmattan, Paris, p. 289-313.

PINGEOT Mazarine (2005), *Bouche cousue*, Julliard, Paris.

POLIAK Claude (1992), *La Vocation d'autodictate*, L'Harmattan, Paris.

– (1993), « Écritures populaires. Notes de recherche », *Politix*, n° 24, p. 168-189.

– (2006), *Aux frontières du champ littéraire. Sociologie des écrivains amateurs*, Economica, Paris.

PUDAL Bernard (2019), « Les élites face aux "gilets jaunes". Une philosophie du mépris », *Le Monde diplomatique*, 1er mars.

RIBARD Dinah et SCHAPIRA Nicolas (2006), « À la recherche des écritures protestataires dans la France du XVIIIe siècle. Du répertoire à l'action », *Genèses*, n° 64, p. 146-162.

ROWELL Jay (2006), *Le Totalitarisme au concret. Les politiques du logement en RDA*, Economica, Paris.

ROZIER Sabine (2016), « Le rapport aux élus comme forme de politisation », *in* François BUTON, Patrick LEHINGUE, Nicolas MARIOT et Sabine ROZIER (dir.), *L'Ordinaire du politique. Enquête sur les rapports profanes au politique*, Presses universitaires du Septentrion, Villeneuve-d'Ascq, p. 205-207.

SAPIRO Gisèle (2021), « Littérature et vérité », *AOC*, 2 mars.

SARKOZY Nicolas (2020), *Le Temps des tempêtes*, Éditions de l'Observatoire, Paris.

SCHIFRES Michel et SARAZIN Michel (1985), *L'Élysée de Mitterrand*, Alain Moreau, Paris.

SCHIJMAN Emilia (2019), « The petition ceremony : Letters to the president of Argentina », *Ethnography*, n° 164.

SCOTT James (2009 [1990]), *La Domination et les Arts de la résistance*, trad. Olivier Ruchet, Éditions Amsterdam, Paris.

SHIM Janet K. (2010), « Cultural health capital : A theoretical approach to understanding health care interactions and the dynamics of unequal treatment », *Journal of Health and Social Behavior*, vol. 51, n° 1, p. 1-15.

SIBLOT Yasmine (2006), *Faire valoir ses droits. Les services publics dans les quartiers populaires*, Presses de Sciences Po, Paris.

SIMÉANT Johanna (2014), « "Économie morale" et protestations – détours africains », *Genèses*, n° 81, p. 142-160.

– (2020), « Économie morale », *in* Olivier FILLIEULE, Lilian MATHIEU et Cécile PÉCHU (dir), *Dictionnaire des mouvements sociaux*, Presses de Sciences Po, Paris, 2e édition.

SIMON Alice (à paraître), « Les connaissances politiques des étudiants en droit, science politique et physique : enjeux théoriques, défis méthodologiques et résultats empiriques », Presses universitaires du Septentrion, Villeneuve-d'Ascq.

THIREAU Isabelle, en collaboration avec HUA Linshan (2010), *Les Ruses de la démocratie. Protester en Chine*, Seuil, Paris.

THOMPSON Edward P. (1971), « The moral economy of the English crowd in the eighteenth century », *Past & Present*, n° 50, p. 76-136.

TILLY Charles (1984), « Les origines du répertoire de l'action collective contemporaine en France et en Grande-Bretagne », *Vingtième siècle*, n° 4, p. 89-108.

VERBA Sidney et NYE Norman (1972), *Participation in America : Political Democracy and Social Equality*, Harper and Row, New York.

VEYNE Paul (2014 [1983]), *Les grecs ont-ils cru à leurs mythes ? Essai sur l'imagination constituante*, Seuil, « Points Essais », Paris.

WEBER Florence (1993), « L'ethnographe et les scripteurs populaires. Quelques remarques sur l'écriture comme interaction et comme compétence », *Enquête*, n° 8, p. 159-189.

– (1995), « La lettre et les lettres : codes graphiques, compétences sociales. Des outils pour l'analyse des écritures ordinaires », *Genèses*, n° 18, p. 152-165.

Remerciements

Nous tenons à remercier toutes celles et tous ceux qui ont contribué à la réussite de cette entreprise de longue haleine.

Tout d'abord, le président François Hollande qui nous a donné l'accès au service du courrier. Il nous a accordé un entretien et nous a permis de contacter certains de ses scripteurs. Le président Nicolas Sarkozy, également, qui nous a autorisés à consulter ses archives, et avec lequel nous avons pu nous entretenir.

Michel Hénocq, ancien chef du service du courrier sous François Mitterrand, qui nous a ouvert ses souvenirs et ses très belles archives personnelles, sait tout ce que nous lui devons afin de resituer historiquement les diverses manières de recevoir et de répondre (à tous) les courriers adressés au président de la République.

Maxence Van Heijer chef du SCP (2015-2018) nous a accueillis avec beaucoup d'aménité et d'ouverture. Nous avons pu par ailleurs avoir nombre de conversations informelles et d'entretiens avec des membres du service en activité sous François Hollande.

Cédric Bonamigo et Evelyne Van den Neste ont mis à notre disposition, dans une période sanitaire difficile, des éléments importants de compréhension du fonctionnement actuel du service de la correspondance élyséenne.

Nos remerciements vont également à Adrien Abécassis, Samia Ait-Arkoub, Pierre Burluraux, Annaëlle Chatelain, Arthur Baubeau-Luban, Magali della Sudda, Françoise

Dreyfus, Mieszko Dusautoy, Sophie Fay, Cédric Goubet, Pierre-André Imbert, Patricia Jannin, Jean-Pierre Hugues, Geoffroy Le Chevallier, Sophie Marion, Julien Meimon, Perrine Piat, Aurélie Sajous, Emilia Schijman, Véronique Waché, Ana Perrin-Heredia et Laurent Zylberberg, qui nous ont aidés à mener à bien cette recherche.

Nous remercions enfin Bruno Auerbach qui nous a accueillis aux Éditions La Découverte et qui a suivi pendant tous ces longs mois l'éclosion de ce manuscrit, avec beaucoup d'acuité.

Table

MIXTE
Papier issu de sources responsables
FSC® C003309

L'éditeur de cet ouvrage s'engage dans une démarche de certification FSC® qui contribue à la préservation des forêts pour les générations futures.

FIRMIN-DIDOT
27650 Mesnil-sur-l'Estrée

Composition Facompo, Lisieux.
Achevé d'imprimer par CPI Firmin Didot
à Mesnil-sur-l'Estrée en septembre 2021.
Dépôt légal : novembre 2021
Numéro d'imprimeur : 166548
Imprimé en France